동아투위 안종필 평전

동아투위 안종필 평전

초판 1쇄 발행 2025년 6월 30일

지은이 · 김성후
펴낸곳 · 재단법인 자유언론실천재단
주소 · 서울시 종로구 자하문로5길 37 1층
전화 · 02)6101-1024 / 팩스 · 02)6101-1025

제작 배급 · (주)디자인커서
출판등록 · 2008년 2월 18일 제300-2015-122호
전화 · 02)312-9047 / 팩스 · 02)6101-1025

ⓒ2025, 김성후

이 책은 관훈클럽정신영연구기금의 도움을 받아
저술 출판되었습니다.

ISBN 979-11-989412-2-0 03810
책값은 뒤표지에 표시돼 있습니다.

이 책 내용의 전부 또는 일부를 다른 곳에 쓰려면
필자와 자유언론실천재단의 동의를 받아야 합니다.

자유언론에 순교하다

동아투위 안종필 평전

김성후

자유언론실천재단

발간사 ──

자유언론의 순교자 안종필

이부영 (동아자유언론수호투쟁위원회 위원장)

　동아자유언론수호투쟁위원회 2대 위원장 안종필 선배의 평전이 이렇게 늦게 나왔다. 안 선배에게 죄송스럽다. 동아투위 50주년에 맞춰 출간하지 못해 아쉬웠다.

　권영자 초대 위원장에 이어 안 선배가 위원장에 취임한 1977년은 박정희 유신독재가 마지막 기승을 부리던 시기였다. 동아투위 구성원들 속에서는 강제해직 초기의 분노와 함께 차츰 생활인과 가장으로서 고뇌가 깊어지던 시기이기도 했다. 투위 위원 여러 분들이 〈종각 번역실〉을 열어 미국과 유럽의 사회과학서적 문학작품들을 번역했다. 언론활동의 연장으로서 출판인으로 힘든 새 출발하는 동료들이 번역을 의뢰해왔다. 다른 많은 민주화 운동가들이 겪고 있었듯이 동아투위 위원들도 박정희 정권의 감시와 박해로 언론계는 말할 것 없고 변변한 직장에 취업할 수 없었다. 시장

통의 옷 장사나 부동산 중개업에 나서기도 했다.

이때 새로 위원장으로 나선 안 선배가 동아에서 자유언론의 기치를 들어 올렸던 우리가 "언론인으로서의 할 일을 계속하지 않는 것은 우리를 지지 성원했던 독자와 청취자들의 기대에 부응하지 못하는 것이 아니냐"고 운영위원들과 논의했다. 1977~78년 한 해 동안 제도언론이 외면한 '보도되지 않은 민주인권사건 일지'는 이렇게 하여 10·24 선언 4주년 기념식에서 〈동아투위소식〉에 실려 공표되었다. 이 사건으로 위원장 안종필, 총무 홍종민, 운영위원 윤활식 장윤환 안성열 박종만 김종철 성유보 이기중 정연주 등 10명의 위원들이 잇따라 긴급조치를 위반했다고 구속되었다. 동아투위 위원들이 무더기로 연행되고 구속당하자 위원들과 가족들, 그리고 자유실천문인협의회의 문인들과 기독교 목사 그리고 학생운동가 등 민주인사들이 동아투위 사무실 부근으로 모여들어서 항의 도열 시위와 강제해산이 며칠째 되풀이 되었다.

국내 제도언론에서는 아예 무시해버리고 있던 민권일지 사건을 '동아 해직언론인 10명의 무더기 구속' 사건으로 외신들은 비중 있게 취재 보도했다. 그러나 유신정권은 이 사건을 셋으로 쪼개어 세 재판부에 배당, 피고인들을 갈라놓았고 담당 변호인들도 세 곳의 공판정에 쫓아다니도록 만들었다. 대법정에 피고인들과 가족, 방청인들이 한꺼번에 모여 이목이 집중되고 외신 기자들이 집중 취재하지 못하도록 치밀하게 대응했다. 한국 언론사상 단일 필화 사건으로 언론인 10명이 구속되어 법정에 선 사례는 없었다.

10명의 구속 투위 위원들은 노조 결성, 자유언론실천운동 경과, 광고해약 사태와 강제 대량해직 그리고 동아투위 결성과 당시의 투쟁에 대해 법정에서 당당하게 진술했다. 그리고 박정희 유신정권과 제도언론이 어떻게 야합하여 한국의 언론을 황폐화시켰는지 조목조목 비판했다. 안종필 위원장은 변호인 반대심문과 최후진술에서 이렇게 답변했다.

우리는 동아일보사의 광고 해약사태 때 보여준 민주인사들의 뜨거운 성원에 보답해야 한다. 우리는 동아일보사로 명예롭게 복직하는 것을 최대의 활동 목표로 삼고 있다. 그 준비로 항상 취재하고, 메모하고, 자료를 수집하고 있다. … 우리는 기자다. 전 소설가, 전 법조인이 있을 수 없듯이 우리는 전 언론인이 아니다. 다만 잠깐 현장에서 타의에 의해 강제로 물러나 있을 뿐이다. 그러므로 기자가 해야 할 일을 하는 것은 지극히 당연한 것이다. … 구치소에 갇혀보니 듣고 보고 말하고 하는 것이 인간의 존재양식, 바로 그 자체라는 것을 다시금 깨닫게 되었다. 사람은 듣고 보고 말하지 못하면 미치고 만다. … 우리는 달마다 월례회를 갖고 〈동아투위소식〉을 내고 있다. 비록 펜과 마이크를 빼앗겼어도 기자로서의 긍지와 신념을 살리기 위해 회원들의 동정과 자료를 모으고 있다. 자료 정리는 기자의 생명이다. 이것은 우리가 기자로 복귀할 때 쓸 것이다. 우리는 보도되지 않은 사건을 기록한 것이 죄가 되어 구속됐다. 우리는 기자가 해야 할 당연한 일을 하다가 구속된 것이다(『자유언론 40년』,

341쪽, 368쪽).

한글 전용을 해야 해. 지금처럼 정치 경제 사회 문화 이런 식으로 나눌 것이 아니라 종합 편집으로 해야 하고. 지금 같은 부처 출입제도도 없어져야 해. 너무 관 위주의 취재여서 민중의 뜻이 제대로 반영되지 않고 있어(『자유언론 40년』, 527쪽).

안종필 동아투위 위원장의 기자로서의 신념과 의지는 재판 반대신문과 최후진술 그리고 수감 중의 동료들과의 대화와 토론에 분명히 드러나 있다. 피할 수 없었던 유신독재 정권과의 투쟁과 그에 따르는 탄압과 수감까지 각오하셨을 것이다. 재판 과정과 이후의 수감 생활에서 안 선배의 통찰은 그 깊이를 더했다. 새 언론의 미래구상 - 한겨레신문의 출현을 이미 그리고 있었음을 알 수 있다.

그러나 어찌 통탄하지 않을 수 있겠는가. 이미 이 시기 안 선배의 건강은 치명적인 간암 증세로 악화되고 있었다. 유신독재의 탄압에 의한 옥사(獄死), 자유언론의 순교자라고 불러야 마땅하다.

안 선배가 건강하셔서 한겨레 창간 논의에 초기부터 참여하셨더라면 그분의 성품으로 미뤄보건대 선 순환적 역할을 하시지 않았을까 생각해보게 된다.

『동아투위 안종필 평전』을 집필해준 기자협회보 김성후 선임기자에게 감사드린다. 어려운 여건에서도 자료를 모으고 취재해준 열성에 동아투위 위원장으로서 치하를 드린다. 고 권근술 투위 위원도 안도할 것이다.

안 선배에게 동아투위 50주년 행사를 잘 마쳤다는 보고를 올린다. 부디 한국 자유언론과 민주주의의 미래를 하늘에서도 걱정해 주시길 빈다.

차례

발간사 ○ 자유언론의 순교자 안종필 (이부영) / 5

1부
1975. 3. 17

피고인 안종필! / 17
1975년 3월 17일, 새벽 3시 / 23
3·17 강제해산 전야 / 31
동아일보 사내 계엄령이 몰고 온 해고, 또 해고 / 37
동아투위 결성, 침묵시위 맨 앞에 서다 / 46

2부
부산에서 젊은 시절

'안흥목재'와 친구들 / 57
푸른 꿈 찾아 나선 대학 시절 / 65
두 번째 도전 끝에 부산일보 입사 / 75
여동생이 맺어준 인연 / 82
어머니의 이른 죽음 / 88

3부
동아일보 편집부

'말발이 센' 동아일보 편집부 / 97

언론에 스며드는 '연탄가스' / 104

경남중고동창회보 제작에 열성 / 116

3선개헌안 '변칙처리' 호외 편집 / 124

4부
자유언론실천선언

동아일보 앞 언론화형식 / 137

동아일보노조 출범, 정권과 사측의 양면 협공 / 147

격랑의 10·24 자유언론실천선언 / 157

비밀경찰이라는 '유령의 적' / 170

막 내린 13년 기자생활 / 180

5부
거리의 언론인

밥벌이 찾아 나선 거리의 언론인들 / 193

의약품 자료집 전문 출판사 '새로운 길' / 199

동아투위 2대 위원장 취임 / 207

조민기·이의직의 죽음, 남은 동료들의 다짐 / 215

법정투쟁, 3년 7개월만에 패소 / 223

6부
한글 전용 가로쓰기 신문 제안

감시와 미행, 그리고 가택연금 / 237

보도되지 않은 '민주인권사건일지' / 245

서울구치소의 '안 위원장님' / 257

긴급조치 9호 법정에서 / 268

성동구치소 1호실 감방장 안종필 / 276

7부
통곡의 바다

항소심 최후 진술, "언론은 공기나 물과 같다" / 287

사흘 뒤에 안 10·26 … "니 지금 뭐라 캤노?" / 295

"우리를 받아들이는 것이 우리들의 명예가 아니라 / 307
저들의 명예임을 깨닫지 못 하는가"

통곡의 바다 / 319

에필로그

한없이 선한 안종필 / 329

저자 후기 / 333
『동아투위 안종필 평전』 출간에 부쳐 (안민영) / 338

주 / 342   주요 연보 / 349   인물 찾아보기 / 351

1
부
—
1975. 3. 17

피고인 안종필!

7월 중순이라 날씨도 푹푹 쪘지만, 법원 출정을 하루 앞두고 있어서인지 좀처럼 잠이 오지 않았다. 항소심 재판이 시작되는 내일이면 오랜만에 바깥나들이를 하고 그리운 얼굴들도 볼 수 있으리라는 기대감 때문이었다. 1심에서 징역 2년에 자격정지 2년을 선고받은 안종필은 2심 재판에 별 기대를 하지 않았다. 5월 초순에 끝난 1심에서 재판부가 이유 없이 증거신청을 배척하는 등 노골적인 정치재판 행태를 목격한 터라 2심 재판부가 어떤 재판을 할지는 빤해 보였다.

주류 언론이 다루지 않은 민주화 요구 시위 등을 '보도되지 않은 민주인권 사건일지'라는 제목으로 정리해 배포했다는 혐의로 구속된 게 8개월 전이다. 안종필은 밀려드는 이런저런 생각을 떨치며 잠을 청했다. 이튿날 아침, 손에 수갑이 채워지고 오랏줄에

안종필은 1979년 7월 25일 서울고등법원 213호 법정에서 항소심 최후진술을 했다. 사진은 안종필(왼쪽에서 세 번째)이 1975년 무렵 동료들과 이야기를 나누는 모습

묶인 안종필은 호송차에 올랐다. 김종철 홍종민 정연주도 함께였다. 그들처럼 재판을 받거나 아니면 검찰 조사를 받으러 가는지 대여섯 명 죄수들이 더 올라탔다.

  5월 초 1심 선고 공판 이후 석 달여 만에 교도소 담장 밖으로 나왔다. 가락동 성동구치소를 출발한 호송차는 천호동을 지나 서울 시내로 진입했다. 차창을 스쳐 지나가는 바깥 풍경이 눈에 들어왔다. 신호등에 녹색등이 켜지길 기다리는 사람들, 뭐가 좋은지 까르

르대며 웃는 교복 차림의 학생들…. 대수롭지 않게 지나쳤을 일상의 모습이 그토록 그리울 줄 감방에 갇히고 나서야 알았다.

호송차는 서울시청 광장을 거쳐 서소문 서울고등법원에 도착했다(서울고등법원은 1989년 7월까지 서소문 법조타운이라 불리던 현재의 서울시립미술관에 위치하였다―편집자 주). 이제는 하염없는 기다림의 시간이다. 재판이 열리기 전까지 법정 대기실에서 시간을 보내야 한다. 어른 한 사람이 간신히 앉을 수 있는 그 대기실을 죄수들은 '비둘기 통'이라고 불렀다. 한두 번 와본 게 아니지만 올 때마다 안종필은 갑갑함을 느꼈다. 여기를 다녀간 죄수들이 벽에 새긴 이름이나 낙서를 쳐다보며 시간을 죽였다.

"1919번, 법정에 나갈 시간이 됐습니다!" 굵은 저음의 교도관이 길고 지루한 침묵을 깨뜨렸다. 서울고등법원 213호 법정. 안으로 들어서자 사람들의 체온으로 혹한 열기가 느껴졌다. 피고인석에 앉은 장윤환 안성열 박종만 김종철이 변호인들과 얘기를 나누고 있었다. 서대문구치소에서 헤어지고 두 달 만에 만난 그들은 서로의 손을 부여잡으며 안부를 물었다.

"안 선배, 건강은 어떠세요?" 박종만이 물었다.

"먹여주고 재워주니 건강하네. 영등포교도소는 살만한가?"

이런저런 인사가 오갈 때 정연주가 박종만을 가리키며 능청스럽게 농담했다.

"박종만 선배는 밖에 있을 때보다 얼굴이 더 좋아졌어요. 옥살이가 체질에 맞나 봐요. 박 선배, 어찌 한 1년 더 거뜬하게 있을 수

동아투위가 발행한
〈10.24 민권일지사건의 변론 및
최후진술〉을 담은 유인물 표지

있죠? 하하하⋯."

정연주의 농담에 긴장감이 사르르 사라진 표정들이었다. 사실을 사실대로 말했다는 게 죄가 되어 갇힌 게 억울할 법도 했지만, 야만의 시대에 맞서 형극의 길을 함께 걷고 있다는 동지적 유대감이 그들을 결속했다.

뒤돌아보니 방청석은 가족, 동아투위 동료들, 재야인사들로 꽉 들어찼다. 아내와 장인어른이 있었고, 두 여동생은 손을 흔들었다. 눈 인사로 전해지는 무언의 격려는 안종필의 가슴을 뭉클하게 했다. 그 사람들의 응원을 받으며 안종필과 동료들은 피고인석에 나란히 앉았다. 검은 법복을 입은 판사들이 들어오자 모두 기립했다.

재판장은 사실심리, 증거조사, 논고, 변론, 최후진술을 한꺼번에 진행하겠다고 했다. 검사들은 심리 절차마다 "1심 기록으로 대신한다", "항소이유서로 대신한다"는 말만 반복하며 공소사실을 보강할 새로운 증거를 내놓지 못했다. 변호사들의 변론이 이어졌다.

변호사 홍성우는 변론에서 장윤환과 김종철에 대한 공소사실이 어이없음을 지적했다. "장윤환과 김종철의 공소사실은 10·24 4주년 기념식에서 이규만이 읽은 유인물을 눈으로 따라 읽었다는 것이다. 이규만이 읽을 때 눈으로 따라 읽은 사람이 당시 70여명 있었는데 하필 이 두 사람만 죄가 된다고 해서 기소한 것이다. 눈으로 따라 읽은 것이 죄가 될 수 있는가."

방청석 여기저기서 웃음이 터졌고 안종필 옆에 앉은 김종철도 헛웃음을 쳤다. 재판장은 조용히 하라고 소리쳤다. 그리고 최후진술이 시작됐다. 안성열 장윤환에 이어 김종철이 30여분 최후진술을 쏟아내고 안종필 차례였다.

"피고인 안종필!"

"네."

"앞에 나와서 좀 앉으시죠."

"생년월일은 1937년 5월 5일생이죠?"

"네."

"직업은 무엇입니까?"

"전 동아일보 기자입니다."

안종필은 담담하게 최후진술을 했다. 홍종민 박종만 정연주로 이어진 최후진술이 모두 끝나자 방청석에서 박수가 터져 나왔다. 판사가 소리를 버럭 질렀다.

"조용히 해! 법정 질서 유지에 노력해요!"

"결심하겠습니다. 선고는 8월 8일 오전 10시에 선고하겠습니다. 이상!"

항소심 재판은 1회 공판으로 끝났다. 1979년 7월 25일이었다.

1975년 3월 17일, 새벽 3시

두어 시간 눈을 붙였을 때였다. "김동현! 김동현! 일어나!!" 누군가 잠을 깨우는 소리가 들렸다. 졸린 눈을 비비며 출판국 신동아부 기자 김동현은 잠을 떨치려 애썼다. 편집국에서 농성하던 기자들은 밤이면 불침번을 정해 기습에 대비했는데, 그날 새벽 2시부터 4시까지 김동현이 당번이었다. 선잠에서 깨어난 그는 연신 하품을 하고 창가로 발걸음을 옮겼다. 심야 통행금지로 인적이 끊긴 세종로는 암흑의 적막이었다. 그런데, 얼마 후 밖을 주시하는 김동현의 눈에 불빛과 사람들의 형체가 어른거렸다. 웅성웅성하는 사람들이 점점 늘어나자 김동현은 몇몇 기자들을 깨웠다. 1975년 3월 17일 새벽 3시가 조금 넘은 시각이었다.

3시 15분쯤 건너편 출판국 쪽에서 탐조등 불빛이 켜지는 것을 신호로 "와, 와"하는 함성과 함께 쇠파이프와 각목을 든 청년들이

1975년 3월 17일 새벽 쇠파이프와 각목을 든 괴한들이
편집국 창문을 통해 쳐들어오자 기자들이 막고 있다.

몰려왔다.[1] "그자들이 왔다! 왔어!" "소화기 준비하고!" "불 다 꺼!"라는 다급한 소리가 3층 편집국 농성장에 퍼졌다. 곧이어 괴한들이 편집국 창문 밖에 어슬렁거렸다. 그들은 창문을 합판으로 막고 2층 공무국으로 내려갔다. 산소 용접기로 철문의 가장자리를 도려내고 해머로 벽을 치는 소리가 동아일보 사옥을 뒤흔들었다. 2층 공무국에서는 기자 23명이 5일째 단식농성을 하고 있었다.[2] 고함, 유리창이 깨지는 소리, 질질 끌려가면서 저항하는 기자들의 비명이 들렸다. 30여분 만에 2층 공무국에서 농성하던 기자들은 건물 밖으로 끌려나갔다.

2층 공무국에서 농성했던 사회문화부 기자 강정문은 당시를 이렇게 증언했다.

> 용접기를 이용해 철문을 뜯어내는 것과 거의 동시에 벽이 무너지는 소리가 났다. 농성자들은 전기가 끊겨 어두운데다 만 4일 간의 단식으로 탈진 상태에 빠져 강제해산에 적극적으로 대항할 수 없었다. 또 '활자판이 무너지면 안된다'는 생각도 있었다. 농성장에 들어온 사람들 가운데는 기자들의 저항이 클 것으로 보았는지 각목을 든 사람도 보였다. 몇몇 기자들이 대항할 태세를 보이기에 내가 앞으로 나서며 "순순히 나갈 테니 건드리지 말라"고 외쳤다. 이때 누군가가 "너같은 놈 때문에 우리 회사가 망한다"며 주먹으로 때렸다.[3]

각목을 휘두르고 술 냄새를 풍기며 2층 공무국에 들어온 괴한들은 동아일보 측이 동원한 사람들이었다. 강제해산을 지휘한 조종명 판매2부장대우는 1975년 9월 29일 해고무효소송 1심 3차 공판에 증인으로 출석해 "회사의 지시에 따라 17일 새벽 3시 15분경 경비과 직원, 보급소 총무, 가판구역장, 업무사원 80여명 등 모두 200여명을 데리고 공무국내의 사원구출 작업을 시작했다"고 말했다.[4]

동아일보사가 강제해산에 동원한 사람들 가운데는 일부 사원

신분이 아닌 사람도 끼어 있었다. 유옥재 총무국 인사부장은 해고무효소송 1심 3차 공판에서 "75년 3월 12일부터 17일 사이에 경비직원 14명을 고용한 사실이 있다"면서 "실력으로 신문방송 제작시설을 점거, 정상업무 진행을 방해하고 있어 이를 제거해야 했는데 기존 경비직원 만으로는 감당할 수 없어 이들을 채용하게 됐다"고 증언했다.

괴한들이 편집국 진입을 시도한 것은 3시 50분쯤이었다. 쇠파이프와 각목으로 창문 철망을 부수고 편집국으로 밀고 들어왔다. 기자들은 소화기를 분사하며 저항했지만 금세 빼앗겼다. 대여섯 명의 괴한들이 창문을 넘어왔다. 그들 사이에는 안면 있는 판매부 직원들과 경비원들도 섞여 있었다. 기자들은 스크럼을 짜고 편집국 한 가운데 서 있었다. 안종필은 "이들과 싸우지 말라. 우리는 끝까지 비폭력으로 투쟁해야 한다"고 말했다. 괴한들이 깨진 창문을 통해 점점 모여들고 있었다. 건장한 몸집의 조종명이 모습을 보였다. 그는 괴한들에게 뒤로 물러날 것을 명령하고 기자들에게 다가와 말했다.

"신문을 살리기 위해 들어올 수밖에 없었다."

"지금 이 상태의 것은 신문이라고 할 수 없다. 우리는 이 신문을 없애려는 것이 아니라 오히려 살리려고 노력하고 있다."

"5분 안에 짐을 꾸려 이 건물에서 나가라."

"마지막으로 정리집회를 하겠다. 자리를 좀 비켜달라."

현장은 어지러웠고 기자들은 우왕좌왕했다. 안종필은 책상 위

동아일보 편집국에서 농성을 하던 기자들이 1975년 3월 17일 새벽 쫓겨나기 직전 간단한 집회를 갖고 "자유언론 만세"를 외치고 있다.

에 올라섰다. 50~60명의 농성기자들은 안종필을 주시했다. 간단한 집회가 시작됐다. '자유언론실천선언'을 낭독하고 '우리 승리하리라'(We shall overcome)를 함께 불렀다. 이어서 "자유언론 만세" "민주회복 만세" "동아일보 만세"를 제창했다. 기자들은 각자의 자리로 흩어져 원고 다발과 옷가지 등 개인 짐을 챙겼다. 사회문화부 기자 이영록은 '10·24자유언론실천선언' 이후 5개월 동안 편집국 사회부 기둥에 걸려 있던 '自由言論實踐宣言' 족자를 떼어냈다.[5]

집회가 끝나자 조종명은 계단 쪽으로 기자들을 안내했다. 기자

1975년 3월 17일 새벽 쫓겨나기 직전 기자들이 1974년 10월 24일 자유언론실천선언 대회 이후 5개월 동안 편집국에 걸려 있던 '자유언론실천선언' 족자를 떼어내고 있다.

들은 천천히 계단을 내려갔다. 누군가 애국가를 부르기 시작했다. 2층 공무국을 지나면서 몇몇 기자들은 소리를 내며 울었다. 계단에 서 있던 괴한들 사이에서 욕설이 들렸다. 정문 셔터는 올려져 있었다. 밖은 캄캄했고, 새벽공기는 찼다. 머리 위로 가랑비가 뿌렸다. 쫓겨난 기자들을 함석헌 선생, 천관우 선생, 정일형·이태영 부부, 이희호 여사, 김지하 시인의 모친 정금성 여사 등이 맞이했다.

제임스 시노트 신부는 3월 17일 새벽 편집국 상황을 이렇게 기억했다.

우리는 모두 막혀버린 창문 쪽을 바라보며 철제로 된 비상계단을 일사불란하게 오가는 발자국 소리에 귀를 기울였다. 그리고는 칠흑 같은 암흑 속의 침묵이 답답해서 다시 초에 불을 붙였다. 사제복을 입은 서양인을 보면 함부로 쳐들어오지 못할 수도 있다는 생각에 나는 창문 가까이에 있는 촛불로 다가갔다. 그때 갑자기 우지끈하는 소리와 함께 창문의 합판이 떨어져 나가면서 유리가 깨지고 순식간에 철망이 뜯겨 나갔다. 소화기를 들고 있던 기자들이 재빨리 침입자들에게 소화기를 틀었지만 금세 빼앗겼다. 나는 무엇을 해야 할지 몰랐다. 모두가 다 아무 행동도 하지 못했다.[6)]

시노트 신부는 천주교 인천교구 부주교로 유신헌법 철폐와 구속자 석방운동에 앞장선 인물이었다. 그는 동아일보에 격려 광고를 싣는 운동을 벌이면서 기자들과 친분이 있었다. 시노트 신부는 3월 16일 저녁 기자들 도움을 받아 출입을 가로막는 경비원들을 밀치고 편집국 농성장에 합류했다. 그는 편집국 농성장을 지킨 유일한 외부 인사였다. 기자들은 그날 밤 '비록 폭력에 밀려 쫓겨나더라도 우리는 자유언론을 위해 신명을 바친다'는 내용의 양심선언을 시노트 신부에게 맡겼다.

기자들은 비를 피해 정문 아래 앉아서 농성을 벌였다. 아침 6시쯤 중부소방서 쪽에서 사복경찰관 120여명이 갑자기 나타나 기자들을 광화문 지하도로 밀어붙였다. 기자들은 광화문 지하도와 비각을 거쳐 청진동까지 밀려났다. 그사이 4층 방송국에서 농성을 벌이던 사원들에 대한 강제진압이 시작됐고 아침 6시 30분쯤 모두 추방됐다.

그렇게 5박 6일 농성은 막을 내렸고, 그날 새벽 동아일보에서 쫓겨난 160여명 중 일부를 제외한 대부분은 다시는 동아일보에 들어가지 못했다. 통행금지 시간에 공격이 이뤄지고, 2층 공무국 기자들을 태운 차량이 검문도 받지 않고 서울 시내를 질주하고, 사복 경찰관 120여명이 갑자기 출현했다는 점에서 3월 17일 강제해산은 박정희 정권이 개입했다는 확실한 증거였다.

3·17 강제해산 전야

일주일 새 37명이 잘려나가자 가만히 있을 순 없었다. 해직사원 37명 복직을 요구하며 제작거부에 들어간 지 닷새째인 3월 16일 오후, '오늘 밤에 강제 해산이 있을 것 같다'는 소문이 편집국 농성장 주변에 돌았다. 결혼기념일을 하루 앞둔 정치부 기자 이종대는 아내에게 전화를 걸었다. 집에 들어가기 어려운 상황이라며 둘러대고 끊었다. 미안한 마음이 들었지만, 곧바로 강인섭 정치부 차장과 통화해야 했다.

"강 선배, 동아일보의 앞날을 생각하면 이 정도에서 멈춰야 한다는 거 동의하시죠? 회사가 우리를 쫓아내면 일시적으로 이길지 모르지만 50년 후 동아일보 역사를 어떻게 쓸 겁니까? 강 선배가 경영진에게 이야기를 잘해서 강제축출만은 안되게 이해를 시켜 주세요. 나도 동료들에게 얘기할 테니 최악의 비극을 막기 위해 마

1975년 3월 동아일보 편집국에서 농성 중인 기자들

지막 대화를 해보도록 합시다."
　당시 동아일보사는 제작거부에 맞서 별관 출판국에서 신문 제작을 했는데, 강인섭은 제작 참여파였다. 1시간쯤 안 돼 강인섭의 답신이 돌아왔다. "이종대 씨, 취지는 좋은데 너무 늦었어요. 이쪽에서 완전히 결심하고 다음 단계를 준비하고 있어요. 내 말이 먹혀들 여지는 이미 지나갔어요." 이종대가 한국기자협회 동아일보 분회장 안종필에게 강인섭과의 통화 내용을 간단히 설명했다. 안종필은 씁쓰레한 웃음을 지으며 고개를 끄덕였다.
　저녁 6시쯤 회사는 바깥으로 통하는 전화선을 끊고, 보급소 직원과 가두판매원 등 200여명을 별관 주위에 대기시켰다. 동아일보사 정문 셔터는 닫혀 외부와 출입도 통제됐다. 며칠째 철야농성으로 퀭한 얼굴이 역력한 안종필은 뿔테 안경을 벗어 눈언저리를 비비고 창가로 걸음을 옮겼다. 어둠이 내리고 있는 일요일 저녁 광화문 네거리는 인적이 드물어 한산했다.

안종필은 송건호 편집국장을 떠올렸다. 송건호는 그날 김상만 사장과 이동욱 주필을 만나 해임사원 전원 복직을 통한 사태 수습을 촉구하며 사표를 냈다. 강제해산 방식으로 사태를 수습하면 먼 20년 후엔 반드시 후회하게 될 것이라며 울면서 간청했으나 두 사람은 아무런 대꾸도 하지 않았다. 송건호가 편집국 농성장을 찾은 것은 오후 1시 30분쯤이었다. 마지막 인사를 위해 편집국을 찾은 송건호는 국장 방으로 안종필과 몇몇 기자들을 불러 "내 능력으로는 어찌할 수가 없어 나는 신문사를 떠난다…"고 했다.[7] 송건호는 끝내 눈물을 보였고, 기자들도 함께 울었다.

안종필이 눈물을 글썽이던 송건호를 생각하며 비감한 심사에 잠겨있을 때 권근술이 눈에 들어왔다. 그날 오후 늦게 한국기자협회에 농성 상황을 전하러 갔던 권근술은 출입이 통제되는 바람에 회사로 들어오지 못하고 바깥에서 서성이고 있었다. 안종필은 급히 메모를 휘갈겼다. "오늘 밤이나 내일 새벽 강제해산이 강행될 것 같으니 축출당할 경우에 대비한 성명서를 준비하라." 안종필은 메모를 적은 종이쪽지를 3층 편집국에서 창밖으로 내려뜨렸다. 권근술은 얼른 그 쪽지를 안주머니에 찔러 넣고 어디론가 잰걸음으로 떠났다. 권근술은 안종필의 부산사범학교 부속국민학교와 경남고등학교 4년 후배로 안종필을 각별하게 따르던 사회부 기자였다.

저녁 8시쯤 광고국 부국장 김병관이 편집국으로 찾아왔다. 김상만 사장의 아들인 그는 눈물을 흘리며 농성 해산을 권유했다. 김씨를 지켜본 기자들은 운명의 시간이 다가오고 있음을 예감했다. 회사의 물리력 동원에 대비해야 했다. 안종필은 편집국 남쪽과 북쪽 출입문을 지킬 불침 당번을 확인하고 편집국 안을 돌아봤다. 편집국에 있던 50~60명의 기자들은 닷새째 계속되는 농성으로 다들 기진했다.

어디선가 노랫소리가 들렸다.

어느 민족 누구게나 결단할 때 있나니
참과 거짓 싸울 때에 어느 편에 설 건가
주가 주신 새 목표가 우리 앞에 보이니
빛과 어둠 사이에서 선택하며 살리라

처음 몇 명이 부르던 이 노래는 편집국 안으로 점점 번져나갔다. 찬송가인 이 노래는 편집국 농성장 칠판에 가사가 적혀 있었는데, 기자들은 이 노래와 함께 당시 인권운동 노래로 유명한 '우리 승리하리라(We shall overcome)', 운동권 노래 '뿌리파'를 합창하며 기

1975년 3월 편집국 농성 당시 편집국 칠판에 당시 운동 가요로 불리던 '뿌리파' 가사가 적혀 있다.

운을 얻곤 했다. 간혹 부르던 '어느 민족 누구게나 결단할 때 있나니'가 그날은 유난히 가슴을 치받았다. 안종필은 가슴 깊이 솟구쳐 오르는 감정을 누르며 가만히 눈을 감았다.

그날 밤 광화문 동아일보 앞에는 강제해산이 임박했다는 소식을 들은 민주인사들이 나타났다. 함석헌 천관우 선생, 지학순 주교, 박형규 목사, 안충석 신부, 공덕귀 이희호 이태영 여사 등이 동아일보사 3층 편집국과 4층 방송국을 올려보며 농성사원을 향해 손을 흔들었다. 기자들은 창밖으로 고개를 내밀고 함성을 질렀다. 밤 11시 30분, 통행금지 시각을 알리는 사이렌이 울리자 일행은

1975년 3월 16일 밤 농성 중인 기자들이 축출될 것이라는 소식을 듣고 민주인사들이 동아일보사 앞으로 몰려들었다. 이태영 박사(왼쪽 첫 번째), 천관우 선생(왼쪽 두 번째), 정일형 박사(오른쪽 세 번째), 이택돈 의원(오른쪽 두 번째) 등의 모습이 보인다.

인근 당주동 쪽 여관으로 자리를 옮겼다.

시간은 흘러가고 있었다. 편집국 벽시계는 밤 11시 30분을 지나 12시로 향하고 있었다. 농성기자들은 더러 책상 위에 엎드리거나 등받이 의자를 붙여놓고 눕고, 바닥에 담요를 깔고 눈을 붙였다. 곯아떨어진 기자도 있고, 추위에 몸을 떨며 뒤척거리는 기자도 있고, 잠이 오지 않는 듯 창가에 서성이는 기자도 있고, 차를 마시며 이야기를 나누는 기자들도 있었다. 안종필은 가죽 점퍼 지퍼를 목까지 채우고 잠을 청하려고 했다. 하지만 여러 생각에 밀려 잠이 오지 않았다. 그렇게 자정이 막 지나고, 1975년 3월 17일 새벽이 오고 있었다.

동아일보 사내 계엄령이 몰고 온 해고, 또 해고

 기자들이 할 수 있는 유일한 수단은 제작거부였다. 광고탄압에 따른 경영난을 모르는 바 아니었지만, 무더기 해임을 일방적으로 밀어붙이는 회사 측의 초강경 대응은 기자들을 벼랑 끝으로 밀었다. 징후는 1975년 2월 28일 동아일보 주주총회였다. 동아일보는 주주총회에서 이동욱 등 전투적 이사진으로 개편하고 사내 질서와 기강 확립, 불요불급한 사업과 기구 정비 등을 강조했다. 주총에 이어 열린 이사회에서 김상만 사장이 재선임됐고 주필에 이동욱이 임명됐다.
 이동욱은 1971년 12월 국가비상사태선언을 비판한 사설이 실린 뒤 중앙정보부 압력을 받아 퇴임했는데, 3년 3개월만에 주필로 다시 복귀했다. 이동욱 복귀 배경에 대해 2월 28일 주주총회에서 사임한 한 이사는 이렇게 말했다.

이 주필은 일본 와세다대학 출신으로 김상만 사장과 대학동문이었다. 당시 광고탄압과 같은 큰 짐을 안고 있는 상태에서 회사 내 누구도 주필을 맡아줄 사람이 없었기 때문에 결국 이 주필이 선택되었을 것이다. 말하자면 대안이 없었다는 얘기다. 천관우 씨도 있었으나 천씨는 너무 기자들 쪽에 가깝다는 인상이 있기 때문에 '천관우 카드'는 쓸 수 없었다고 본다.[8]

김상만은 3월 1일 사장 중임에 따른 담화문에서 "자기 직분에 태만하거나 남의 직분을 침범하는 일이 무질서를 낳고 결국 자멸의 길로 이끈다"면서 "어려운 때에 동아일보가 살아남는 길은 우선 질서를 세우는 일이다"고 밝혔다. 주필 이동욱도 3월 3일 취임사를 통해 사내 질서 문제를 거론하며 "위계질서를 문란하게 하는 언사나 행동, 무허가 유인물 배포, 회사의 허가 없는 사내집회를 용납할 수 없다"고 했다. 동아일보는 3월 5일 인사규정과 복무규정을 개정했다. 기구를 축소할 때나 회사가 필요하다고 인정할 때는 사원을 해임할 수 있다는 내용이었다. 기자들이 10·24 자유언론실천선언을 지면과 방송제작에 반영하기 위해 기협 동아일보분회 아래 자유언론실천특위를 꾸려 활동해왔는데, 이를 겨냥한 것이 분명했다.

동아일보의 이런 움직임은 3월 8일 사원 18명 전격 해임으로 이어졌다. 동아일보는 그날 오후 3시 경영 악화로 기구를 축소한다면서 심의실과 편집국 기획부, 과학부, 출판부를 없애고 18명을

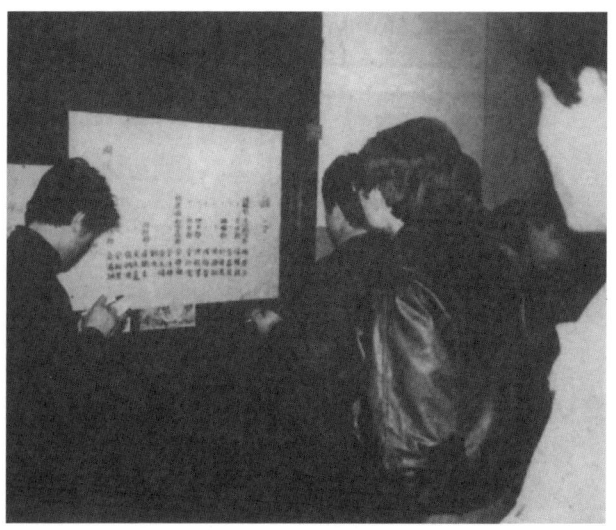

1975년 3월 8일 동아일보는 사원 18명 해임을 알리는 방을 붙였다.

해임했다. 해임된 18명 가운데는 전국출판노조 동아일보사 지부장 조학래와 총무 양한수, 자유언론실천특위 상임간사 이계익, 자유언론실천운동에 적극적이던 기획부 차장 대우 안성열이 포함되었다.

 그날은 한국기자협회 동아일보 분회장 선거가 치러진 날이었다. 선거는 오전 9시부터 저녁 7시까지 실시됐고 단독 출마한 권영자 문화부 차장이 압도적인 지지로 당선됐다. 권영자는 1959년 동아일보 공채 1기로 차장급 가운데 최고참이었고 후배들이나 부

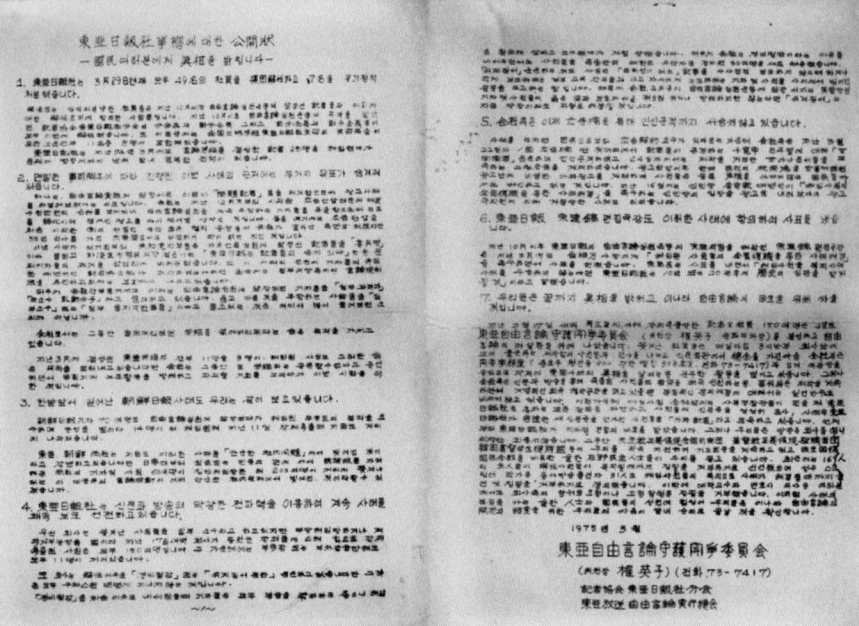

1975년 3월 동아일보 대량 해직 사태를 알린 동아투위 성명서

장들과의 인간적 관계도 원활했다. 1974년 3월 동아일보노조 설립 당시 차장급 기자론 드물게 노조에 가입할 정도로 적극적이었다. 무엇보다 여성의 사회 참여와 여성 사원 차별대우에 문제의식이 있었다. 회사가 해임의 칼을 휘두르고 있는 상황에서 어떤 일이 벌어질지 불 보듯 뻔했지만, 권영자는 기꺼이 분회장을 맡았다.

기협 분회장 선출을 위해 소집된 기자총회는 집단해직 대책 논의로 이어졌다. 총회 분위기는 심각했다. 언제 내가 해임당할지 모른다는 정서가 기자들 사이에 감돌았다. 기자총회가 진행되는 와

중에 이동욱이 편집국에 와서 "기구 축소와 사원 해임은 경영난 때문이며, 광고탄압 이후 동아일보와 동아방송이 과열돼 있어 광고탄압 이전의 선으로 돌아가야 한다"며 총회 중단을 요구했다. 그러자 여기저기서 비난의 목소리가 터져 나왔다.

해임 발표의 방을 찢어버리고 당장 전원이 사표를 내고 제작을 거부하자는 발언도 나왔다. 하지만 대다수는 기자들에 대한 집단 해직은 용납할 수 없다면서도 회사에 대한 신뢰를 기본으로 사태를 해결하자는 쪽으로 의견을 모았다. 기자들 스스로 월급을 삭감해 경영난에 대처하겠다며 해임을 거둬달라고 결의했다. 권영자 등은 총회가 끝난 뒤 이동욱을 면담하고 기자총회 결의를 전달했다. 다음 날인 3월 9일 이동욱은 기협 분회 집행부와 면담에서 기구 축소와 해임 조치는 번복할 수 없다는 것이 회사 입장이라고 했다.

기자들은 회사가 경비 절감 때문에 기구를 축소했다면 기자들의 합리적인 제안을 마다할 이유가 없다고 생각했다. 하지만 면담 결과 해직 조치를 철회할 의사가 없다는 사실이 분명해졌다. 사태는 3월 10일 오후 6시 이틀 전 기협 분회장 직에서 물러났던 장윤환과 외신부 박지동이 해임되면서 벼랑 끝으로 치달았다. 장윤환은 회사의 허가 없이 유인물을 제작 배포했다는 이유로, 박지동은 기자총회에서 이동욱에게 불손한 언사를 사용했다는 게 해임 사유였다.

기자들에게 장윤환 박지동 해임은 '움직이면 목을 자르겠다'는 회사의 분명한 메시지로 받아들여졌다. 기자들은 회사가 강경 대응을 유도해 자유언론의 싹을 잘라버리려는 것으로 판단했다. 권영자는 3월 11일 오전 기협 분회 모임을 갖고 논의를 거듭했지만 대응 방법에 대해선 구체적인 결정을 내리지 못했다. 강경 투쟁을 유도하는 회사 쪽에 말려들지 않기 위해 일단 농성을 계속하기로 했다. 그날 저녁 7시 30분쯤 이동욱이 편집국 농성장에 나타나 인사부장을 대기시킨 채 농성을 풀 것을 요구했다.

편집부 기자로 당시 농성장에 있었던 정동익은 당시 상황을 이렇게 증언했다.

> 3월 11일 저녁 7시반경 이동욱 주필이 직접 농성장에 나타나 회사 인사부장을 대기시켜 놓은 채 '짜른다면 짜르는 거야'라고 하면서 오늘 귀가하지 않은 사람은 즉석에서 해임한다고 위협하며 각부 부장을 통해 농성 사원의 명단을 작성하도록 했다. 이같은 위협 속에 농성 기자들은 그날 밤 모두 귀가하지 않을 수 없었다.[9]

3월 12일 아침 9시 10분 편집국에서 긴급 기자총회가 열렸다. 전날 밤 흉흉한 분위기 속에 귀가한 기자들은 내가 당할 차례가 아닌가 하는 위기감을 안고 자연스럽게 편집국에 모였다. 편집국 출판국 기자들과 동아방송의 일부 PD와 아나운서들이 참석했다. 참석자들은 '자유언론실천백서'와 '결의문'을 채택하고 부당해임 철회와 이동욱 퇴진을 요구하며 제작거부에 들어갔다. 안종필 등

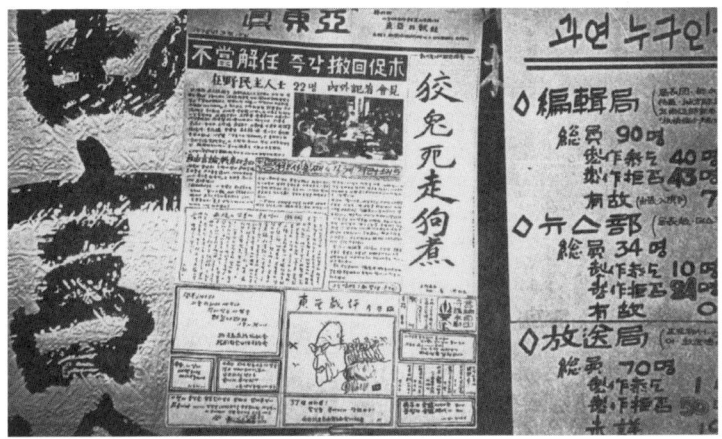

3층 편집국 농성 기자들은 회사측이 밖에서 제작하는
가짜 동아일보에 맞서 〈진동아〉를 제작하기도 하였다.

부·차장 12명도 동조했다. 이 과정에서 편집국장 송건호가 "자유언론실천도 신문 방송이 안 나가면 아무 소용 없는 것이니 동아일보의 혼란 상태를 좋아할 사람이 누구인가를 곰곰 생각해보라"며 제작거부 결의를 만류하기도 했다.

제작거부에 들어간 기자들은 2층 공무국과 3층 편집국, 4층 동아방송[10]을 점거하고 농성에 돌입했다. 기자들이 제작을 거부하자 회사 측은 농성에 참여하지 않은 소수 인원으로 신문을 제작했다. 주필실, 별관 출판국에서 편집해 인쇄는 조선일보 한국일보 신아일보를 전전하며 8면이 아닌 4면짜리 신문을 발행했다. 동아방송 자유언론실행위원회는 방송의 특성상 제작거부라는 극한 수단

동아일보 사내 계엄령이 몰고 온 해고, 또 해고

을 택하기 어렵다고 판단, 일단 정상적인 방송 운영에 임하려고 했다. 그러나 이날 정오 뉴스가 오류동 송신소에서 변칙적으로 방송되는 묵과할 수 없는 사태가 발생하고, 오후 1시 뉴스 이후엔 정규방송이 중단되고 임시 편성된 음악이 나가는 것을 알고 4층 방송국에서 농성에 들어갔다. 제작거부 농성 첫날인 3월 12일 밤 11시쯤 회사 측은 또 해고의 칼을 휘둘렀다. 권영자를 포함해 기협 분회 간부 등 17명을 제작방해 책임을 물어 전격 해임했다. 이로써 3월 8일, 10일, 12일 일주일 새 모두 37명이 해임됐다.

해임 철회 제작거부에 사측이 추가 해임으로 맞받으면서 기자들에게 선택지는 없었다. 싸우든가, 굴복하든가. 농성장은 좌절감과 두려움이 깔렸지만, 회사 측의 무도함을 성토하는 목소리가 더 컸다. 제작거부를 이끈 간부들이 모두 해임됐기 때문에 새 집행부를 꾸려야 했다. 기자들은 긴급 총회를 열어 기협 분회 제1차 임시 집행부를 구성했다. 분회장은 안종필이 맡았다. 농성에 합류한 몇 안 되는 차장인 데다 17명 추가 해임의 격앙된 분위기를 가라앉힐 사람이 필요했던 것으로 보인다. 1974년 3월 동아일보노조가 결성됐을 때, 10월 자유언론실천선언 때 후배들을 뒤에서 묵묵히 응원하던 그가 전면에 등장한 것이다. 전임 분회장 권영자는 안종필에 대해 이렇게 기억했다.

안종필은 강직하면서 부드러운 사람이었다. 내가 해임됐으니 후임 분회장도 잘릴 수밖에 없었다. 후배들이 '선배 아니면 누가 합니까'

하는 권유가 있었지만 누가 그런 선택을 쉽게 하겠나. 후배들도 안종필을 신실하고 믿을만한 사람이라고 평가했다. 당시 편집국 기자들 사이에선 역사를 위해 이 길을 갈 수밖에 없다는 분위기가 있었다.

기협 동아일보 분회 회보인 〈알림〉은 3월 12일 밤 긴급 기자총회 상황을 이렇게 기록했다.

한가지 가슴 뜨겁고 피가 끓는 현상은 제1차 임시집행부에 서로 앞다투어 나서는 모습이었다. 칼을 들고 목을 칠 준비를 하고 있는 사람들 앞에 자진해서 목을 내미는 분회원들의 모습은 바로 순교의 행렬 그것이었다. 자유언론이라는 순교![11]

안종필과 기자들은 순교의 길을 갔다. 부끄럽지 않은 기사를 쓰겠다는 바람이 오랜 세월 실직과 삶의 굴절, 언론인의 꿈을 앗아갈 줄 그땐 몰랐다.

동아투위 결성,
침묵시위 맨 앞에 서다

사복경찰에 떠밀려 청진동까지 밀려난 안종필은 아침이나 먹자는 동료들 말에 해장국집에 발을 들였다. 입이 깔깔했지만, 선지를 넣고 끓인 해장국을 보니 허기를 느꼈다. 해장국을 한술 떴지만 화가 치솟았다. 그러나 냉정해야 했다. 허기를 채운 안종필은 오전 8시50분쯤 동아일보사 앞으로 갔다. 회사는 정문 철제 셔터를 내리고 입구에 '신문 방송 제작을 거부, 방해한 사원은 당분간 출입을 금(禁)함'이라는 방을 붙였다. 출근하는 사원들은 별관 후문을 통해 들어가고 있었다. 파란색이던 사원 신분증은 빨간색으로 바뀌어 있었다.

1975년 3월 17일 새벽, 동아일보사에서 거리로 내몰린 기자, 동아방송 PD, 아나운서들은 신문회관(현 프레스센터)에 모였다. 오전 10시 한국기자협회 사무실에서 내외신 기자회견을 갖고 '폭력에

동아일보는
1975년 3월 17일 새벽
160여 명을 강제로
축출하고 '신문 방송
제작을 거부, 방해한
사원은 당분간 출입을
금(禁)함'이라는
방을 붙였다.

밀려 동아일보를 떠나며'라는 성명을 발표했다. 강제해산 전날 저녁, 안종필이 급히 적은 메모를 편집국 창밖으로 내려뜨려 권근술에게 준비하라고 한 그 성명서였다. 안종필은 카랑카랑한 목소리로 성명서를 읽어 내려갔다.

> 자유언론의 마지막 보루 '동아'를 지키기 위해 신명을 바쳐온 우리는 17일 새벽 동아일보 사원 아닌, 산소용접기와 각목을 휘두르는 폭도들에 끌려 밤거리에 내동댕이쳐졌다.
> '10·24 자유언론실천선언' 이후 뜨거운 국민적 성원과 온 세계 양

식의 격려에 힘입어 빈사의 상태에서 기적처럼 회생한 '동아'는 이제 권력의 강압과 경영주의 마비된 이성으로 끝내 추악한 모습을 드러내기에 이르렀다. 이 비극적 파국 앞에 우리는 국민적 열망을 배반한 괴로움에 비통해할 겨를마저 없다.

이제 '동아'는 어제의 '동아'가 아니다. 폭력을 서슴지 않는 언론이 어찌 민족의 소리를 대변할 것인가!

그러나 우리는 결코 절망하지 않는다. 몸은 비록 '동아'의 사옥을 떠나지만 '동아'의 정통성은 우리와 함께 있기 때문이다. '동아'의 정통성을 지닌 우리는 이 참담한 현실을 딛고 일어서 '동아'를 되찾아야 할 의무를 통감하고 있기 때문이다.

이 처절한 순간에 우리는 '10·24 선언' 그날의 감격을 새삼 되새긴다. 그날 온 국민 앞에 자유언론실천을 다짐했던 우리는 오늘 다시 한 번 자유언론에 순할 것을 다짐한다.

동시에 온 국민과 세계 앞에 참회하는 심정으로 다시 한 번 더 우리에게 뜨거운 격려를 보내줄 것을 호소하면서 권력과 경영주가 역사와 국민의 심판을 두려워할 줄 아는 최후의 이성이 있다면 지금이라도 자유언론의 대의에 복귀할 것을 촉구해 마지않는다.

인간의 영원한 기본권 자유언론은 산소용접기와 각목으로 말살될 수 없다. '동아'의 정통성은 폭도를 고용한 자들에게 있는 것이 아니라 자유언론을 사수하는 우리들에게 있다.

폭력적 강제해산 이유에 대해 동아일보는 "일부 과격한 기자들의 제작 방해"라고 틀 지웠다. 동아일보사는 강제해산 당일인 3월 17일자 1면에 '오늘부터 정상제작'이라는 알림을 내고 1면 하단 광고란에 '동아일보사 사원 일동' 이름으로 '국민여러분께 거듭 아룁니다'라는 글을 실었다.

동아일보사는 이 글에서 "소수 과격분자들의 행위를 묵과하여 비정상적인 제작을 계속함으로써 더 이상 국민여러분께 심려를 끼칠 수 없다고 판단, 본사 공무 광고 판매국 사원 2백명이 점거농성 사원을 해산 귀가시켰다"고 주장했다. 또 사원 해임에 대해선 "편집간부와 일부 기자들에 대한 해직조치는 경영합리화를 꾀하고 위계질서를 잡기 위한 부득이한 조치였다"고 설명했다.

주필 이동욱은 3월 18일 외신 기자 50여명과 만나 "작금의 동아사태는 언론자유와 관련이 없다"고 했다. 기자들 해직과 해임도 "경비절감과 위계질서 확립을 위한 이유 외에는 다른 이유가 없다"고 반복했다. 동아일보는 이동욱의 외신 기자회견을 3월 19일자 1면 한 가운데 사진과 함께 '동아의 논조 후퇴없다'는 제목으로 실었다.

제작거부에 참여한 기자들은 "소수 과격분자들"이 아니었다. 한국기자협회가 3월 22일자로 발간한 '기자협회 회원 여러분께 알리는 소식'[12]에는 3월 18일 현재 제작거부 중인 사원 163명의 이름이 실려 있다. 동아일보는 3월 25일자 1면 광고에 제작에 참여하는 기자들 명단을 냈는데, 모두 116명이었다. 동아일보가 제작에 참여하고 있다고 밝힌 116명 중에는 제작거부 기자들이 포함

돼 있었다. 도중에 동아일보로 복귀한 기자들이 있었기 때문이다.

'3·17 강제해산'의 충격은 언론계를 넘어 각계로 번져나갔다. 한국기자협회는 "동아일보의 충격적인 폭력사태에 우리는 민주주의의 조종(弔鐘)을 듣는 듯한 절망적인 분노와 슬픔을 억누를 수 없다. 언론의 자유를 근원적으로 봉쇄하려는 관권과 경영주의 야합이 백일하에 드러났다"는 성명을 냈다. 천주교정의구현전국사제단, 한국기독교학생총연맹, 자유실천문인협의회, 민주회복국민회의대표위원회, 민주회복구속자협의회 등도 성명을 내고 해직기자 복직을 요구했다.

하지만 동아일보는 강경 대응을 계속했다. 3월 27일 안종필을 포함해 12명을 추가로 해임하고 7명을 무기정직에 처했다. 4월 11일 또다시 75명에 대해 무기정직 처분을 내렸다. 1975년 3월 8일 기구축소를 이유로 18명이 해임된 이후 5월 1일까지 모두 7차례에 걸쳐 49명이 해임되고 84명이 무기정직 처분을 당했다. 무기정직 처분을 당한 사원들은 6개월이 지나도록 동아일보에서 복직명령을 받지 못해 자동해임되었다.

도중에 제작에 참여하는 쪽으로 마음을 바꾼 사원도 있었다. 동아일보 80년사에 따르면 모두 48명이다. 동아일보는 3차례에 걸쳐 제작거부 사원들에게 3월 31일까지 정상근무에 복귀하라고 권하는 등기우편을 보냈다. 그 결과 36명이 복귀했으며 나머지는 연명으로 근무복귀 의사를 통보해와 전원 무기 정직처분을 내렸다. 이후 12명이 복귀해 의원퇴사 및 6개월 정직시한 만료로 자동해

1975년 3월 17일 동아일보에서 쫓겨난 언론인들은 동아투위를 결성하고, 동아일보 창간 55주년을 맞은 그해 4월 1일 신문회관(현 한국프레스센터) 회의실에서 창간 기념식을 별도로 가졌다. 오른쪽부터 고 이계익, 고 안성열, 고 안종필, 권영자 위원장, 고 배동순, 이규만, 고 김창수

임된 사원은 모두 69명이었다.[13]

3월 17일 미명의 새벽에 축출된 동아일보 기자들은 바로 그날 신문회관에서 동아자유언론수호투쟁위원회(동아투위)를 결성했다. 위원장에는 기협 동아일보 분회장을 맡았다가 해임된 권영자가 선임됐다. 동아투위는 부당해임 철회와 주필 이동욱, 방송국장 이동수 퇴진, 김상만 사장의 사죄를 요구했다.

동아투위는 중앙위원 12명으로 구성된 중앙위원회 아래 부·차장단, 기협 동아일보분회, 동아방송 자유언론실행총회, 총무·섭외·공보·조직·법무·여성 등 6개 특별위원회를 두었다. 기협 동아일보 분회장을 맡은 안종필은 중앙위원에 이름을 올렸다. 종로구 청진동 강한빌딩 308호에 임시사무실을 마련하고, 편집국과 출판국은 신문로 세종여관에, 방송국은 한성여관을 집결장소로 정했다.

동아투위는 매일 아침 8시 30분 동아일보 사옥 앞에 줄지어 서서 침묵시위를 벌이고 신문회관까지 행진했다. 경찰, 중앙정보부, 보안사 등 수사기관원들의 감시 와중에 광화문 한복판에서 기이한 시위가 벌어진 것이다. 항의 도열은 하루도 거르지 않고 반년 동안 계속됐다. 기자들은 침묵시위가 끝나면 신문회관 3층 복도에서 아침 총회를 갖고 그날그날의 공지사항을 공유하고, 오후에는 동아투위 주장과 활동 상황 등을 담은 유인물을 돌렸다. 이종대의 증언이다.

회사 앞 침묵시위가 끝나면 신문회관까지 행진했어요. 행렬의 맨 앞에 안종필 선배가 섰죠. 신문회관 3층 복도에서 아침 총회를 열었는데, 안 선배가 '이동욱 주필과 이동수 방송국장은 즉각 물러나라'고 선창하면 우리가 따라 외쳤어요. 집회를 여는 것도, 구호를 외치는 것도 어딘가 어색했어요. 그래도 동지애 같은 묘한 게 우리 가슴 속에서 꿈틀거렸어요.

1975년 3월 동아일보 앞 침묵시위를 마친 기자들이
신문회관(현 한국프레스센터) 쪽으로 줄지어 걸어가고 있다.

 거리로 내쫓긴 시간이 길어지면서 안종필과 동료들은 신변 불안과 생계 위협에 맞닥뜨렸다. 특히 국내외 정치 상황은 동아투위 활동을 위축시켰다. 경찰은 4~5월 권영자 앞으로 시위와 유인물 배포를 중지하라는 경고장을 16차례에 걸쳐 보냈다. 남베트남 패망의 회오리 속에 유신헌법에 대한 일체의 논의를 금지하는 긴급조치 9호가 5월 13일 선포됐다. 대화를 통해 집단해직 사태를 풀려고 했으나 동아일보사는 응하지 않았다. 법적 대응을 선택해야 했다. 동아투위 소속 121명은 6월 21일 동아일보사를 상대로 '해임 및 무기정직처분 무효확인 청구소송'을 서울민사지법에 제기했다.

기자들은 종교단체와 민주단체, 언론계 동료들 도움으로 몇 달 동안은 버틸 만했으나 날이 갈수록 생활고에 직면했다. 동아방송 PD로 근무하다가 해고된 허육은 이렇게 회상했다.

> 당시 여덟 식구 중에 버는 사람은 나 혼자뿐이었는데 내가 실직을 당했으니 생계가 막연해졌다. 우선 급한 대로 아이들 돌반지부터 팔았다…날마다 시위와 투쟁을 계속한 지 6개월, 빚을 얻어 생활하고 가게 외상도 쌓여갔다. 나처럼 사정이 어려운 사람이 대부분이어서 더 이상 아침 도열시위를 하기가 어렵게 되자 각기 일자리를 찾아보기로 했다.[14]

동아일보사 앞 침묵시위는 9월 17일까지 일요일만 빼고 6개월 동안 이어지다 끝났다. 30~40대의 가장이었던 기자들은 생업을 찾아 나서야 했다. 세종여관 동아투위 사무실은 위원장 권영자와 상근총무를 맡은 박종만이 지켰다. 130여명의 언론인이 직장에서 쫓겨난 1975년 여름이 가고 있었다.

2부

부산에서 젊은 시절

'안홍목재'와 친구들

　안종필은 1937년 5월 5일 경남 하동군 북천면 사평리 647번지에서 안채열과 우복순의 4남 4녀 중 장남으로 태어났다. 안채열은 안종필이 두 살이 되던 1938년 하동을 떠나 부산으로 이사했다. 안채열이 터를 옮긴 부산부 보수정(寶水町, 현 중구 보수동)은 보수산에 인접한 마을로 일제 강점기 일본인 밀집 거주 지역이었다. 안채열은 보수정 길목에 '안홍목재'라는 제재소를 열었다. 수백 평 규모의 넓은 공장 부지에는 원목 더미들이 여기저기 쌓여 있었고, 둥근 톱이 뱅글뱅글 돌면서 원목을 켜는 소리로 요란했다. 변변한 제조업 공장이 별로 없던 그 시절 안홍목재는 큰 기업이었다.
　안종필은 초등교원 양성을 위해 개교한 부산사범학교 부속국민학교에서 1950년까지 공부한다. 배고픈 시절, 안종필이 친구들을 데려오면 안채열은 슬며시 웃었고, 우복순은 먹을 것을 내주었다. 친구들이 기억하는 안종필은 말수가 적고 얌전한 아이였다. 부잣집 아들이라는 표를 안 내고 조용히 친구들과 어울렸다. 안종필 집 바로 아래 살았던 친구 김해룡은 국민학교 5학년 때 일화를 똑똑히 기억한다. 하루는 떠드는 소리로 왁자지껄한 교실에서 안종필이 갑자기 교단 위에 올랐다. "여러분! 변명을 하지 맙시다!" 두세 번 큰소리로 외쳤다. 반 아이들 사이에 말 안 되는 억지소리가 나오니 듣기가 거북해 참다못해 나선 것이다. 평소 온순하고 조용했던 그가 큰소리로 말해서 기억한다고 김해룡은 회고했다.

안종필은 최병학 신상우 홍용우 등과 어울렸다. 대구에서 살다가 국민학교 2학년 때 중구 부평동으로 이사 온 최병학은 친구들 사이에서 골목대장으로 통했다. 최병학은 5학년 여름방학 무렵 안종필 등 네댓 명과 남해안 탐험을 은밀히 모의했다. 『로빈슨크루소』『15소년 표류기』등을 읽은 영향이었다. 대략적인 계획은 이랬다. "남항에서 전마선(배와 배 사이를 다니며 연락을 하거나 짐은 나르는 배)을 얻어 여름방학 때 남해안을 한 바퀴 돌자. 그러려면 돈이 필요한데, 집에서 훔쳐오자. 이 계획을 발설한 사람에겐 바늘을 먹는 벌을 내린다." 내성적인 안종필이 어디에서 그런 용기가 생겼는지 모르지만, 아버지 몰래 고급시계를 훔쳤다. 신상우는 어머니 반지, 홍용우도 돈 되는 물건을 훔쳤다. 열댓 살 아이들의 순수한 치기는 들통이 났고, 결국 실행에 옮겨지지 못했다.

안종필은 1950년 부산제일공업고등학교 중등부에 진학했다. 중학교에 입학한 그해 6월 25일 한국전쟁이 발발했다. 전쟁 3일

중학생 안종필(사진 오른쪽)이 동생 안인성, 안애숙과
부산 한 사진관에서 찍은 사진

만에 수도 서울을 빼앗긴 이승만 정부는 대전에서 대구로, 8월 18일 다시 부산으로 수도를 옮겼다. 이때부터 부산은 일시적인 9·28 서울수복 직후(1950. 10. 27.~1951. 01. 04)를 제외하고 휴전되는 날까지 임시수도가 되었다. 전장에서 떨어진 부산으로 피란민들이 물밀 듯이 들어왔다. 전쟁 전 약 47만명이었던 부산 인구는 1953년 9월 91만명으로 2배 가까이 늘었다. 피란민들은 국제시장을 중심으로 한 용두산, 복병산, 대청동, 부두를 배경으로 한 부두 주변, 영주동, 초량동, 수정동, 범일동, 영도 바닷가 주변인 태평동, 보수천을 중심으로 한 보수공원과 충무동 해안가 등에 판잣집을 짓고 살았다.[15] 그마저 없는 피란민들은 다리 밑에서 생활하거나 움막을 지어 생활해야 했다. 안종필은 학교 가는 길에 보수천 검정다리 아래에서 생활하는 피란민들의 비참한 삶을 목격했다.

넓은 운동장을 가진 학교는 군대나 병원으로 징발됐고, 선생님들도 징병되면서 학교 수업이 제대로 이뤄지지 못했다. 그 무렵 최병학은 안종필 등에게 아이스케끼 장사를 제안한다. 우리가 이런 경험을 하지 않으면 앞으로 큰 사람이 될 수 없다고 꼬드겼다. 안종필은 밤이면 슬며시 집에서 나와 친구들과 함께 아이스케끼를 담은 탄피통을 메고 부산의 번화가인 남포동, 광복동 여기저기를 돌아다녔다. 선생님께 걸려 꽁지 빠지게 달아난 날도 있고, 비가 와서 장사를 공치면 점포 아래 앉아 낄낄거리며 먹어치웠다.

안종필은 17살이 되던 1953년 4월 동래고등학교에 입학했다가 그해 9월 경남고등학교로 전학했다. 동래고등학교 학적부는 가정 사정으로 퇴교했다고 기록하고 있다. 명문 고교로 익히 알려진 경남고등학교는 대신동 전차 종점을 지나서 구덕산 기슭에 자리 잡고 있었다. 토성동 학교 건물을 육군 병원으로 내주고 옮겨왔기에 변변한 교실이 없었다. 삼나무 가지에 칠판을 걸어놓고 노천수업을 하다가 판잣집 교실에서 공부했다. 부산경남지역에서 수재들이 모여들었다. 서울대 입시에서 경남고는 한해 100명 이상의 합격자를 배출했는데, 안종필보다 2년 후배인 1957년 입학생들의 경우 130명이 서울대에 합격했다.

경남고등학교 제10회
졸업 앨범 속 안종필

안종필의 경남고등학교 전학에 대해선 구체적으로 알려진 게 없다. 당시 경남고등학교는 시험을 치러 입학할 수 있었다. 경쟁률은 5 대 1이 넘었고, 중학교 때 학급 반장을 지낸 학생들이 절반 이상이었다. 안종필처럼 경남고등학교에는 전학을 오거나 편입학시험을 치러 들어온 학생들이 더러 있었던 것으로 보인다. 안종필의 경남고등학교 1년 선배인 김경희는 자신이 입학할 때 정원은 300명이었는데 졸업생은 354명이었고, 편입학 등에 추월영 교장 선생님의 재량이 있었다고 기억했다. 안종필 동급생의 경우 1953년 4월 6일 358명이 입학해 1956년 3월 25일 353명이 졸업했다. 당시 경남고 입학생 중 경남중 출신이 201명으로 56%를 차지했다.

명문고에 다닌다는 자부심이 강한 학생들에게 전학생은 외부인으로 비쳤을 것이다. 급우들은 호기심에 가득 찬 눈빛을 하면서도 아는 체하지 않고 흘끔거렸다. 더러 모자를 툭 치고 달아나는 아이들도 있었다. 안종필도 친구들이 거의 없고 공부 잘하는 아이들만 모여 있다고 생각하니 주눅이 들었다. 까까머리 고교 시절이 다 그러하듯 시간이 지나며 경계의 눈빛도 시나브로 사라지게 마런이다. 2·3학년으로 올라가면서 속내를 털어놓고 지내는 동급생들도 여럿 생겼다. 안종필은 학교생활에 점점 적응해갔다. 1학년 때 일곱 번 결석했는데 2학년 때 한 번, 3학년 때 두 번 결석한 것이 전부였다.

교련 시간에 나무총을 갖고 군사훈련을 하다가 기합을 받으며 씩씩거리고, 부채꼴 모양의 원형 교사(校舍)[16] 건축을 시작할 때 학교 뒷산에 올라가 돌멩이를 주워 나르며 투덜거렸다. 손바닥보다 조금 큰 크기의 돌을 터파기한 구덩이에 대여섯 번 채우면 한 시간이 금방 지나갔다. 안종필 등 동급생들은 원형 교사에 들어가 보지도 못하고 졸업했다. 〈무기여 잘 있거라〉〈삼손과 데릴라〉등 영화를 단체 관람할 때 키스 장면이 나오면 극장이 떠나가도록 환호성을 질렀다. 영화가 끝나면 동아극장 뒷골목으로 빠져 계란빵을 사서 나눠 먹었다. 까까머리 고교시절은 그렇게 가고 있었다.

1955년 봄, 3학년 5반 안종필은 부산역에서 기차를 타고 경주로 수학여행을 떠났다. 울산역 도착 전 터널 안에서 일어난 사건은 동급생들에게 전설로 내려온다. 기차가 터널을 통과하고 있을 때 누가 시작했는지 모르지만 3학년 5반 담임이던 주상우 선생에게 달려들어 다구리를 놓았다. 기차에 전등이 없어 캄캄한 상황에서 순식간에 벌어진 일이었다. 주상우 훈육주임은 '구덕산을 날아가는 새도 떨어뜨린다'고 할 정도로 학생들을 혹독하게 다루기로 유명했다. 주상우 주먹에 한 대 맞으면 사나흘은 머리가 띵했다. 평소에 주상우한테 원한을 품었던 말썽꾸러기들이 가세했던 사건이

1955년 봄 경주 수학여행

었다. 주상우는 울산역에 도착하자 학생들을 플랫폼에 집합시켰다. 주모자를 찾아 벌줄 것이라는 예상과 달리 그는 학생들을 질책하며 마지막에 "불문에 부치겠다"고 했다.[17] 그렇게 주상우 선생 다구리 사건은 일단락됐다. 주상우는 훗날 경남고등학교 교장을 거쳐 부산시교육감을 지냈다.

안종필의 성적은 특출하진 않았다. 그의 성적은 1학년 때 전교 350여명 중 253등이었다가 2학년 때 327등으로 떨어졌다. 우수한 학생들이 사이에서 분발했던지 3학년 때 248등으로 올랐다. 2학년 때 40점 만점에 17점을 받았던 영어 강독 점수는 3학년 때 27점,

수학 2항도 10점(2학년)에서 16점(3학년)으로 상승했다. 2·3학년 때 담임을 맡은 선생들은 그가 과학에 흥미를 보인다고 기록했다. 2학년 때 물리 점수는 20점 만점에 8점이었는데, 졸업반 때는 14점을 받았다. 담임 선생님들은 그의 성격이 온순하고 언어가 명료하며 동작은 민첩하다고 평가했다.

3학년 2학기에 접어들면서 안종필은 대학 진학을 고민한다. 당시는 3학년 1년 동안 대입 모의고사를 4번 치렀다. 모의고사 결과에 따라 어느 대학에 입학할지 결정하던 시절이었다. 안채열은 장남이 서울대 상대에 들어가기를 원했지만, 안종필의 성적은 두드러지지 않았다. 1956년 3월 25일 경남고등학교 제10회 졸업식이 열렸다. 졸업 앨범 인물사진에 안종필은 머리를 빡빡 깎았고 검은색 교복을 입었다. 사진기를 응시하는 안종필은 다부진 모습이었다.

푸른 꿈 찾아 나선 대학 시절

안종필은 1956년 한국외국어대 영어과에 입학한다. 비록 바라던 대학은 아니었고, 전쟁의 참상이 지워지지 않은 시절이었지만 서울은 새로운 인생 경험을 할 수 있는 공간이었다. 설렘과 흥분으로 낯설고 물선 광화문과 종로, 명동을 걸으며 저 길 어디쯤 있을 푸른 꿈을 찾아 나아갔다.

한국외대 학적부에 기재된 안종필의 학번은 '195601365', 56학번이다. 그런데 한국외대 학적부는 안종필의 입학을 1957년 10월 1일로 기재하고 있다. 입학 연도에 따라 학번을 부여하는 게 일반적이고 외대가 1957년 10월에 신입생을 뽑은 기록이 없어 안종필은 1956년 4월에 한국외대에 입학했다고 보는 게 타당하다.

안종필이 영어과 신입생이던 1956년 당시 한국외대는 개교 3년째 신설 대학으로 교육시설과 여건은 열악했다. 학교 건물이 없어

외대학보 1959년 11월 20일자. 동대문구 이문동에 증축교사가 준공해 기념식이 열렸고, 낙성 기념 체육대회가 열렸다는 소식을 전하고 있다.

종로2가 영보빌딩과 중구 회현동 5층짜리 콘크리트 건물을 임대해 사용했다. 안종필은 영어과와 교양강좌 수업을 주로 진행한 회현동에서 '현대영문강독' '영문학개론' 등을 수강했다.

안종필은 2학년 2학기를 동대문구 이문동 캠퍼스에서 시작했다. 한국외대는 1957년 9월 동대문구 이문동에 신교사를 준공하고, 1959년 11월 강의실, 교수실, 행정사무실, 휴게실을 등을 갖춘 총 2100평 규모의 본관 건물을 지었다. 이문동 이전 직후 학교 주변은 모두 논밭이었다. 저녁때는 교실 주위에서 개구리 울음소리가 들렸다. 교문은 물론 울타리도 없었고, 교통도 매우 불편해 철 둑길을 건너고 논길을 따라 학교까지 통학했다.[18] 그런 환경에서 안종필은 영어를 배우며 공부에 열중했다.

방학이면 안종필은 부산 보수동 집에 내려와 지내곤 했다. 서울에서 구입한 레코드판을 크게 틀어놓고 노래를 큰 소리로 부르거나 흥얼거리던 안종필을 여동생 안애숙은 지금도 기억한다. '카타리(Catari), 카타리(Catari)'로 시작하는 〈무정한 마음(Core Ngrato)〉은 안종필이 가장 좋아하는 노래였다. 이 노래는 이탈리아 나폴리 출신의 작곡가 살바토레 카르딜로가 작곡했는데 자신을 버리고 떠난 카타리나를 잊지 못하는 마음을 담고 있다.

어느 날 밤이었다. 안애숙은 대학생 큰오빠가 엄마와 나누는 얘기를 잠결에 들었다. 이튿날 아침 안종필은 안애숙에게 송도해수욕장에 가자고 했다. 안애숙과 한 살 터울의 동생 안미숙도 따라나섰다. 충무동 버스터미널 인근에서 중국식 호떡 공갈빵을 몇 개 사서 배를 채우고 버스에 올랐다. 안종필은 송도해수욕장에서 작은 배를 하나 빌려 두 동생을 싣고 바다로 나아갔다. 그날따라 안종필은 별말이 없었다. 국민학생인 안애숙이 보기에도 계속 노만 젓는 큰오빠가 예사롭지 않았다.

"오빠가 말도 없이 노만 계속 젓는 거예요. 배가 깊은 바다로 계속 나아가니 무서워 죽겠는데도 오빠가 너무 심각해서 집에 가자는 말을 못했어요. 뒤에 보니까 오빠가 실연을 겪었더라구요. 엄마 말씀이 전날 밤에 집에 온 오빠가 보수동 집 다락에 숨어 황소울음을 울었다는 거예요." 안애숙의 회고다. "카타리, 카타리, 왜 너는 그런 쓰디쓴 말을 하느냐?" 〈무정한 마음〉의 첫 소절처럼 그 무렵 안종필은 실연의 아픔으로 괴로워했다.

대학 3학년을 보낸 안종필은 1959년 5월 1일 입대한다. 대학 3년을 어떻게 보냈는지, 군 복무를 어디서 했는지에 대한 행적은 별로 남아 있지 않다. 병적증명서로 확인할 수 있는 건 안종필이 육군에 입대했고, 병과는 '709'였으며 1961년 5월 11일 상병으로 만기 제대했다는 사실뿐이다. 전역 사유는 26사단 특별명령(병) 제107호 '귀휴 중 전역'이다.[19] 이걸로 미뤄 안종필은 당시 26사단이 있던 경기도 연천에 근무하지 않았을까 추정된다. 1959년 입대 당시 복무기간은 33개월이었는데, 대학 재학 중에 입영하면 '학보병'이라 하여 복무기간을 1년 반으로 단축할 수 있었다. 하지만 안종필은 33개월도, 1년 6개월도 아닌 2년 만에 만기 제대했다.

군 생활 즈음을 엿볼 수 있는 대목이 있다. 안종필은 입대하고 4개월 만에 휴가를 나왔다. 1959년 9월 무렵이다. 군 생활이 평온하지 않았던지 안종필은 군복을 불태워버리라고 말했다. 당시 안종필의 어머니 우복순은 막내아들 안태균을 출산하고 산후조리하고 있었다. 여동생 안애숙의 회고다. "엄마가 막내를 낳고 얼마 안 돼 큰오빠가 휴가를 나왔나 봐요. 애 낳고 누워 있는 모습을 장성한 큰아들에게 보이기가 민망했나 봐요. 엄마가 아들 보기 부끄럽다는 이야기를 저한테 여러 번 했어요."

안종필이 4·19 소식을 들은 건 군 복무 중일 때였다. 1960년 3월

안종필의 병적증명서

15일 정·부통령 선거를 앞두고 이승만과 자유당 정권은 노골적인 불법·부정 선거를 자행했다. 이에 저항해 마산에서 큰 시위가 일어났고 경찰이 발포해 8명이 사망하고 72명이 총상을 입는 사건이 발생했다. 3·15 마산 의거였다. 며칠 후 마산 앞바다에 떠오른 시체 하나가 세상을 뒤흔들었다. 마산상고 학생으로 3·15 시위 때 실종되었던 김주열이 4월 11일 아침 마산 중앙부두 앞바다에서 주검으로 발견되었다.[20] 김주열은 눈부터 뒤통수까지 최루탄이 박힌 채 주검으로 떠올랐다. 김주열의 참혹한 죽음은 2차 마산 의거로 이어졌으며 전국적인 대규모 시위로 확대되는 계기가 됐다.

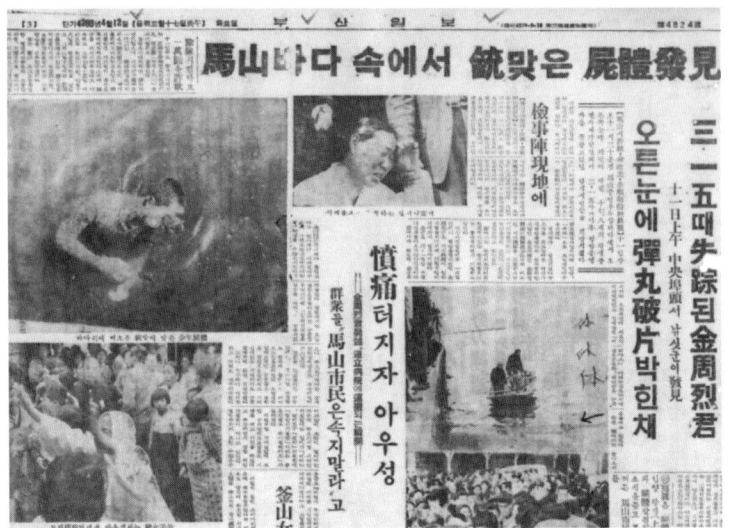

1960년 3·15 마산 의거 때 실종되었던 김주열의 참혹한 죽음을 세상에 처음
알린 부산일보 1960년 4월 12일자 3면. 부산일보 주필이던 황용주는
부산일보 창립 30주년 기념사에서 당시 상황을 이렇게 설명했다.
"마산지사의 허종 기자가 우연히 현장을 지나다 발견하고 찍은 사진이
지프차에 실려 편집국에 도착했다. 우리는 이 역사적인 특종을 독점할 수 있는,
신문쟁이로서 최고의 쾌락을 억누르고 여러 장 복사하여 전국 신문사에
우송하였다."

4월 19일은 전국이 시위로 용광로가 됐다. 서울에서는 서울대 고려대 연세대 성균관대 동국대 중앙대 한양대 경희대 이화여대 숙명여대 등 대학생들과 대광고 강문고 동성고 선린상고 등 학생들, 그리고 시민들이 한데 뭉쳐 국회 경무대 대법원 내무부 등으로 몰려다니며 불법 부정 선거를 규탄했다. 부산 대구 광주 인천 대전

청주 등 거의 모든 대도시에서도 대규모 시위가 일어났다.

경찰은 경무대로 몰려가던 시위대에 발포를 했고, 수십 명이 죽고 다쳤다. 오후 2시 서울에 계엄령이 선포됐고 오후 4시 반에는 부산 대구 광주 대전 인천 등지로 계엄이 확대됐으며, 오후 5시에는 경비계엄이 비상계엄으로 강화됐다. 군 병력이 가세했고 경찰은 시위대를 향해 본격적으로 발포를 했다. 서울에서만 100여명이 목숨을 잃었다. 광주에서는 통행금지령이 내려진 밤 9시쯤에도 야간 시위가 벌어져 경찰의 총에 9명이 죽고 74명이 다치는 등 유혈 사태가 벌어졌다. 훗날 역사학자들은 이날을 '피의 화요일'로 기록했다.[21]

1960년 4월 26일 오전 이승만은 훗날 '하야 선언'으로 불리게 되는 성명을 발표했다. 첫째, 국민이 원한다면 대통령직을 사임하겠다. 둘째, 3·15 정·부통령선거에 많은 부정이 있었다고 하니 선거를 다시 하도록 지시했다. 셋째, 선거로 인한 모든 불미스러운 것을 없애기 위하여 이미 이기붕 의장에게 공직에서 완전히 물러나도록 했다. 넷째, 이미 합의해준 것이지만 만일 국민이 원한다면 내각책임제 개헌을 하겠다고 밝혔다.

국회가 그날 오후 이승만 대통령 즉시 하야 등 5개 항목을 담은 시국수습안을 만장일치로 가결하자 이승만은 4월 27일 오전 국회 결의를 존중해서 대통령직을 즉각 물러난다는 성명을 발표하는 동시에 대통령직 사임에 필요한 법적 절차를 밟고자 대통령직 사임서를 송부했고 국회는 대통령직 사임서를 접수했다. 이로써 이

승만은 3대에 걸친 12년 간의 대통령직에 종지부를 찍었다.[22]

안종필은 1961년 5월 11일 만기 제대했다. 군복을 태워버리라고 할 정도로 힘들었던 군 복무를 끝낸 것이다. 위병소를 나올 때 날아갈 것 같던 마음도 며칠 지나자 시들해졌다. 이런저런 걱정이 밀려왔다. 대학 졸업이 코앞으로 다가왔고, 앞날에 대한 대책도 세워야 했다. 말년 휴가를 나와 친구들을 만났는데 모두 취직을 걱정했다. 부산 보수동 집에 머물며 복학을 준비하면서도 잠 못 이룰 때가 많았다.

정국도 급변했다. 전역 며칠 만에 5·16 쿠데타가 일어났다. 1961년 5월 16일 새벽 육군 소장 박정희는 쿠데타를 일으켰다. "은인자중하던 군부는 오늘 아침 미명을 기해서 일제히 행동을 개시해 국가의 행정 입법 사법 삼권을 완전히 장악하고 이어 군사혁명위원회를 조직했습니다…." 안종필은 라디오에서 흘러나오는 소리를 듣고 믿기지 않았다. 아나운서는 혁명 정부의 발표라며 "반공을 국시(國是)의 제일의(第一義)로 삼고 지금까지 형식적 구호에만 그친 반공태세를 재정비 강화한다…. 이 나라 사회의 모든 부패와 구악을 일소하고 퇴폐한 국민도의와 민족정기를 다시 바로잡기 위하여 청신한 기풍을 진작시킨다…" 등의 혁명공약 6개 항목을 계속 읽어댔다.

5·16 쿠데타에 대해 안종필이 어떻게 생각했는지 알 수 없다. 당시 대학가 분위기와 비슷하지 않았을까 추정할 뿐이다. 쿠데타 직후 학생들의 반응은 관망적 자세였다. 쿠데타 직후에 나온 서울

5·16 쿠데타 발생 소식을 전한 경향신문 1961년 5월 16일자 1면

대와 고려대 학보의 1면 머리기사 제목은 각각 '쿠데타 성공, 학원은 평온, 당연감(當然感) 속에 사태 주시'와 '군사혁명에 학생들은 침묵, 무표정, 사태 진전을 주시'였다.[23] 쿠데타에 대해 유보적 태도를 취한 것이다. 하지만 쿠데타 세력이 3·15부정선거 관련자 엄단, 농어촌 고리채 인하, 부정축재 기업인 연행, 대대적인 깡패소탕 등 부정부패 척결과 사회정화 조치를 단행하면서 국민들로부터 호의적 반응을 얻자 대학생들도 쿠데타에 지지를 보내기 시작했다.

안종필은 1961년 가을 한국외대에 복학했다. 그 무렵 나온 외대 학보 50호(1961년 9월 1일 발행)는 '혁명과업 완수와 학생의 임무'라는 사설에서 "긴박한 국운을 정상화시키며 누란의 위기에 걸쳐 있는 국정을 구하기 위한 애국적 궐기에 의한 5·16혁명이 있은지 겨우 백일이 넘는 오늘의 상태를 볼 것 같으면 내면적으로나 외면적으로 커다란 성과를 거두고 있음을 볼 수 있다"라며 군사정권에 대한 지지를 표명했다. 대학가의 이런 분위기는 시간이 지나면서 조금씩 달라졌다. 군사정권의 개혁 후퇴와 정책 실패, '4대 의혹 사건'(워커힐사건, 증권파동, 새나라자동차사건, 빠찡고사건)과 같은 권력욕과 부정부패 때문이었다.[24]

두 번째 도전 끝에 부산일보 입사

9월 복학과 함께 시작한 2학기는 대학 생활 마지막 학기였다. 대학 1~3학년을 보내고 군 제대 후 정신을 차리려던 참에 졸업이 다가왔다. 1962년 1월 5일 발행된 외대학보 55호는 제5회 졸업식 예고 기사에 237명의 졸업생 명단을 실었는데, 영어과 졸업생 127명 중 안종필의 이름이 적혀 있다.

졸업식은 1962년 1월 19일 동대문구 이문동 한국외대 교정에서 열렸다. 오후 2시 졸업생이 입장하면서 시작한 졸업식은 윤보선 대통령을 비롯해 영국 미국 프랑스 독일 대사 등 내빈과 학부형이 참석한 가운데 열렸다. 국기경례, 애국가 봉창, 혁명공약 낭독에 이어 학사보고, 수료증서 수여가 있었다. 최완복 학장은 "모두 어려운 어학을 잘 공부했으니 사회에 나가 역군이 되어 보람 있는 생활이 있기 바란다"며 "어디서나 모교를 기억해야 될 것"이라고

안종필은 1962년 1월 한국외대 영어과를 졸업했다.
제5회 졸업식 소식을 전한 1962년 3월 18일자 외대학보 56호(사진 왼쪽).
외대학보 55호(1962년 1월 5일)에 실린 제5회 졸업생 명단.

말했다. 윤보선 대통령은 "학교에서 배운 옳고 굳건한 이념을 사회에서 봉사할 수 있기를 바란다"는 요지의 축사를 했다. 축사에 이어 재학생과 졸업생의 기념품 증정이 있었고, 교가제창으로 졸업식은 3시쯤 끝났다.[25]

당시 대학을 졸업하면 공채로 들어갈 수 있는 곳이 별로 없었다. 관공서, 교직, 언론기관, 금융기관 등에 취직한다고 하나 경쟁이 치열했다. 안종필은 1962년 3월 25일 부산일보 기자 시험에 도전했다. 시험장 경남중학교에는 수험표를 받으러 몰려온 수험생들로 북적였다. 시험은 필수 4과목(국어, 논문, 상식, 기사작성)과 선택 1과목(영어, 독어, 불어, 통계학 중에서 택일)이었다. 안종필 등 14명이 1차

필기시험에 합격했다. 5월 2일 면접시험을 치르고 전화기를 옆에 두고 며칠을 기다렸지만, 연락은 오지 않았다.

낙방은 쓰라렸다. 언론인의 꿈이 산산이 깨어졌다는 게 견딜 수 없었다. 안종필은 국민학교 5학년 일기장에 장래 희망은 기자라고 썼을 정도로 언론인을 동경해왔다. 그래서 포기할 수 없었다. 다시 '언론고시' 시험에 몰두했다. 여러 언론사 기자 시험에 도전했다. 몇 번의 낙방 끝에 안종필은 1963년 2월 9일 부산일보에 최종 합격했다.

부산일보에 입사한 과정은 다소 극적인 면이 있었다. 부산일보는 그해 2월 5일 견습기자 1차 합격자 20명을 발표하며 '작년도 견습기자시험 1차 합격자에게 2차 면접시험 응시자격을 부여한다'고 밝혔다. 1차 시험에 응시하지 않은 안종필은 면접시험만 치러 합격자 명단에 이름을 올렸다. 견습기자 최종합격자를 알린 부산일보 1963년 2월 9일자 1면에는 수험번호와 이름을 명기한 다른 합격자와 달리 '작년도 1차 합격자 안종필'로 적혀 있다. 정기정 남훈 박기태 박영석 조정강

견습기자 최종합격자를 알린 부산일보 1963년 2월 9일자 1면. '작년도 1차 합격자 안종필'의 이름이 보인다.

조현규 김정숙 등이 동기생이다.

안종필은 1963년 2월 부산일보로 첫 출근했다. 중앙동 4가 36번지에 자리한 부산일보는 보수동 집에서 도보로 간다면 40~50분쯤 거리였다. 당시 부산일보는 시간당 10만부를 찍어내는 서독제 최신형 MAN 고속윤전기를 도입해 가동에 들어갔고, 지하 1층, 지상 5층 새 사옥 준공을 눈앞에 두고 있었다.

견습기간 6개월이 끝나갈 무렵, 부산일보에서 인사파동이 일어났다. 신임 사장 박준규는 8월 자신이 임명한 주필 겸 편집국장 정만교를 한 달여 만에 해임하고 10월 초 편집부국장, 사회부장에 대해 휴직 명령을 내렸다. 박정희에 대한 부산일보의 비판적 논조 때문으로 추측된다.『부산일보 50년사』는 "정만교가 물러난 것은 편집 및 논설에 대한 경영진과의 의견불일치에 원인이 있었다"고 기록했다.[26] 박준규는 그해 10월 15일 대통령 선거 때 공화당 후보로 출마한 박정희 지원 유세에 앞장섰고, 11월 26일 제6대 총선에서 서울 성동구에 공화당 후보로 출마했다.

기자들이 인사조치 백지화를 요구하며 파업에 들어가자 박준규는 정경부장, 사회부 차장, 보도사진반장을 휴직 발령하고, 정경부 차장 권오현과 기자 배봉수 김종득 신상우, 편집부 기자 김지원을 11월 2일자로 해임했다. 기자들은 박 사장의 일방적인 인사조치에 항의하며 영주동 한 여관에서 지내며 파업 강도를 높였다. 신문제작이 어려워지자 박준규는 정경부장 등 3명에 대해 휴직명령을 철회하고, 권오현 배봉수 김종득 신상우는 재임명하는

안종필은 두 차례 도전 끝에 1963년 2월 부산일보에 합격했다.
안종필이 근무하던 부산일보 중앙동 사옥(1963년 9월~1984년 12월).
(사진 자료 : 『부산일보 50년사』)

형식으로 복직시켰다. 국회의원에 당선된 박준규는 7개월 남짓 재임하다 1964년 1월 사임했다. 박준규는 훗날 지역구 국회의원 9선에 오르고 13~15대 국회에서 내리 3차례 국회의장을 지냈다.

해임될 뻔한 신상우는 안종필과 보수동에서 어린 시절을 함께 보냈다. 부산사범학교 부속국민학교에 다닌 두 친구는 서로 다른

중·고등학교에 진학하면서 마주할 기회가 별로 없었다. 신상우는 한 해 전인 1962년 부산일보에 특채로 입사해 정경부 기자를 하고 있었다. 값나가는 물건을 훔쳐 남해안 탐험을 모의하던 안종필과 신상우는 20대 중반에 부산일보에서 재회했다.

둘은 부산일보 뒤편 허름한 대폿집에서 막걸리 마시며 아름다운 시절을 추억하지 않았을까. 신상우는 안종필이 신문사에 적응하도록 도움을 주고, 안종필은 신상우의 이야기를 들으며 부산일보의 이런저런 속사정을 알아갔다. 신상우가 서울로 올라가 박준규에게 인사조치에 항의했다는 말을 전해 듣고 안종필은 '나라면 저렇게 할 수 있었을까'를 생각했다. 신상우는 나중에 안종필 입사동기 조정강을 배필로 맞이했다. 주월특파원, 국회 출입 기자로 필명을 날린 신상우는 정치권에 뛰어든다. 1971년 8대 총선(부산 동래·양산)에 신민당 공천으로 출마해 당선된 이후 7선(9·10·11·13·14·15대) 국회의원을 지냈다.

6개월 견습을 끝낸 안종필은 편집부에서 기자생활을 시작했다. 자진해서 편집부에 간 건지, 회사에서 편집부로 발령냈는지 확실하지 않다. 편집기자는 기자들이 취재한 기사에 제목을 붙이고 뉴스 밸류를 판단해 레이아웃(신문 지면 설계)을 담당하는 내근기자다. 경찰서 등 현장을 도는 취재기자보다는 조용하고 내성적인 성격의 그에게 편집기자가 더 맞지 않았을까 싶다. 그는 선배들 밑에서 편집의 기본기를 열심히 익혔다.

이듬해 초 해임의 광풍이 또 불었다. 1964년 1월 부산일보 제7

대 사장으로 취임한 최세경은 경영합리화를 내세우며 지방주재기자 6명을 해임한 데 이어 편집국 기자 7명을 비롯해 공무 총무 업무국 사원 31명을 무더기 해임했다. 항의와 반발은 필연적이었다. 편집국 제2부국장 겸 편집부장 서정태 등 기자 20여 명이 파업에 들어갔다. 파업이 20일 넘게 계속되자 최세경은 3월 말까지 세 차례에 걸쳐 11명에 대한 해임 발령을 취소하는 등 수습책을 냈다.

안종필의 파업 동참 여부에 대해선 기록이나 증언이 없다. 편집부장이 제작을 중단한 상황에서 편집부 막내인 안종필도 그 영향권에 있었다고 보는 게 타당할 것이다. 안애숙은 "오빠가 부산일보에 들어갔을 때 신문사에서 스트라이크 비슷한 게 일어나 아버지가 걱정하시던 게 기억난다"고 회고했다. 안종필이 입사하자마자 두 차례 맞닥뜨린 해임과 파업의 회오리가 10년 후 동아일보에서 다시 몰아칠 줄 꿈에도 몰랐다.

여동생이 맺어준 인연

　부산일보 기자 시절, 안종필은 평생의 반려자인 이광자를 만난다. 이광자는 1941년생으로 안종필보다 네 살 적었다. 대구에 살다가 고등학교 때 부산으로 이사 온 이광자는 1963년 숙명여대 약학대학을 졸업하고 부산대병원 약제과에서 근무하고 있었다. 갸름한 얼굴에 날씬한 몸매로 부산대병원에서 내로라하는 미인이었다. 뒷날 안종필이 가족들에게 "야! 이광자 봐라. 각선미 끝내준다"고 자랑했을 정도였다. 그런 이광자를 소개한 건 안종필 둘째 동생 안광숙이었다. 두 사람은 부산여고 동창이었다.
　대학 졸업을 앞둔 겨울 어느 날, 이광자는 안광숙을 만났다. 풋풋한 여고 시절이 새록새록 떠올라 시간 가는 줄 모르고 수다를 떨었다. 그런 와중에 안광숙이 넌지시 말했다.
　"광자야, 너 요즘 사귀는 사람 있어?"

"애는 무슨…"

"그럼 우리 큰 오빠 한번 안 만나볼래?"

"종필이 오빠?"

"응, 부산일보에 다니고 있어."

"기자가 됐구나…."

친구 오빠로만 알고 있던 안종필이었다. 안종필을 좋아하는 여고 동창이 있다고 들었지만, 이광자의 눈에 안종필은 크게 다가오지 않았다. 안광숙을 통해 서울에서 대학을 다니다 군에 갔다는 얘기를 들은 정도였다. 이광자는 안광숙이 오빠가 시험을 준비하는 데 약대 전공 서적이 필요하다 해서 책을 빌려줬고, 그 책을 돌려받으며 만난 기억이 떠올랐다.

첫 만남은 부산 토성동 한 다방이었다. 안종필은 주로 듣는 편이었지만 이야기가 통했다. 만날수록 안종필은 괜찮은 남자였다. 어릴 때부터 교회에서 함께 기도하고 찬양하면서 만났던 오빠들과 달랐다. 과묵하고 이지적인 데다 예리한 안목에 시대를 앞서가는 분위기를 풍기는 멋진 남자였다. 안종필은 스물일곱 살, 이광자는 스물세 살이었다. 두 사람은 곧 사랑에 빠졌다.

사랑은 안종필이 조선일보로 이직하면서 애틋하게 피어올랐다. 안종필은 1965년 4월 조선일보 편집기자로 스카우트됐다. 당시 조선일보는 지면 쇄신을 위해 편집의 강화가 필요하다고 보고 편집기자 출신인 37세의 김경환을 편집국장에 임명했다. 김경환은 몸이나 마음이 단단하고 굵다 하여 '고딕체 신문인'으로 불렸다.

뉴스의 핵심을 잘 뽑아내 독자에게 알기 쉽게 전달하는 데 비상한 재주가 있었다. 출근 시간은 정확해도 퇴근 시간은 없는 국장으로도 유명했다.[27]

"편집이 바뀌면 신문의 얼굴이 바뀐다"는 것이 1964년 11월 조선일보 대표이사로 취임한 방우영의 평소 지론이었다. 방우영은 최고의 편집자를 데려오라며 김경환을 전폭적으로 지원했다. 김경환은 1965년 수습기자 공채를 세 차례 실시해 30여명을 뽑고, 각 신문사에서 젊고 유능한 편집기자들을 대거 데려왔다. 이 무렵, 안종필이 조선일보에 입사한 것이다. 조선일보 편집부에는 4·19 관련 지면으로 주목을 받아 1960년 6월 조선일보로 스카우트된 부산일보 편집기자 출신 조병철도 있었다.

대학을 졸업한 지 3년 만에 상경한 안종필은 낯선 환경에 적응할 여력도 없이 조병철을 비롯해 윤임술 이우세 조영서 최병렬 이상우 권도홍 등 뛰어난 편집자들 밑에서 배웠다. 집에 돌아가 잠자리에 누우면 천장을 배경으로 레이아웃을 할 정도였다. 1965년 5월 신아일보가 창간되고 9월엔 삼성그룹의 이병철을 사장으로 하는 중앙일보가 창간되면서 신문전쟁은 더 치열해졌다. 그 틈바구니에서 3년차 기자 안종필은 편집기자 능력을 담금질했다.

안종필은 이광자를 한시도 잊을 수 없었다. 전화를 매일 걸어도 남는 진한 아쉬움을 가끔의 만남으로 달래야 했다. 당시 서울에서 부산을 가려면 가장 빠른 열차인 무궁화호를 타도 6시간 40분이 걸렸다. 서울과 부산의 중간인 대구와 대전 등에서 만나며 장거리

1970년대 초반 동아일보 기자 시절 안종필 가족

연애를 시작했다. 한 달에 한두 번밖에 만나지 못했지만 그럴수록 사랑의 감정은 더 애틋해졌다.

자연스레 결혼 얘기가 오갔다. 하지만 이광자의 집에선 약대를 나온 딸이 의사와 결혼하길 원했다. 신문기자는 절대 안 된다며 반대했다. 이광자의 양친은 6남매 중 맏이이자 외동딸이 기자한테 시집가겠다고 하자 야단도 치고 달래기도 하며 마음을 돌리려 했다. 어머니는 팔 남매에 대종가의 맏며느리로 들어가면 시집살이 고생이 말이 아닐 거라며 극구 반대했다. 시집살이 하나도 안 하고 살

1970년대 초반 동아일보 기자 시절 안종필이 아들을 안고 있다.

테니 걱정하지 말라고 설득해도 통하지 않았다. 어머니는 그게 네 맘대로 되냐며 한 달간 드러누웠다. 이광자는 꿈쩍도 하지 않았다.

사랑에 빠진 자식을 이기는 부모는 없다고 했던가. 두 사람은 1965년 11월 16일 부산 광복동 예식장에서 결혼식을 올렸다. 이광자가 다니던 부민교회 김주오 목사가 주례를 섰다. 제주도 신혼여행에서 돌아온 안종필 부부는 보수동 집에서 하룻밤 묵고 서울로 올라왔다. 살림집은 아현동에 마련했다. 대청마루가 본채와 통하는 'ㄷ'자 형태의 낡은 한옥이었다. 별 하나를 단 장군인 집주인은 방 하나에 부엌이 딸린 별채를 내주며 잘 대해줬다.

이 무렵 안종필은 조선일보 편집기자로 바쁘게 지냈다. 편집기자들은 야근이 잦은 편인데도 늦더라도 저녁은 꼭 집에 와서 먹었다. 집에서 혼자 지내는 새댁 이광자를 배려해서다. 신혼 살림은 궁핍하지도 넉넉하지도 않았다. 신혼의 단꿈에 빠질 시기였다. 1966년 목련이 필 무렵 아이가 생겼다. 이광자는 그해 10월 서울 남산 한 산부인과에서 첫 아이를 낳았다. 두 사람을 반반씩 닮은 남자아이였다. 아들 이름을 '안민영'이라고 지었다.

안종필은 아들을 낳고 한 달이 지났을 무렵, 동아일보로 옮겼다. 1966년 11월쯤이다. 동아일보는 당시 대한민국을 대표하는 권위지였다. 그때 대학가에서는 3대 고시로 공직은 고등고시, 금융은 한국은행, 언론은 동아일보라고 이야기했다. 그해 40만 5000부인 발행부수는 1967년 한국 신문 사상 처음으로 50만부를 돌파하는 등 비약적으로 성장했다. 영향력과 사원 대우에서 다른 신문을 압도하는 동아일보에서 일하기를 기자들은 원했다. 안종필도 크게 다르지 않았다. 이 시기 안종필은 자신감에 차 있었다. 결혼해서 아이를 낳고 유력신문 동아일보에서 일을 즐기고 있었기 때문이었다.

어머니의 이른 죽음

1969년 9월 1일 딸이 태어났다. '예림(禮林)'이라는 예쁜 이름을 지어주려 1년간 옥편을 찾았다는 안종필은 딸 바보였다. 엄마 품에 안긴 채 쌕쌕거리며 자는 딸아이를 보며 안종필은 세상을 다 가진 듯했다.

딸이 걸음마를 배울 때쯤 이광자는 약국 일을 시작했다. 친한 친구의 동생이 운영하던 약국을 넘겨받았다. 약국은 성북구 하월곡동에 있었다. 하월곡동은 당시 산동네였다. 집들이 산을 거슬러 빽빽이 들어서 있었다. 약국이 있는 건물은 1층짜리 단층으로, 약국 뒤에 'ㄷ'자로 방과 부엌이 있는 안집이 있었다. 터는 넓지 않았지만 60평 가까이 되어 보였다. 안종필 부부는 1970년 여름 무렵 성북구 하월곡동 60-110번지로 이사했다. 안종필은 부친이 운영한 목재소 이름을 따서 '안흥약국'으로 하고 싶었지만, 여러 사정을 고려해 '한림약국' 간판을 그대로 뒀다.

산동네는 새벽 이른 시각에 하루를 시작한다. 약국 영업도 마찬가지다. 새벽 6시에 문을 열었다. 산동네 사람들은 약국에 들러 약을 짓거나 파스를 사서 일터로 나갔다. 변두리 지역은 병원보다 약국이 더 잘된다는 말을 실감했다. 약국 운영으로 눈코 뜰 새 없던 터라 아이들을 부산 친정에 맡겨야 했다. 어리광을 부리며 한창 귀여울 아이들을 떼어내야 하는 이광자의 마음은 쓰라렸다. 다행히 친정집 형편은 넉넉했고, 바다가 보이는 영도구 청학동에 있어 아이들이 건강하게 자랄 수 있지 싶었다.

아이들에게 외삼촌이 5명이라 든든했는지 모른다. 안종필 부부는 한 달에 한두 번 부산에 내려갔다. 안종필은 처갓집에 들어서기 바쁘게 아이들 이름을 큰 소리로 불렀고, 못 놀아준 미안함이 컸던지 아이들을 업고 빨고 하며 살갑게 대했다. 두 살배기 딸은 엄마를 몰라봤다. 이광자가 안으려 하면 몸을 버둥댔다. 민영이가 "예림아, 엄마야! 엄마!"라고 말해주면 그제야 예림이는 "엄마! 엄마!"하고 다가왔다.

그해 12월쯤이었다. 크리스마스에 아이들을 보러 간다던 안종필 부부는 예정보다 며칠 일찍 내려갔다. 기쁨도 잠시, 벽에 걸린 달력을 보고 가슴이 쿵 내려앉았다. 하루에 한 장씩 떼어내는 달력이 25일만 남고 다 뜯겨 있었다. 엄마와 아빠가 12월 25일 크리스마스에 온다는 얘기를 듣고 아들이 나머지 날짜를 다 뜯어내고 25일 한 장만 남긴 것이다. 외갓집 식구들이 아무리 잘 대해도 아

1970년대 초 동아일보 체육대회에서 아들과 포즈를 취한 안종필

이들은 부모의 정에 주리고 목말랐다.

아들 안민영은 이렇게 기억한다. "아버지께서 주로 내려오셨어요. 어머니는 약국을 하니까 가끔 오셨는데, 어머니가 보러 오면 같이 올라가겠다고 떼를 쓰고 그랬죠. 외할아버지가 맛 있는 거 사 준다며 우리 손을 잡고 동네 가게에 데려가면 어머니가 올라가셨죠. 그러면 이제 울음바다가 되는 거죠. 내가 울면 동생도 따라 울고…."

아이들과 한집에서 다시 살게 된 것은 2년쯤 후였다. 얼마 뒤 안종필 처가 식구들도 한림약국 인근 집을 사서 서울로 이사를 왔다. 안종필은 손아래 처남들과 잘 지냈다. 첫째 처남, 둘째 처남 모두 경남고등학교 후배였고, 특히 안종필은 바둑을 잘 두는 첫째 처남을 약국으로 종종 불러 바둑을 두곤 했다. 이광자는 친정 식구들이 가까이 있어 외롭지 않게 약국을 운영할 수 있었다.

안종필은 1970년 9월 6일 모친상을 당했다. 안종필 아래로 3남 4녀를 낳고 먹이고 재우고 키우면서 목재공장 일꾼들 매 끼니 밥에 새참까지 내오며 집안 살림을 도맡아서 하던 어머니, 사업한다고 밖으로만 돌던 남편 때문에 맘고생이 심했던 어머니가 51세의 이른 나이에 돌아가셨다.

안종필의 모친 우복순은 수산업을 크게 하던 조카가 사업 자금이 필요하다고 해서 보수동 집을 담보로 은행 대출을 받게 해줬다. 잘 나가던 조카의 사업에 브레이크가 걸리면서 20년 간 살았던 집을 처분해야 했다. 보수동 사람들은 고래등 같은 기와집이라고 했다. 차고지로 빌려주거나 한때 창고를 여럿 지어 창고업을 할 정도로 집터도 굉장히 넓었다. 자신의 전부와 다름없는 집을 팔고 동래구 명륜동으로 이사해야 했으니 하늘이 무너지는 심정이었을 것이다. 그때 얻은 스트레스가 괴로움으로 쌓여 우복순의 병이 깊어졌다.

안종필은 우복순에게 어려운 큰아들이었다. 말이 많지 않고 사근사근한 성격이 아니라서 그랬을 수 있다. 우복순은 딸들에게 안종필에 대해 이렇게 말하곤 했다. "내 속으로 낳은 자식이지만 저게 어떨 때는 사람인가 싶을 때가 있다." 한 번은 우복순이 큰아들이 자신의 말을 얼마나 잘 따르는지 테스트했다고 한다.

캄캄한 밤, 대신동 외갓집에 다녀오라고 안종필에게 심부름을 시켰다. 이야기를 꺼내기 무섭게 신발을 신고 나가는 안종필을 불러 세워야 했다. 우복순은 장손에게 지극정성이었다. 서울에 사는 큰아들이 내려오면 횟감을 사러 자갈치 시장에 갔다. 회를 좋아하는 큰아들 먹이려고 광어, 우럭에 돔, 멍게와 해삼까지 한가득 상에 올렸다.

안종필은 가족 행사가 있을 때 빼고는 부산 친가에 잘 다녀가지 않았다. 회사 일이 바빴고, 약국을 닫기도 여의치 않았다. 내려가더라도 얼마 안 있다가 자리에서 일어서곤 했다. 신앙심이 깊던 이광자는 교회에 가야 한다며 안종필을 데리고 갔다. 장손이 오기를 손꼽아 기다리던 우복순은 그런 큰아들이 못내 서운했다. 둘째 동생 안광숙은 그런 사연을 모친의 초상을 치르며 안종필에게 전했다. 상주 노릇을 하느라 눈물을 보이지 않았던 안종필은 어머니의 손톱과 발톱을 깎다가 통곡했다.

어머니를 여읜 슬픔을 잊을 즈음에 안종필에게 믿기지 않은 소식이 전해졌다. 부친 안채열이 새장가를 간다는 것이었다. 안종필은 어머니 돌아가시고 얼마 안 돼 새장가를 가는 부친을 두고두고 원망했다. 안채열이 재혼한 상대는 안종필보다 10살쯤 많았고 딸이 있었다. 안애숙은 당시 안종필의 말을 아직도 기억한다. "아버지 봐라. 저 젊은 여자를 데리고 와 가지고, 저 젊은 여자가 손톱에 빨간 매니큐어를 바르고, 빨간 립스틱을 바르고…." 안채열의 재혼 이후 부자 관계는 급속도로 나빠졌다. 아버지와의 냉랭한 관계는 안종필이 훗날 병상에서 화해할 때까지 이어졌다.

3부

―

동아일보 편집부

'말발이 센' 동아일보 편집부

　1966년 11월 안종필 이직 전후로 동아일보 편집부 진용은 일신하게 된다. 편집부장 김준철 아래 권도홍이 차장으로 앉고 이대훈 박중길 한갑수가 수석기자, 최성두 안종필 천상기가 포진했다. 아래로 안성열 장동만 최재욱 유경현 김욱한 이시헌 민병문 조강환 이현락 등 동아일보 공채출신들이 참여했다. 동아일보는 견습기자를 선발하면 편집부에 2~3명씩 배치했다.

　당시 동아일보 공채출신 기자들은 악타 디우르나(Acta Diurna)라는 별도 모임이 있었다. 입사하면 견습기자 출신 선배들이 따로 불러 악타 디우르나 회원이 된 것을 환영한다며 반겼다. 악타는 기원전 59년쯤 로마제국 원로원에서 발행한 신문 비슷한 일종의 관보를 뜻한다. 공채 출신 편집부 기자들은 기회가 닿으면 취재부서로 빠져나갔다. 편집부는 다른 언론사에서 경력으로 들어온 '외래파'

들이 지킬 수밖에 없었다.

안종필은 아침 9시쯤 출근해서 원고지에 작성된 기사가 넘어오면 편집에 들어갔다. 기사가 마감시간을 넘겨 출고되기 마련이라 매일 시간에 쫓기는 건 편집기자의 숙명이었다. 안종필은 정신을 집중해 신속히 제목을 달고 사진을 넣고, 뉴스 가치에 맞게 기사를 배치한 지면 설계도를 들고 2층 공무국으로 내려갔다. 기름때 천지에 온통 납 냄새뿐인 공무국에는 활자가 배열된 활자판이 진열되어 있었다. 안종필은 문선공(편집국에서 원고가 들어오면 서가(書架) 모양의 선반들 사이를 오가면서 필요한 활자들을 찾아내어 판을 짜는 사람)들이 손으로 활자를 일일이 뽑아 판을 짜는 모습을 옆에서 지켜보며 기사 누락 등 조판 과정에서 실수가 없는지를 점검했다. 조금이라도 잘못된 것은 편집자 책임이기에 신경을 곤두세울 수밖에 없었다.

당시 동아일보는 8면짜리 석간신문으로 하루에 3~4번 찍었다. 대개 12시쯤 1판 신문이 나왔다. 신문팔이 소년들이 "동아일보!"라고 외치며 길거리에서 팔거나 경기 강원 제주 충청 일부 지역에 배달되는 신문이었다. 편집기자들은 오후엔 새로운 기사를 반영해 2판(서울지역 가정에 배달되는 신문)을 제작하고 더러 기획면을 편집했다. 오후 당번인 편집기자들은 지면 전체를 개판해야 할 특별한 사정이 없으면 오후 6~7시까지 남아서 3·4판(영호남 지역에 배달되는 신문)을 제작했다. 3·4판 신문은 밤에 운송해 이튿날 아침 배달됐다.

동아일보 편집국은 시끄럽기는 하되 활기가 넘쳤다. 언론사 선

1975년 동아일보사 2층 공무국. 사람들 좌우로 활자판이 보인다.

후배 사이는 군대의 위계질서와 비슷해서 엄격했다. 기자들 사이에 몇 달만 입사가 빨라도 선배로 호칭했다. 하지만 기자들은 선후배를 가리지 않고 보도 내용이나 제작 방향 등에 목소리를 냈고, 후배라고 해서 기죽지 않았다. 그도 그럴 것이 동아일보 기자들은 대한민국 최고의 권위지에서 일한다는 자부심이 강했다. 특히 4·19 혁명을 전후해서 대학을 다닌 기자들은 정의와 자유에 남달랐다.

    기자들은 부장, 국장이나 사장에게 절대로 '님'자를 붙이지 않았다. 근무 중에 사장이나 누가 오더라도 자리에서 일어서지 않았다. 사장이 질문하면 앉아서 답했다.[28] 1968년 봄날이었다. 약간

뒤뚱거리는 걸음걸이로 부사장 김상만이 편집국에 들어섰다. 그는 아무 말 없이 중앙 통로를 거쳐 편집국장석 쪽으로 걸어갔다. 그런데 놀랍게도 누구도 동아일보의 실질적 사주인 그에게 예를 갖추지 않았다. 인사는커녕 일어서지 않고 책상 위에 다리를 올리거나 비스듬히 누워 흘낏 한 번 돌아보고 하던 일을 계속하거나 시시덕거리며 잡담할 뿐이었다.

편집부는 내근부서이지만 시쳇말로 '말발이 센' 부서였다. 편집부 기자들은 1판이 나오면 오탈자가 없는지, 지면 구성에 문제가 없는지 훑어보고 점심을 먹으러 나갔다. 점심에 반주를 곁들이고 회사에 들어와 그날 1판 신문 품평회를 했다. 경쟁사 신문이 다룬 것을 빠뜨리지 않았는지, 중요 사안인데 지면에 작게 담지 않았는지, 제목이 기사 핵심을 비켜가지 않았는지 등을 얘기했다.

어느 날 오후 편집부 입길에 올랐던 보도는 코카콜라 기사였다. 기사 가치에 비해 작게 다뤄졌고, 편집국 상층부가 봐줬다는 투의 얘기가 오갔다. 갑자기 편집부 바로 뒤쪽에 있는 편집국장석에서 흥분한 소리가 들렸다. "K○○씨! 나 코카콜라에서 한 푼도 받아먹은 것 없어요!" 코를 골며 잠자는 척하고 있던 편집국장이 벌떡 일어나 소리를 쳤다. 이러쿵저러쿵 찧고 까불던 기자들의 목소리가 조용해졌다. 그걸로 끝이었다. 누가 불려가 질책을 당하거나 불이익을 받지 않았다. 당시 동아일보 편집국은 그랬다.

뒷날 이런 일화도 있다. 유독 껌을 잘 씹는 기자가 있었다. 부장이든 국장이든 누구 앞에서든 껌을 질겅질겅 씹고 다녔다. 짝짝 씹는 소리가 좀 거슬렸지만 다들 그러려니 했다. 그런데 편집국에서 껌 씹지 말라는 편집국장의 지시가 내려왔다. 황당했던지 안종필이 편집부원들 다 들으라며 큰소리로 사환에게 말했다. "야, ○○야! 껌 10통만 사 와라!!" 안종필은 사환이 가져온 껌을 1통씩 편집부원들에게 나눠주며 말했다. "씹어라!" 당시 편집부에 근무한 박종만은 "평소 온화한 안종필 선배가 껌을 나눠 주며 씹으라는 것은 말 안되는 얘기는 하지 말라고 국장에게 치받은 것"이라고 평했다. 동아일보 편집국은 그렇게 자유분방했다.

언론을 길들이려는 박정희 정권은 본색을 드러내기 시작했다. 그 무렵부터 언론사에는 '기관원'으로 불리는 사람들의 편집국 출입이 잦아졌다. 언론사에 대한 정보기관 사찰의 시작이었다. 중앙정보부, 보안사, 치안국 요원들은 언론사에 출근하면서 수시로 기사를 넣거나 빼달라며 청탁을 하거나 압력을 가하고, 서슴없이 협박했다. 돈으로 유혹하는 경우도 있었다. 권도홍은 당시 상황을 이렇게 술회하고 있다.

> 어느 날 중앙정보부 서울분실장을 자칭하는 어떤 사내로부터 협박 전화가 걸려왔다. "당신들 부수려고 들면 간단하다. 지나치게 굴지 말라"고 했다. 되받았다. "부수고 안 부수고는 당신들 뜻대로다. 부술 만하거든 부서라." 전화는 끊겼다. 부수기 위한 후속 조처는 없었다. 몇 개월이 지난 어느 날 중앙정보부 서울분실장이라는 사람이 전화를 걸어 만나자고 했다. 전번과는 목소리가 달랐다. 무교동,

1960년대 중반
동아일보사 전경

지금은 자취도 없는 '1번지'라는 맥주집 이웃의 다방에 갔더니 얼굴에 마마자국이 있는 중년의 남자가 좌우에 건장한 사내 두 사람을 거느리고 앉아 있었다. 불문곡직하고 잘 봐달라고 했다. 그는 웃으면서 두툼한 항공봉투를 내밀었다. 뭐냐는 물음에 그는 극장표라고 했다. 그러나 그자리에서 열어본 봉투 속에는 수십 장의 수표가

들어 있었다. 나는 바로 테이블에 봉투를 던지고 되돌아 나왔다.[29]

권도홍은 사장 청탁이라도 칼 같이 자르고, 중정 압력에 굴하지 않기로 명성이 자자한 편집기자였다. 안종필 등 편집부 젊은 기자들은 권도홍을 존경하고 따랐다. 권도홍은 1955년 부산일보 기자로 시작해 국제신문 한국일보 민국일보 조선일보 동아일보에서 20년 편집기자로 일했다. 부산 동아대학교 1학년 중퇴가 학력의 전부였지만 두뇌가 명석하고 해박한 지식을 갖춘 편집의 귀재였다. 특히 제목 잘 달기로 정평이 나 있었다. 그는 1975년 3월 동아일보 제작거부 농성에 참여해 해임됐다. 부장급으로 유일한 해직자였다.

1967년 대선을 앞두고 언론에 대한 폭력적 보복이 다반사로 일어났다. 비판 기사를 쓴 기자들은 늦은 밤이나 새벽 괴한들에게 끌려가 폭행을 당하고 '펜대 조심하라. 너의 생명을 노린다'는 협박장까지 받았다. 테러를 통해 공포감을 심어주고 기자들의 입을 막아버리겠다는 속셈이었다. 언론계에 대한 박 정권의 치명적 공격이 점점 도래하고 있었다.

언론에 스며드는 '연탄가스'

    1967년 5월 3일에 실시된 제6대 대통령 선거에서 박정희는 116만여 표 차이로 윤보선을 누르고 재선에 성공했다. 4년 전인 1963년 10월 15일 치러진 제5대 대선에서 윤보선에 15만여 표 차이로 간신히 승리했던 박정희는 6대 대선에서 압승하자 본격적인 장기 집권 공작에 들어갔다.

    첫 번째 목표는 6월 8일 제7대 총선에서 공화당이 개헌선을 확보하는 것이었다. 제3공화국 헌법 제69조 3항은 "대통령은 1차에 한하여 중임할 수 있다"고 규정하고 있었다. 대통령 3선 금지 조항을 철폐해 장기 집권을 도모하는 계기로 삼고자 박정희 정권은 대대적인 부정선거를 저질렀다. '6·8 부정선거'였다.

    선거전이 본격적으로 시작하자 막걸리와 고무신이 판을 쳤다. 경찰서장과 군수, 구청장이 직접 선거운동에 참여하여 동장과 경찰들에게 현금과 쌀, 밀가루를 나눠주며 살포하도록 독려했다. 현금이 든 봉투를 돌리는 일도 비일비재했다. 박정희도 전면에 나섰다. 중앙선거관리위원회가 공무원의 선거운동을 문제 삼자, 국무회의에서 '선거법 시행령'을 고쳐 대통령, 국무총리, 국무위원 등 별정직 공무원들이 선거운동을 할 수 있도록 했다. 그 자신도 전국을 돌며 관광도시 개발, 공장 건설, 도로와 교량 건설 등을 약속하며 공화당 후보를 지원했다.[30]

부정선거 결과로 공화당은 1967년 6월 8일 치러진 제7대 총선에서 129석(지역구 102석, 전국구 27석)을 휩쓸어 전체 의석의 74%를 장악했다. 개헌에 필요한 3분의 2선을 훨씬 넘는 의석이었다. 신민당은 45석(지역구 28석, 전국구 17석), 대중당은 1석을 얻었다. 6월 9일부터 대학가를 중심으로 전국 각지에서 항의시위가 일어났다. 신민당은 부정선거 규탄 운동에 들어갔다.

금권과 관권, 폭력이 판을 친 선거가 얼마나 노골적이었던지 동아일보는 선거 결과를 실은 6월 9일자 1면 왼쪽 머리의 제목을 '사상최악의 부정선거'로 달았다. 부제는 '야당 6·8 총선을 규탄'이었다. 기사에는 "신민당이 6·8 총선을 민주 반역의 반국시적(反國是的) 사상 최악의 불법부정선거"라고 규정했다는 내용이 담겼다. 기자에 대한 폭행과 연행, 구속 등 물리적 탄압이 다반사로 진행되고 비판 언론사에 보복을 감행하던 시기에 '사상 최악의 부정선거'라는 단어를 넣는 것 자체만으로 대단한 용기가 필요했다.

1967년 7월 8일 중앙정보부장 김형욱은 이른바 '동베를린 간첩

1967년 6월 9일자 동아일보 1면. '사상 최악의 부정선거'라는 제목을 달았다.

단 사건(동백림 사건)'을 터뜨렸다. 독일 프랑스 등 유럽에 거주하는 동포 예술가 지식인 학자 유학생들이 북한에 입북하거나 노동당에 입당하고 국내에도 잠입해 간첩 활동을 벌였다는 것이다. 중앙정보부는 동백림 사건으로 194명을 기소했는데, 그중 23명이 간첩죄였다. 통영 출신의 재독 음악가 윤이상과 재불 화가 이응노처럼 세계적인 명성의 예술가들도 간첩으로 몰려 옥고를 치렀다.[31] 간첩단 사건으로 정국이 얼어붙으면서 전국이 들끓었던 부정선거 시위도 소강상태에 접어들었다. 1968년 1월엔 김신조의 '청와대 습격사건', '푸에블로호 납북사건', 10월엔 '울진·삼척 공비사건' 등이 터지며 남북관계도 극도의 위기 상황으로 치달았다.

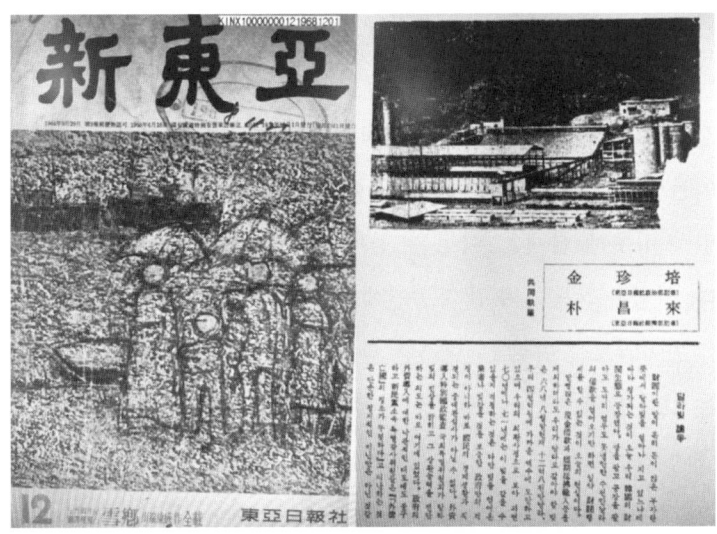

1968년 신동아 12월호 표지(왼쪽)와 특집으로 실린 '차관(借款)' 기사

　3선 개헌을 통해 장기 집권을 추진하던 박정희 정권은 언론을 길들여야 했다. 타깃이 필요했다. 1968년 신동아 12월호에 특집으로 실린 '차관(借款)' 기사는 먹잇감으로 충분했다. 신동아의 '차관' 기사는 원고지 250매 분량의 심층보도였다. 박창래 김진배 두 기자는 그해 9월 국회에서 '외자도입특별국정감사특위' 활동을 취재하고 국회의원 면담 과정을 거쳐 정부의 차관 도입 실태, 차관의 국내기업 배정 과정, 공화당 및 집권층이 차관 배정 대가로 정치자금을 수수한 정황을 파헤쳤다.

　1968년 11월 29일 아침 동아일보 편집국 분위기는 여느 날과 달랐다. 편집회의를 마친 부장들 표정엔 팽팽한 긴장감이 감돌았다. 안종필은 '그 사건' 보도를 결심한 모양이라고 생각했다. 며칠 전 경제부 박창래, 정치부 김진배 두 기자가 중앙정보부로 끌려가 이틀 넘게 조사를 받았다는 소식이 들려왔다. 신동아부 부장 손세일을 비롯해 심재호, 이정윤, 정치부 차장 유혁인도 조사를 받았다. 이날은 신동아 주간 홍승면에게 출두를 요구했다.

동아일보는 이날 1면에 5단 제목으로 '본사 기자 5명 심문'이라는 컷과 함께 "정보부 신동아지 '차관' 기사 관련/ 보관 원고도 제출케"라는 기사에서 기자가 연행된 사건을 보도했다. 동아일보는 2면에 '신동아 필화'라는 제목의 사설도 실었다. 주필 천관우가 쓴 사설은 중앙정보부가 사건을 다루는 것은 부당하며, 적용 법규도 반공법 위반 혐의가 될 수 없다는 내용으로 중앙정보부를 정면으로 비판했다. "민중은 알 권리가 있고 매스컴은 알릴 의무가 있다. 차관으로 자립경제를 내다보게 됐다는 것을 알아야 하고 알려야 한다면, 차관이 부패나 국민 간의 지나친 불균형에 어떤 작용을 하고 있는가도 알아야 하고 알려야 한다"는 논지였다.

1판 신문을 내고 점심 먹고 돌아온 기자들은 말이 없었다. 이 사건의 향배를 놓고 얘기할 법했지만, 엄중한 분위기가 압도했다. 중앙정보부와 정면 대결을 마다하지 않겠다는 포고를 한 셈이니 중앙정보부의 보복은 불 보듯 뻔했다.

중앙정보부에 끌려갔던 김진배는 이 사건에 대해 훗날 이렇게 술회했다.

1968년 11월 29일자 동아일보 1면. 신동아 12월호 '차관' 기사와 관련해 동아일보 기자 5명이 중앙정보부에서 심문을 받았다고 보도했다.

50대가 훨씬 넘어 보이는 일제 때 압록강변 어디 수사기관에 있었다는 '카이젤 수염'은 말했다. "우리가 당신 기사를 면밀하게 검토했다. 차관 도입에 따른 커미션의 출처며 분배방식이며 권력층의 내막을 아주 정확하게 아는 '행세깨나 하는 놈들'이 조직적으로 동아일보에 제공한 자료를 근거로 하고 있다. 그 출처만 대면 당신은 죄가 없다. 그러나 이런 식으로 어물어물하면 이건 반공법 4조 1항에 해당된다."

그는 배석한 수사관과 나를 번갈아 둘러보며 손바닥으로 책상을 탕 쳤다. "네 이놈! 여기가 어딘 줄 알고 이실직고하지 않고 공산당의 책동에 놀아나 대한민국 정부를 농락하고…. 이놈 다른 방으로 끌고 가!"

"너 6·25 때 총 들고 의용군 했지? 여기 경찰보고 갖고 있다."

"사실이다. 총 들었다. 수류탄도, M1도, 칼빈도, 박격포도! 전투경찰로 싸웠다."

그것은 약과다.

"네 애비는 남로당 세포고, 3·22폭동(1947년) 때 인민위원장 한 거 우리가 다 알고 있어. 이런 자이기 때문에 이런 터무니없는 대한민국에 해가 되는 기사를 써서 민심을 혼란시키고…."

나는 그자를 똑바로 노려보며 천천히 말을 꺼냈다.

"우리 아버님은 해방 직전에 돌아가셨습니다. 내가 열두 살 때, 국민학교 5학년 때입니다. 그러지 마십시오. 이런 식으로 말씀하시면 저도 가만히 있지 않을 겁니다."

"이 새끼가 덤벼? 이런 빨갱이 새끼가!"

순간 내 눈엔 보이는 게 없었다. 옆에 놓인 걸상을 번쩍 들어 책상 위에 던지며 소리쳤다.

"이런 개 같은 새끼! 너 이 새끼, 6·25 때 뭐 해먹은 놈이야! 네 애비는 뭐 해먹었어! 보이는 게 없나, 이 새끼가! 내 열여덟에 총 들고 싸웠다. 그때 죽었을 내가 여기까지 살아왔다. 이놈의 새끼, 너 같은 건 내가 죽여!"

정말 눈앞에 보이는 게 없었다. 옆에 한 놈이 있든, 열 놈이 있든 그런 건 쥐새끼로 보였다. 그들은 감히 입을 열지 못하고 손도 들지 못했다. 나는 그들 한두 놈쯤은 정말 죽일 듯이 살기가 돋았다. 그런 일이 있고 나서는 다시는 "빨갱이다", "공산당이다"라는 소리가 나오지 않았다.[32]

시간이 지나면서 문제된 기사 대부분이 국회가 이미 조사하고 논의한 내용으로 허위도 왜곡도 아니라는 사실이 드러났다. 중앙정보부는 차관 기사로 혐의를 잡기 어렵게 되자 두 달 전 신동아에 실린 번역문을 트집 잡았다. 신동아는 10월호에 미국 미주리대 교수 조순승이 그해 3월 미국 아시아연구협회 총회에서 발표한 〈북괴와 중소분열〉이라는 논문을 번역해 실었다.

중앙정보부는 "1945년에 남만주 빨치산 운동의 지도자 김일성과 그의 추종자들은 소련 태생 또는 소련에서 훈련받은 한국인들과 함께 소련 점령군을 따라서 북한에 들어왔다"는 구절이 반공법 위반이라고 주장했다. 영어 원문을 번역하면서 김일성을 '빨치산 운동의 지도자(communist guerrilla leader)'라고 했는데, 중앙정보부의 지적을 받고 11월호에 "빨치산 운동의 지도자라고 번역한 것은 공비 두목의 오역이었다"라는 정정기사를 실어 일단락된 사안이었다.[33]

중앙정보부는 12월 2일 〈북괴와 중소분열〉 영문 원고 번역문, 신동아 월요회의 회의록, 송고장(送稿帳), 서신, 영수증 등 12점을

1968년 12월 4일
동아일보에 실린
김상만 부사장,
천관우 주필에 대한
구인장 발부기사.
1판 신문에만 실렸다.

압수했다. 이튿날 동아일보 발행인 겸 부사장 김상만, 주필 천관우를 연행해 조사하고, 사흘 뒤 홍승면과 손세일을 반공법 위반혐의로 구속했다. 한 걸음 더 나아가 신동아를 자진 폐간하라고 압력을 넣었다.

동아일보가 12월 7일자 1면에 '영어 원문 중 일부 오역으로 사과의 뜻을 전한다'는 사과문을 게재하자 홍승면과 손세일을 석방했다. 동아일보는 12월 11일 천관우 홍승면 손세일을 자진사퇴 형식으로 해임하고 1면에 '본사사령'으로 알렸다. 김상만은 발행인 자리를 내놓았다.

뒷날 손세일은 동아일보가 권력의 압력에 굴복한 배경에는 동아일보 계열사인 삼양사와 경방(주)에 대한 세무조사 압력을 우려하는 동시에 동아일보 전 직원에 대한 병역 조사 실시 등 전 방위적 압박이 있었다고 증언했다. 중앙정보부장 김형욱도『김형욱 회고록』에서 김성곤 당시 공화당 재정위원장이 박 대통령의 지시를 받아 신동아의 차관기사를 중앙정보부에서 조사하도록 사주했다고 증언했다.[34]

기자 2명이 구속되고 동아일보 발행인과 주필 등 12명이 중앙정보부에 불려간 사건을 주요 매체들은 단 한 줄도 보도하지 않았다. 신문편집인협회장 최석채는 12월 21일 회장직에서 사퇴하며 기자협회보와 한 인터뷰에서 "신문은 편집인과 기자의 손에서 떠났다"고 토로했다. 최석채는 "신동아 사건은 한 사의 주필과 편집국장급 인사가 3명이나 순수한 자의가 아닌 사직을 하지 않을 수 없었다는 점에서 언론계에 커다란 상처가 아닐 수 없다"며 "한국의 언론은 우리가 의식하고 있는 이상으로 경영주의 손에 의해서만 움직여지고 있다"고 일갈했다. 그러면서 노조의 결성과 신문사의 주식을 사원들이 갖게 해야 한다고 역설했다.

주필에서 축출된 천관우는 1969년 1월 10일자 기자협회보에 '신년유감'이라는 기고문을 통해 신동아 사태를 외면하고 침묵한 언론계 행태를 '연탄가스 중독'에 비유했다. 그는 연탄가스가 한국

1968년 12월 27일자 기자협회보 1면에 실린 최석채 당시
신문편집인협회 회장 인터뷰(사진 왼쪽).
1969년 1월 10일자 기자협회보에 실린 천관우 기고문 '신년유감'.
천관우는 이 기고문에서 신동아 사태를 외면하고 침묵한 언론계
행태를 '연탄가스 중독'에 비유했다.

언론에 스며든 게 하루 이틀 일이 아니었다며 "신문이 자유보다 자율을 외치고 신문이 항쟁정신보다 협조정신을 외치면서부터 가스는 스며들기 시작했다"고 탄식했다. 천관우는 "그럼에도 불구하고 언론은 죽지 않으며 또 죽을 수도 없다. 언론이 죽지 않는다는 피닉스가 되는 것은 바로 언론인 자신들의 단결된 힘에 있다"며 언론인들의 단결을 촉구했다.

경남중고동창회보 제작에 열성

1968년 5월 안종필은 〈경남중고동창회보〉 창간 작업에 참여했다. 경남중고 재경동창회 총무로 일하던 김경희가 그를 찾아왔다. 김경희는 안종필의 경남고등학교 1년 선배였다. 교사 생활을 접고 서울로 올라와 교통회사에 다니던 김경희는 재경동창회 초대회장 정동식의 권유로 총무를 맡았다. 회원 명부도 변변치 않던 동창회 조직 활성화를 위해 김경희는 동창회보 아이디어를 냈고 정동식은 흔쾌히 받아들였다.

창간호 제작을 위한 편집회의는 1968년 5월 5일 종로구 청진동 재경동창회 사무실에서 열렸다. 정동식과 김경희를 비롯해 조선일보 사회부장 장정호, 신동아부장 손세일, 조선일보 편집부 기자 안철환 등 경남고 출신 언론인들이 주축이었다. 그날 회의에서 월간 발행, 타블로이드 판형 제작, 제호를 〈경남중고동창회보〉로 정하는 등 큰 틀의 동창회보 발행 방향이 정해졌다.

  안종필은 며칠 후 중앙일보 배건섭과 이정배, 서울신문 김종석 등과 편집위원에 이름을 올렸다. 김경희가 기사를 썼고, 안종필 등이 교대로 편집에 참여했다. 창간호는 1968년 6월 1일 나왔다. 안종필은 초창기부터 동창회보 제작에 깊숙이 관여했고, 훗날 동아투위 시절에도 이어졌다. 안종필은 어떻게 동창회보 제작에 참여했을까. 김경희는 이렇게 술회하고 있다.

> 동창회보 만들려고 경남고 출신 기자들에게 도움을 구했어요. 날 마뜩잖게 생각했던지 도움이 변변치 않았어요. 그래서 종필이한테 연락했습니다. "종필아, 건방진 기자 놈들이 나를 무시하고 안 나온다. 글은 내가 썼는데, 제목 달고 판도 짜야 하는데 우짜면 좋겠노"라고 하소연하니 종필이가 "형님, 내 돕겠습니다" 하더군요. 그때 나를 많이 도와준 친구가 종필이 아닙니까. 동기 가운데 편집기자로 일하는 이정배, 김종석 등도 종필이가 다 소개해줬어요. 동창회보에 '등댓불'이라는 고정란이 있어요. 가십인데, 약간씩 긁어요. 그 아이디어를 종필이가 줬어요. "형, 가십은 맹탕 내려놓으면 안 돼요. 특성이 있어야 해요"라며 조언도 했구요. 고마운 것은 종필이는 한 번도 나한테 결례한 적이 없어요. 절대로 선을 넘지 않았어요. 그거 하나는 철저했죠.

  김경희는 안종필과 죽이 맞았다.

"종필아, '은사(恩師) 탐방'을 해야 하는데 아는 사람 있나?"

"형님, 선배님 중에 대학교 학장이 있으면 먼저 하면 좋겠습니다."

"학교 다닐 때 물상 가르쳤던 김희철 선생이 서울공대 학장으로 있는데 취재하면 되겠네."

"두 번째는 어디가 좋겠냐?"

"고위 공무원 중에 은사 있을 겁니다."

"누구야?"

"김학렬 선생이지 뭐꼬."

김학렬은 경남고 영어 교사로 재직하다 1950년 제1회 행정고시에 수석으로 합격해 청와대 경제 제1수석을 거쳐 부총리 겸 경제기획원 장관으로 일하고 있었다. 김경희는 김학렬을 만나기 위해 장관실로 불문곡직 찾아갔다. 결재 서류를 들고 줄지어 있는 공무원들 사이에서 우물쭈물하고 있는데, 김학렬이 김경희를 불렀다. 그렇게 인터뷰는 성사됐다. 김학렬을 인터뷰하고 돌아왔더니 안종필은 말했다. "형, 참 똥배짱 좋습니다!"

'慶南中高同窓會報' 제호는 경남고 은사이자 저명한 서예가인 시암 배길기가 썼다. 배길기가 붓글씨로 쓴 제호는 창간호에만 실리고 2호부터 바뀌었다. 제호가 가늘고 약하게 보였던지 안종필이 제호 디자인을 2호부터 굵은 글씨체로 허락 없이 바꾼 것이다. 분수 넘치는 일을 감행한 것이다. 배길기는 김경희에게 역정을 냈고, 김경희는 안종필에게 이놈 저놈 욕설을 퍼부었다. 그 사건이 있고

1968년 12월 18일 종로구 청진동 경남중고동창회 사무실에서 열린 '신춘방담'. 안종필이 사회를 본 이 방담 내용은 1969년 1월 1일자 〈경남중고동창회보〉에 실렸다.

    안종필은 동창회보 제작에 더 열성을 기울였다. 경남중고동창회보는 안종필이 바꾼 제호 디자인을 그대로 쓰고 있다.

    안종필은 그해 12월 18일 오후 6시 청진동 동창회 사무실에서 열린 '신춘방담' 사회를 봤다. 이 방담에는 경남고 1회 졸업생부터 4·5회, 13회 졸업생까지 골고루 참석했다. 1회 졸업생 재경동창회장 정동식을 비롯해 안재홍 임영수(4회), 박봉식(5회), 김영빈(7회), 이규원(8회), 김경희 이윤희(9회), 이정배 김종석 전규삼(10회),

고 권근술 한겨레신문 사장이 〈경남중고동창회보〉 지령 400호를 기념해 2014년 2월 25일자 동창회보에 실은 안종필 기자 추모글. 권근술은 안종필의 경남고등학교 4년 후배로 1975년 3월 안종필과 함께 동아일보에서 쫓겨났다.

안철환(13회) 등이 참석했다. 쟁쟁한 선배들이 모여 토론하는데, 사회를 맡았으니 동창회보에서 안종필이 차지하는 위치를 가늠할 수 있다.

이 방담은 동창회보 운영자금, 기사 내용 평가와 향후 제작 방향, 동창회보 배포 채널 확대 방안, 편집 애로사항 등이 논의됐다. 안종필은 이야기가 엇나가지 않도록 방담을 이끌면서 뉴스 위주로 동창회보를 만들자는 의견도 피력했다. 이 방담 내용은 1969년 1월 1일자 경남중고동창회보 3면에 〈'동문의 광장'에 제언 – 회보를 말하는 신춘방담〉이라는 제목으로 실렸다.

안종필은 1969년 6월 10일자 경남중고동창회보에 글 한 편을 기고했다. 스포츠형 머리에 검은 뿔테 안경을 쓴 얼굴 사진이 실렸다. 동창회보 창간 1년을 맞아 편집위원 자격으로 쓴 글이다. 편집기자는 이름이 없는 기자로 불린다. 신문에선 취재기자가 전면에 드러나고 편집기자는 뒤편에서 조력자 역할을 한다. 그런 면에서 안종필의 활자화된 글은 의미가 있다.

> 공자께서 '德不孤 必有隣(덕불고 필유린)'이라고 했다. '덕'은 고덕하지 않고 반드시 이웃의 벗이 있다는 말이다. 인간이 사회적 동물이라는 엄연한 진리로 터득했을 때는 역사를 알게 되고, 그 역사 속에 명멸한 숱한 인간상을 알게 된다. 창조의 시련-바로 그것이 역사의 흐름이다.
>
> 한 떨기 아름다운 장미꽃이 피기까지 토양 속에 박은 무수한 뿌리와 태양과 수분이 있었을 것이다. 그리고 겨우내 줄기를 보관해온 정성의 보람일 것이다.
>
> 오는 7월 21일 미국에서는 아폴로 11호가 세 우주인을 태우고 달

동아일보 기자 시절 안종필은
편집위원으로 〈경남중고동창회보〉
제작에 참여했다. 안종필이
〈경남중고동창회보〉 창간 1년을 맞아
동창회보 칼럼난 '용마춘추'에 쓴 글.
1969년 6월 10일자 3면

에 착륙을 시도한다. 달에 첫발을 디디는 것은 태고적 인류의 소망이 이루어지는 역사적 순간이다. 태초의 신비가 세 우주인이 가지고 올 달의 암석을 분석함으로써 밝혀질지는 모르나, 달 착륙은 1950년대 이후 美蘇(미소)의 치열한 우주 경쟁 속에 수많은 인류의 지적 모험과 땀의 결정임은 분명하다.

동창회보가 발간된 지 벌써 1년, 회보를 거친 동문이 무려 2천명을 헤아리다니 회보 편집을 맡은 한 사람으로 무척 자랑스럽다. 그러나 이것은 경고 동문 대가족의 일부 소수에 지나지 않는다. 이들 대부분은 화려한 경력(?)으로 지면을 장식해온 동문도 적지 않다.

그러나 졸업 후 사회의 응달에서 동창회를 지켜보며, 또는 모교의 발전을 먼 빛으로 기도해온 동문도 무수히 있을 것이라는 것을 인식해야 할 것이다. 회보에 〈어디서 무엇을〉란을 고정시키고 편집 방향의 최대 역점을 두어 왔다. 그리고 '동문찾기운동'을 제창하여 왔으며 지금도 대대적인 캠페인을 벌이고 있다.

"대화는 情(정)의 가교다."

지금은 어디서 무엇을 하고 있을까. 편지 한 통, 전화 한 통화로 옛 정을 다시 새겨 삭막한 사회 생활에 훈김을 불어넣어야 한다. 그리고 전 동문이 참여하는 대화의 공동 광장을 구축하기 위해 편집이나 취재 방향을 새로운 각도로 다시 반성해야겠다.

안종필은 이 글에서 동창회보가 동문을 연결하는 대화의 광장으로 자리매김해야 한다는 바람을 나타내고 있다. 동창회보에 화려한 경력의 '잘 나가는' 소수만 등장했음을 지적하고 사회적 지위가 높건 낮건, 동문이면 누구라도 옛정을 새길 수 있는 동창회보를 만들겠다는 각오도 비쳤다.

초창기부터 동창회보 편집을 도맡았던 안종필은 강제해직 후에도 동창회보 제작을 이어갔다. 그런 인연으로 김경희는 늘 안종필을 챙겼다. 1975년 3월 동아일보에서 쫓겨난 기자들이 동아일보 사옥 앞에서 6개월간 벌인 도열시위 현장에 김경희는 있었다. 김경희는 매일 아침 출근길에 일부러 광화문에서 내려 도열 현장을 다녀갔다. 안종필을 비롯해 권근술 김대은 이종덕 강정문 등 경남고 출신 후배들은 김경희를 보곤 꾸벅 인사했다.

3선개헌안 '변칙처리' 호외 편집

1969년 5월 5일은 안종필의 서른세 번째 생일이었다. 생일상에 오른 미역국을 뜨자 행복감이 시나브로 밀려왔다. 많지 않은 월급이지만 그걸로 살림을 꾸려 가는 이광자가 믿음직스러웠고 네 살배기 민영은 무럭무럭 크고 있었다. 동아일보 편집부에서도 중견의 자리를 잡아가고 있었다. 무엇보다 9월이면 새 식구가 태어날 예정이었다. 이광자는 딸이라고 귀띔해주었다. 이름을 짓기 위해 틈나는 대로 옥편을 뒤적이며 몇 번이고 되뇌었다. 안종필이 어느 날 '예림'이 어떤지 묻자 이광자는 참 예쁜 이름이라고 생각했다. 안종필은 가끔 이광자를 광화문으로 불러 덕수궁 돌담길을 함께 걸으며 다방에서 커피도 마셨다. 아래로 남동생만 다섯이라 남자들 틈바구니에서 자란 이광자는 여성을 먼저 배려하는 안종필의 마음 씀씀이가 그렇게 든든할 수 없었다.

더러 싸울 때도 있었다. 대판 싸운 것은 한해 전 가을 무렵이었다. 셋방살이를 끝내고 싶은 이광자는 작은집이라도 내 집을 마련하고 싶었다. 화곡동에 괜찮은 집이 나왔다는 소개를 받고 안종필 몰래 계약을 했다. 당시 국군의날은 휴일이었다. 영화를 보고 나와 차 한 잔 마시면서 이광자가 집 이야기를 꺼냈다. 안종필은 새집으로 이사할 여력이 안 된다며 반대했다. 일단 집이라도 보고 와서 생각하자는 이광자의 말에 안종필은 마뜩찮아 했다.

영등포구 화곡동에 나왔다는 집을 보러 갔다. 양옥에 남향이라 집이 밝고 환해 좋았다. 그런데 안종필은 별말이 없었다. 그날 밤, 심한 말다툼이 오고 갔다. 안종필은 무슨 돈이 있어 계약했냐며 화를 냈고, 이광자는 직장 다니며 모은 돈도 있고, 이래저래 감당할 수 있다고 했다. 두 사람 사이에 찬바람이 며칠을 몰아쳤다. 어떤 남편이 아내를 이길 수 있을까. 결국 이광자의 뜻에 안종필은 따랐다. 안종필 부부는 그해 가을, 영등포구 화곡동 105번지로 이사했다.

이사 과정에 불화가 있었지만 안종필은 이 무렵 활기로 가득찼다. 서울 생활 4년 만에 교통이 불편한 서울 외곽이지만 가족이 기다리는 집을 마련했고, 어린 시절 꿈이었던 동아일보 기자가 돼 있었다. 경남중고동창회보 편집위원을 하며 당당한 경남고 일원이라는 자부심도 생겼을 것이다. 무엇보다 아들 민영에 이어 딸 예림을 맞을 준비에 부풀었다.

딸이 태어나기 며칠 전, 1969년 9월 13일이었다. 신문 발행이

3선 개헌에 대한 특별담화를 발표하고 있는 박정희 대통령.
박 대통령은 개헌 문제를 통해 자신과 정부의 신임을 묻겠다고
선언하는 등 7개항을 제안했다. 1969년 7월 25일.
(사진 자료 : 한국기자협회 발행 『언론에 비친 한국정치』)

끝났는데도 안종필은 회사에 남아야 했다. 그날 국회는 본회의를 열어 박정희에게 3선의 길을 열어주기 위해 3선개헌안을 표결하려고 했다. 당시 헌법은 대통령의 3연임을 금지하고 있었다. 박정희가 1971년 제7대 대통령 선거에 출마하려면 3선이 가능하도록 헌법 개정이 이뤄져야 했다.

여당의 표결 강행을 막기 위해 야당은 본회의장 단상을 점거하고 농성에 들어갔다. 공화당이 심야에 3선개헌안을 강행 처리할

거라는 소문이 돌면서 동아일보는 호외 발행을 준비했다. 안종필 등 편집부 호외팀은 설렁탕으로 저녁을 때우고 회사로 복귀했다.

편집부장 대리 권도홍이 편집부 호외팀을 소집했다. "표결 결과를 기다리지 말고, 본회의장에 가보자." 역사적인 사건의 현장을 볼 수 있다면 더욱 생생한 편집이 가능하지 않을까 하는 게 권도홍의 생각이었다.

그날 밤 8시쯤, 태평로 국회 본회의장 2층 방청석에 권도홍을 비롯해 안종필 신양휴 최재욱이 나란히 앉았다. 방청석은 투개표 현장을 중계하려는 방송사 카메라와 보도진, 방청인들로 빽빽했다. 신민회 원내총무 김영삼이 동료 의원들과 귀엣말을 나누는 모습이 안종필 눈에 들어왔다. 본회의가 밤 10시쯤 속개된다는 얘기가 들렸으나 자정이 넘도록 열리지 않았다. 야당 의원들은 국회의장석 주변에 담요와 이불을 깔고 철야농성의 태세를 취했다. 국회의장 이효상은 의장실을 나와 공관으로 간다고 밝히면서 "자정이 넘었기 때문에 본회의가 자동휴회됐다"고 말했다. 의사국장 권효섭도 "본회의 사전결의 없이 일요일에 회의를 못 연다"고 했다. 3선개헌안 통과를 강행하지 않을 것 같은 분위기에 방송사 카메라도 철수했다. 동아일보 편집부 호외팀도 회사로 돌아왔다.

그러나 큰 착각이었다. 공화당은 9월 14일 새벽 2시 50분께 제3별관 특별회의실에서 국회 본회의를 열어 3선개헌안을 전격적으로 처리했다.[35] 개헌안이 벼락치기로 통과됐다는 소식에 동아일보 편집부 호외팀은 제3별관으로 냅다 뛰었다. 제3별관은 국회의

사당 건너편 서울신문사 뒤쪽에 있었다. 3별관 후문과 정문 앞은 난리가 아니었다. 깜깜한 골목길에 사진기자들의 플래시가 펑펑 터지고 이를 막으려는 사복 경찰들이 사진기자들을 밀치고 카메라를 낚아채고 있었다. 그때 동아일보 사진부 기자 송호창이 "이 새끼가 사람친다"고 외마디 소리를 질렀다. 공화당 원내총무 오치성을 호위해 가던 청년 2명이 사진을 찍기 위해 플래시를 터뜨리던 송호창을 두들겨 팼다.

공화당 의원들은 별관 후문으로 하나둘 빠져나갔다. 연신 터지는 카메라 플래시를 피해 고개를 숙인 채 종종걸음으로 어둠 속으로 사라졌다. 개헌안 처리 소식을 듣고 별관으로 뛰어왔던 야당 의원 김상현은 꽁무니를 빼는 여당 의원들을 향해 "나 김상현이다. 이 강도들아, 강도들!"하고 소리소리 질렀다. 그는 3층 특별회의실에 뛰어들어 투표함과 명패함을 바닥에 내던지며 울부짖었다. 3선 개헌안은 국회 본회의장이 아닌 3별관에서, 야당을 감쪽같이 속인 여당이 새벽에 본회의를 열어 5분 만에 변칙적으로 처리했다.

야음을 틈탄 기습 표결 현장을 목격한 동아일보 편집부 호외팀은 빠른 걸음으로 회사로 돌아왔다. 호외를 만들 차례였다. 호외 편집을 맡은 안종필은 3층 편집부 자리에 앉자 숨을 깊이 들이마시고 기사 넘어오기를 기다렸다. 정치부장 유혁인 지시에 따라 이진희가 기사를 쓰기 시작했다. 그때 권도홍이 정치부를 향해 "통과라는 말 대신 처리, 변칙처리로 합시다"라고 제의했다. 그러나 편집부로 넘어온 기사에는 이진희가 쓴 '변칙처리'의 '처리'를 유

야당을 따돌리고
국회 제3별관에서
3선개헌안을 날치기
통과시킨 공화당
의원들이 황급히
회의장을 빠져나가고
있다. 1969년 9월 14일.
(사진 자료 : 한국기자협회
발행 『언론에 비친 한국정치』)

혁인이 지우고 '통과'로 고쳐 '변칙통과'로 되어 있었다.

 기사를 본 권도홍이 버럭 소리를 질렀다. "유 부장, 기사를 왜 고치는 거요, 변칙처리로 합시다." 유혁인은 어이가 없는지 맞고함을 쳤다. "마음대로 해요." 편집부장 대리가 정치부장에게 지시하듯 큰소리를 치자 편집국에 일순 정적이 감돌았다. 권도홍은 개의치 않는 듯 '통과'를 '처리'로 고쳐 안종필에게 넘겼다. 안종필은 신문지 반절 짜리 호외를 가로지르는 큰 컷으로 '개헌안 공화 단독 변칙처리'라는 제목을 달았다. 현장 목격자로서 안종필에게 '통과'라는 표현은 용납할 수 없었다. '변칙처리'를 어마어마하게 큰 제목으로 편집한 이유였다.

'변칙처리' 제목은 동아일보만의 것이었다. 9월 14일 호외를 다시 실은 9월 15일자 동아일보 1면 머리기사는 '개헌안 공화 전격 변칙처리'로 나갔다. '단독'이 '전격'으로 바뀌었을 뿐 '변칙처리'는 그대로였다. 동아일보를 제외한 다른 신문은 '가결'이나 '통과'로 처리했다. 9월 14일자 조선일보는 '개헌안 122표로 가결', 한국일보는 '3선개헌안 전격통과'로 표현했다. 9월 15일자 경향신문은 '3선개헌안 전격통과', 매일경제는 '3선개헌안 기습통과'로 제목이 달렸다.

권도홍은 훗날 당시 상황을 이렇게 술회했다.

> 호외를 발행한 같은 날 9월 14일 석간 첫판을 편집하고 있는데 중앙정보부 김이 나타났다. 그는 내 곁에 앉더니 '변칙처리'를 '변칙통과'로 한 번만 봐달라고 했다…김이 다녀간 뒤 호외를 재록한 첫판 작업에 들어가자 사장실에서 전갈이 왔다. '변칙처리'를 '변칙통과'로 고치라는 지시였다. 나는 안 된다고 버텼다. 그것은 사장 지시가 아니라 정보부 지시가 아닌가? 사장 지시를 거부한 것은 편집부의 총의였다. 점잖되 다혈질인 이현락 기자도 구둣발로 책상을 걷어차며 편집을 거부하자고 소리치는 판이니 점잖기로 말하면 부처님 같은 홍승면 국장이 무슨 말을 할까? 사장 지시에도 불구하고 석간 시내판까지 자구 수정 없이 호외 재록으로 나갔다.[36]

공화당이 3선개헌안을
날치기 처리했다는 소식을
전한 동아일보 호외.
1969년 9월 14일.

호외를 1면에 재록한 동아일보 9월 15일자 사회면 머리기사 제목은 '그럴수가…'였다.

3선개헌안이 변칙처리 됐다는 소식을 들은 시민 반응을 다룬 기사로 당시 상황을 네 글자 제목으로 압축했다. 특히 글자 안에 표결할 때 반대의 뜻을 나타내는 부표(否票) 'XXXX'를 넣은 특이한 레이아웃이었다.

그간 안종필을 소개한 몇몇 글에는 '그럴수가…'를 안종필이 편집했다고 기록한다. 그러나 이 제목은 당시 동아일보 사회면을 편집하던 최성두의 작품이다. 최성두는 "'그럴수가'라는 제목이 퍼뜩 생각나 그렇게 달았다. 이건 아니다 싶어서 인위적으로 글자 안에 부호 'X'를 집어넣었다. 한국기자상도 받았다"고 증언했다.

최성두는 이 편집으로 1970년 제4회 한국기자상(편집부문)을 받았다. 당시 한국기자상 심사위원장 이관구는 심사평에서 "여당 단독 처리로 된 헌법 개정안의 변칙 통과 기사를 편집함에 있어서 '그럴수가'라는 삼단 횡조 컷 밑에 통과 요일인 휴일 아침 시민의 침통한 표정을 '해도 너무 심했다'는 종 4단의 짤막한 제목으로 과장 없이 적절하게 표현한 수법은 과연 큰 호소력을 가진 제목이다. 그리고 '그럴수가'라는 제목 자의 속에는 XXX라는 부정의 암시를 한 것도 이색적이었다. 어쨌든 당시의 비상한 분위기 속에서 할 말을 다 한 대담한 표현의 제목이었다"고 했다.[37]

'변칙처리' 제목에 대한 일화는 여동생 안애숙의 기억에도 생생하다. 안애숙은 당시 대학을 다니면서 안종필 집에 살고 있었다. 안종필은 3선개헌안 처리 기사를 실은 여러 신문을 거실에 펼쳐놓고 여동생을 불렀다.

"니, 여기 신문들 제목이 어떻게 다른지 한번 봐라. 이 신문하고 저 신문하고 어떻게 다른지?"

"오빠, 나는 정확하게 모르겠네…."

안애숙은 다 비슷해서 뭐가 다른지 찾지 못했다. 안종필은 피식 웃더니 손가락으로 가리키며 '변칙처리' '가결' '기습통과'라고 짚었다. 진실을 알리기 위해 내가 이런 제목을 달았다고 여동생에게 알려주고 싶었는지 모른다.

4부

자유언론실천선언

동아일보 앞 언론화형식

1971년 3월 26일 오후 3시쯤, 안종필은 2층 공무국에 들렀다가 3층 편집국으로 올라왔다. 내근 기자들이 창가 앞에 모여 있었다. 구호 외치는 소리도 들렸다. 아래를 내려다보니 '민중의 소리 외면한 죄 무엇으로 갚을 텐가'라는 플래카드를 앞세운 대학생들이 시위를 벌이고 있었다. 서울대 문리대, 법대, 상대 학생 30여명은 언론화형식을 갖고 '언론인에게 보내는 경고장'을 발표했다.

정치 문제는 폭력이 무서워서 못 쓰고, 사회 문제는 돈 먹었으니 눈 감아주고, 문화기사는 판매부수 때문에 저질로 치닫는다면, 더 이상 무엇을 쓰겠다는 것인가?…동아야, 너도 보는가. 하늘 무서운 줄 모르고 올라만 가는 저 추잡한 껍데기를. 너마저 저처럼 전락하려는가. 동아야 너도 알맹이는 사라지고 껍데기만 남았는가.

언론화형식은 득달같이 달려온 경찰에 10여분만에 해산됐다. 학생들이 해산되고 편집국 기자들이 웅성거렸다. 학생들의 성명서가 구구절절 옳다는 말이 여기저기서 나왔다.

1971년 4월 27일 박정희와 김대중 간의 제7대 대통령 선거를 앞두고 정권의 언론통제는 강화됐다. 중앙정보부는 언론사 편집국과 보도국에 정보요원을 상주시키다시피 하면서 기사의 보도 여부와 크기, 제목 등을 통제했다. 정권에 불리한 내용은 말할 것도 없고, 학생 시위는 한 줄도 보도되지 않았다. 학생들은 시위 현장에 기자들이 보이기만 하면 "취재해봤자 신문에 나가지도 않을 테니 집에 가서 애나 보라"고 비웃었다. 언론화형식은 무기력과 자기검열에 빠진 기자들을 쇠망치로 두들기는 듯했다.

학생들로부터 쏟아진 비판에 참담함과 부끄러움을 느낀 동아일보 젊은 기자들은 4월 15일 '언론자유수호선언'을 발표했다. 심재택 주도로 서권석 이종대 전만길 권근술 김종철 박종만 김용정 등 입사 3~4년차 기자들이 뜻을 모았다. 그날 오전 9시 선언문을 준비한 기자들이 편집국에서 모임을 하려고 하자 부서장들이 말렸다. 30여명의 기자들은 출판국이 있는 별관 회의실로 옮겨 선언 행사를 치렀다. 간부급으로는 논설위원 송건호, 사회부 차장 김중배가 함께했다.

서권석이 선언문을 낭독했다. "자유언론의 일선 담당자인 우리는 오늘의 언론위기가 한계상황에 이르렀음을 통감하고 민주주의의 기초인 언론자유가 어떤 압력이나 사술(詐術)로도 훼손되어서

1971년 4월 15일 동아일보 기자들의 언론자유수호선언을
세상에 알린 기자협회보 1면(1971년 4월 16일자).

는 안 된다고 엄숙히 선언한다….” 기자들은 △우리는 기자적 양심에 따라 진실을 진실대로 자유롭게 보도한다 △우리는 외부로부터 가해지는 부당한 압력을 일치단결하여 배격한다 △우리는 정보부 요원의 사내상주 또는 출입을 거부한다 등 3개항을 결의했다.

최초의 언론자유수호선언은 4월 16일자 기자협회보 1면 머리기사로 알려졌다.[38] 기자협회보는 머리기사 옆에 동아일보 기자들의 선언문을 전재하고, '기관원은 신문사에 상주말라'는 우리의 주장을 실었다.

언론자유수호선언을 주도한 심재택은 동아일보에서 세 번이나 해직된 기자였다. 서울대 법대 1학년이던 1960년 4월 19일 아침 강의실에 뛰어들어 강의를 중단시키고 선배들을 시위로 이끌었던 4·19혁명의 주역이었다. 5·16 군사 쿠데타 직후 구속됐던 그는 1967년 11월 공채 10기로 동아일보에 입사했다. 1971년 언론자유수호선언의 주동자로 찍혀 그해 12월 중앙정보부 압력에 의원해임 형식으로 사직했다가 1973년 3월에 복직했다. 1974년 3월 동아일보노동조합 결성에 관여했다는 이유로 두 번째로 해직됐다. 회사가 해고를 취소해 복직했으나 1975년 3월 부당해임 철회를 요구하며 제작거부를 벌이다 세 번째 해직됐다.

1971년 최초의
언론자유수호선언을
주도한 심재택(1941~1999)

언론자유수호선언이 있던 4월 15일 아침 편집국장 박권상은 중앙정보부 쪽 전화를 받았다. 박권상은 당시 상황을 이렇게 회고했다.

> 15일 아침 일찍 중앙정보부 보안담당차장보에게서 기자들의 선언 경과를 묻는 전화가 걸려왔다. 그때 동아일보를 출입하던 중정요원이 문화부쪽에서 왔다갔다 하는 것이 눈에 띄었다. 나는 차장보에게 "젊은 기자들이 당신들의 출입금지를 결의했다. 나로서는 받아들이지 않을 수 없으니 당장 철수시켜달라"고 말했다. 그는 "고려해보겠다"고 답했고 나는 다시 "고려만으로는 안 된다. 지금 철수시키지 않으면 우리가 쫓아내겠다"고 경고했다. 그는 "15분만 기다려달라. 부장(이후락 중앙정보부장)의 허락을 받아 철수시키겠다"고 말했고 곧 그 요원은 사라졌다. 이날부터 8개월 후인 12월의 국가비상사태 선포까지 기관원의 출입은 중단됐다.[39)]

동아일보 젊은 기자들이 촉발한 언론자유수호선언은 다른 언론사로 번졌다. 한국일보 조선일보 중앙일보 경향신문 MBC 등 14개 언론사 기자들도 비슷한 내용의 선언문을 발표했다. 한국기자협회도 전국 분회장, 시도지부장 회의를 열고 언론자유수호 행동강령과 결의문을 채택했다.

최초의 언론자유수호선언에 대해 동아투위가 발행한『자유언론 40년』(다섯수레, 2014)은 "1971년 봄의 1차 언론자유수호 운동은 그 운동이 시작될 때 일선 기자들이 가지고 있던 열의나 절박한 심정에 비해 그다지 뚜렷한 열매를 맺지 못한 채 '선언'으로 그치고 말았다"고 진단했다. 당시 언론을 옭아매고 있던 갖가지 탄압 장치가 강고해서 몇몇 젊은 기자들의 의욕만으로 돌파하기가 어려웠던 것이다.

1971년 4월 27일 치러진 7대 대선에서 김대중에 가까스로 이긴 박정희는 장기 집권을 추진했다. 대학생들의 교련반대투쟁과 반정부 시위가 확산하자 10월 15일 서울시 전역에 위수령을 발동해 무장군인을 대학에 주둔시켰다. 위수령 해제 요구 등 각계의 저항이 끊이지 않자 박정희는 12월 6일 중국의 유엔 가입 등을 이유로 국가비상사태를 선포하고 12월 27일에는 '국가 보위에 관한 특별조치법'을 날치기 통과시켰다.

이 법은 집회 및 시위와 언론 출판 규제, 근로자의 단체교섭권·단체행동권을 규제할 수 있는 비상대권을 대통령에게 부여하고, 특별조치를 위반하는 자에게 1년 이상 7년 이하의 징역에 처하도록 하고 있었다. 국가비상사태 선포와 함께 중앙정보부 요원들의 언론사 출입이 재개됐다. 언론계는 극도로 움츠러들었다.

박정희는 '종신 독재'의 길로 거침없이 치달았다. 1972년 10월 17일 저녁, 박정희는 전국에 비상계엄을 선포하고 대통령 특별선언을 발표했다. 서울 시내 전역에 군 병력과 탱크가 배치된 삼엄한 분위기에서 발표된 특별선언은 국회를 해산하고 정치활동을 일절 금지하며, 기존 헌법 일부 조항의 효력을 정지시키고 그 기능은 비상국무회의가 대행하며, 향후 새로운 헌법개정안을 공고하여 국민투표를 통해 확정하겠다는 내용이었다.

박정희는 '유신헌법안'을 10월 27일 비상국무회의를 통해 공고했다. '유신'이란 표현은 1868년 일본의 메이지유신에서 가져왔다. '유신헌법안'의 핵심은 '삼권분립의 파괴'와 '대통령의 긴급조치권'으로 압축된다. 대통령에게 대법원장을 비롯한 모든 법관의 임면권을 넘겼다. 대통령은 국회의원의 3분의 1을 지명하며 국회해산권을 가졌다. 통일주체국민회의에서 간접선거로 임기 6년의 대통령을 뽑고, 대통령 중임·연임제한도 철폐했다. 대통령에게 긴급조치를 발동할 수 있는 비상권한을 부여했다. 모든 권력을 대통령 1인에게 집중시켜 박정희의 영구집권을 보장하는 내용이었다.

유신헌법안은 11월 21일 국민투표에 부쳐 91.9%가 투표에 참여해 91.5%가 찬성해 통과됐다. 비상계엄이란 공포 분위기 속에서 모든 정치활동이 금지되고 유신헌법안에 대한 비판이나 반대 의견 피력이 엄격히 금지된 상태에서 이뤄진 결과였다.

12월 15일 통일주체국민회의 대의원 선거를 통해 뽑힌 대의원 2359명은 12월 23일 체육관에 모여 99% 찬성으로 단독 출마한 박정희를 제8대 대통령으로 추대했다. 1971년 7대 대선에서 신민당 후보 김대중이 "이번에 박정희가 승리하면 앞으로는 선거도 없는 영구 집권의 총통 시대가 온다"고 경고했는데 현실화한 것이다.

유신체제 구축을 위한 비상계엄 선포로 언론에 대한 탄압의 강도는 한층 드세졌다. 정부 일부 부처와 국회, 경찰서 출입기자실은 폐쇄됐고, 신문과 방송은 계엄사령부 검열을 받고 뉴스를 내보내

1972년 10월 17일 청와대에서 김성진 대변인이 박정희 대통령의 10·17 특별선언을 발표하고 있다.

야 했다. 신문 지면은 일방적인 유신 찬양 해설기사와 논설만으로 채워졌다. 당시 서울시청엔 계엄사 검열단이 차려졌다. 검열 심부름은 편집부 기자들이 주로 맡았다. 기자들은 대장(신문을 조판한 뒤에 교정지와 대조하기 위하여 간단하게 찍어 내는 인쇄용지)을 들고 계엄사 공보장교들에게 검열을 받았다. 군인들은 빨간 펜으로 마음에 들지 않은 기사를 난도질하고 삭제를 지시했다.

　12월 13일 계엄령이 해제된 이후 사전검열은 사라졌지만 유신체제를 비판하는 내용이나 이를 비판적으로 언급한 보도, 학생 및 정치인의 발언에 대한 기사 일체를 싣지 말라는 보도지침이 언론사에 내려지고 강요됐다. 이러한 상황에서 언론보도는 유신헌법을 찬양하고 그 정당성을 설파하는 글로 도배되었다. 참담했던 기자들이 할 수 있는 거라곤 소주잔을 기울이며 울분을 터뜨리는 것 밖에 없었다.

유신 독재의 압력에 허우적대던 동아일보 기자들은 1973년 3월 '연판장 사건'을 일으켰다. 정치부 기자 안성열을 중심으로 우승용 조학래 이종대 등이 연판장을 돌리면서 서명운동을 시작했다. 기자들은 독자적인 편집권 행사와 신문 지면의 쇄신, 합리적인 인사이동, 근무연한에 맞는 봉급 조정 등을 요구했다. 연판장 서명은 순식간에 100여명에 이르렀다. 그해 편집부 차장으로 승진한 안종필도 연판장에 서명했다.

이 사건은 편집국 기자의 70% 이상이 서명할 정도로 호응이 컸다. 회사 측의 방해와 모략으로 기자들 사이에 분열이 일어나는 등 부작용도 남겼다. 그러나 이 사건은 기자들이 자신의 존재 이유에 대해 자문하는 계기가 됐다. 뜻 맞는 사람들끼리, 또는 기별, 부서별로 모임이 하나둘 생겨났고, 기자들은 집에서 집으로 돌아다니며 소그룹 활동을 펼쳤다. 연판장 사건은 기자들을 의식화하고 조직화하는 중요한 계기가 되었다는 점에서 1974년 3월 동아일보노동조합 설립, 10·24자유언론실천선언 등 자유언론운동을 이끌어가는 원동력이 되었다.

기자들의 움직임에도 불구하고 동아일보 지면에서 진짜 뉴스는 점점 사라져갔다. 최초의 유신반대 시위인 1973년 10월 2일 서울대 문리대 시위를 비롯해 10월 4일 서울대 법대, 10월 5일 서울대 상대에서 일어난 시위는 동아일보에 보도되지 않았다. 마침내 동아일보 10·11·12·13기 출신 젊은 기자 50여명이 기사 누락에 항의하는 뜻으로 10월 7일 편집국에서 밤샘 농성을 시작했다. 동아일보 역사상 기자들이 신문제작에 항의해 벌인 첫 번째 집단행동이었다.

기자들 철야농성 다음 날인 10월 8일자 7면에 서울대 문리대와 법대, 상대 학생들 시위 기사가 실렸다. '서울대학생 21명 구속'이라는 제목이 붙은 이 기사는 1단에 불과했으나 사회면 한가운데에 눈에 띄게 편집됐다. 그러나 이 기사는 유신반대라는 시위대의 주장을 명확히 기술하지 않고 "자유민주체제를 확립하라는 등의 선언문을 낭독했다"고 두어줄 붙인 게 고작이었다.

11월 초 경북대생 시위와 서울 YMCA 앞에서 열린 '민주수호국민협의회'의 시국선언 낭독 사건이 보도되지 않자 기자들은 △중요한 기사가 누락되었을 때 그 경위를 알아보고 그날 밤으로 편집국에 모여 대책을 협의한다 △선후배 동료가 부당하게 연행됐을 때 즉시 보도하고 그가 돌아올 때까지 편집국에서 기다리기로 한다 등 2개항을 결의하고 농성에 들어갔다. 기자들은 그 결의에 따라 11월 7일, 17일, 20일에도 편집국에서 밤샘을 했는데, 11월 20일 농성 때는 '언론자유수호 제2선언문'을 발표했으며, 12월 3일에는 편집국에서 기자총회를 열어 '언론자유수호 제3선언문'을 채택했다. 회사는 "사내 철야 등 집단 행동을 금지한다"는 방을 붙였다.

동아일보노조 출범,
정권과 사측의 양면 협공

1973년 10월부터 대학생들의 유신 반대 시위가 잇따라 일어나자 재야인사들이 민주주의 회복을 요구하고 나섰다. 함석헌 장준하 백기완 천관우 지학순 등 재야인사들은 12월 24일 유신헌법 철폐를 위해 '개헌청원 100만인 서명 운동'에 돌입했다. 보름 만에 서명자 명단이 40만명에 이르렀다. 해를 넘긴 1974년 1월 초에는 이호철 임헌영 백낙청 등 문인들이 '개헌 서명지지 선언'을 하는 등 개헌 서명 운동이 폭발성을 띠자 박정희는 긴급조치라는 극단적인 수단을 선택했다.

유신헌법 제53조는 대통령에게 국가의 안전보장 등을 이유로 긴급조치를 발동할 수 있는 권한을 부여하고 있었다. 대통령은 헌법에 규정되어 있는 국민의 자유와 권리를 잠정적으로 정지할 수 있었고, 긴급조치는 사법적 심사의 대상이 되지도 않았다.

1973년 10월 2일 유신체제 후 최초의 시위를 벌인 서울대 문리대생들.
(사진 자료 : 한국기자협회 발행 『언론에 비친 한국정치』)

　박정희는 1974년 1월 8일 긴급조치 1호와 2호를 발표했다. 1호의 주요 내용은 유신헌법을 부정·반대·비방하거나 헌법 개정을 청원하는 일체의 행위를 금지하고 위반자는 15년 이하의 징역에 처한다는 것이었다. 긴급조치 위반자들은 일반 재판이 아닌 비상군법회의에서 재판을 받게 했는데, 2호는 1호를 시행하기 위한 비상군법회의 설치에 관한 것이었다.
　긴급조치 1·2호는 언론의 숨통을 다시 조였다. 권력의 제작 관여는 더욱 심해져 기자들이 취재한 기사는 신문에 거의 반영되지 못했다. 보도할 것을 제대로 보도하지 못하는 기자들의 좌절감은 쌓여갔다. 이런 분위기에서 1974년 3월 단행된 동아방송 인사는 기자들의 불만에 기름을 끼얹었다.

동아일보사는 3월 1일자로 동아방송 인사를 하면서 사회문화부 기자 고준환 등 2명을 프로듀서로, 다른 1명은 영업부 사원으로 전격 발령했다. 세 사람은 기자직으로 선발돼 입사한 기자들이었다. 기자들을 프로듀서나 일반직 사원으로 보내는 것은 당시로선 상상도 할 수 없는 일이었다. 기자들은 회사 측의 인사에 충격을 받았다.

세 기자가 다른 직종으로 인사 발령을 받은 3월 5일 저녁 동아방송 사회문화부 기자들은 무교동 한 식당에서 송별회를 가졌다. 침통한 분위기 속에서 기자들은 인사의 부당함을 비판했다. 그러던 중 한 기자가 "노조를 만들지 않으면 이런 사건이 계속 일어날 것"이라고 말했다. 순식간에 의기투합한 기자들은 노동조합을 결성하기 위한 작업을 시작하기로 의견을 모았다. 우연히 옆방에서 소주잔을 기울이고 있던 조학래 박순철 박종만 양한수가 합류했다. 그 길로 신당동 김두식의 집으로 몰려갔다. 김두식의 집에 모인 사람은 모두 12명으로, 1967년에 입사한 공채 10기가 주축이었다.

3월 6일 밤 김두식의 집은 북적였다. 전날 12명을 더해 그날 밤엔 33명이 모였다. 편집국 방송국 출판부 기자들이었다. 기자들은 전국출판노조 동아일보사 지부(동아노조) 창립총회를 열고 노조를 결성했다. 지부장은 조학래가 맡고 부지부장은 문영희 김두식 이영록, 사무장 정영일, 회계감사 이기중 임부섭, 총무부장 양한수, 쟁의부장 강정문, 조직부장 성유보, 섭외부장 이부영을 선임했다.

동아노조는 3월 7일 오전 노조 창립을 알리는 유인물을 동료들에게 나눠주고, 서울시에 노조설립 신고서를 제출했다. 3월 7일 하루 동안 103명이 노조에 가입했는데, 안종필도 가입 신청서에 서명했다. 안종필은 노조에 가입한 몇 안 되는 차장급 기자였다. 차장이나 부장 등 간부들은 회사 측 편에 서기가 쉬운데, 안종필은 한해 전 연판장 사건에 이어 이번에도 노조를 결성한 후배들에게 힘을 보탰다. 그가 훗날 기자협회 분회장, 동아투위 위원장을 맡은 배경에 이런 이유가 있었다.

동아일보사는 동아노조를 순순히 받아들이지 않았다. 해임의 칼을 빼들었다. 사측은 3월 8일 긴급이사회와 인사위원회를 잇달아 열고 노조 간부 11명 전원과 박지동 심재택 등 13명을 무더기로 해임했다. 기자들은 노조 집행부가 전격 해고되자 부당해임대책위원회를 구성했다. 대책위는 권근술 김동현 김민남 김양래 김용정 김종철 김진홍 박순철 박종만 오정환 이종대 전만길 홍종민이었다.

해고 기자들이 3월 13일 김상만 사장을 상대로 서울민사지법에 해고효력정지가처분신청을 제출하자 경영진은 대책위 소속 5명 (권근술 김동현 김종철 박순철 박종만)과 고준환을 해임하고 김민남 김양

> 조합원 여러분!!!
>
> 어려운 여건아래에서 무사히 설립신고를 마치고 우리의 숙원이던 노동조합을 결성하게 된 것을 160여 조합원들과 함께 경하해 마지 않습니다.
>
> 창립총회에서부터 지난 며칠동안 여러분들이 보여준 열의와 용기는 대단한 것이었습니다.
>
> 이 모두가 우리들의 자활기구에 대한 열망이 그만큼 컸던 때문이 아닌가 여겨집니다.
>
> 앞으로도 배전의 성의와 용기로써 우리들의 최종목표인 원만한 노사협력체제를 이룩하는데 온 힘을 다합시다.
>
> 법에 의해 법의 테두리안에서 출발했듯이 앞으로 속하게 예상되는 난관, 또 지금 나타나고 있는 난관들을 차거운 이성과 건전한 상식으로 극복해서 막 돋아난 이 연약한 새 순을 보호하고 키워 나갑시다.
>
> 공지사항
>
> 1. 3월 8일 오후 6시 현재 가입된 노조원은 168명 입니다.
> 2. 가입을 희망하시는 분에 대해서 계속 가입원서를 받고 있읍니다.
> 3. 앞으로 발생하는 여러가지 사항을 속속 알려 드리겠읍니다.
>
> 1974년 3월 9일
>
> 전국출판노동조합
> 동아일보사 지부
>
> 지부장 조학래 드림.

1974년 3월 6일 젊은 기자 33명을 발기인으로 결성된 동아노조는 하루 만에 103명의 조합원이 가입해 언론자유수호운동의 시작을 알렸다. 사진은 3월 8일 서울시에 '전국출판노조 동아일보사 지부'로 등록 신청서를 제출했다는 사실을 조합원들에게 알린 노조의 3월 9일자 공지사항이다.

래 이종대 홍종민 김영일 송경선 등 6명을 무기정직 처분했다. 전만길 등 10명은 4개월 감봉에 처했다. 이에 맞서 동아노조는 3월 14일 문화부 기자 김병익 등 15명으로 2차 부당해임대책위원회를 구성했다. 2차 대책위는 "35명의 무고한 동료들이 부당한 처벌을 받았지만 지금까지 그랬듯이 앞으로도 회사의 어떠한 조치에도 굴함이 없이 의연히 우리의 자세를 견지해 나갈 것"이라며 노조의 정당성 인정과 부당해임 및 징계 철회를 요구했다.

　박정희 정권은 동아일보 기자들의 노조 설립을 노골적으로 방해했다. 동아노조의 결성이 타 언론사로 확산될 경우 언론통제의 기반이 송두리째 흔들릴 수 있다고 판단했다. 노조설립 신고서를 접수했던 서울시는 4월 4일 "노조 임원 전원이 현재 동아일보에 재직하지 않아 신고증을 교부할 수 없다"며 신고서를 반려했다. 노조 임원들이 해고되었기 때문에 노조의 존재를 인정할 수 없다는 우스꽝스러운 논리였다. 노조가 합법적으로 결성된 뒤에 사용자측이 집행부를 해고하면 노조는 해산해야 한다는 뜻이나 다름없었다. 동아노조 결성 직후 문화공보부 장관은 당시 문공부 출입기자였던 박순철에게 이렇게 말했다.

　　장관이 만나자는 전갈이 왔다. 그는 회사와 기자들이 한 발씩 뒤로 물러나는 게 좋지 않겠느냐, 그렇게 원상회복을 하자고 했다. 나는 노조의 공식 대표는 아니었지만, 그런 타협을 거부한다는 노조의 입장을 웃으면서 전달했다. 언론노조 같은 수상한 저항 조직에 대

해 정권이 관계부처를 동원해 해체를 기도하는 것쯤 당연시되던 그런 시절이었다.[40]

동아노조가 승인 투쟁을 하던 1974년 4월 4일 동아일보 1면은 '대통령 긴급조치 4호' 기사로 뒤덮였다. 섬뜩한 제목들이 굵직한 글씨로 뽑혀 있었다. 박정희는 4월 3일 밤 10시 특별담화를 통해 "소위 민주청년학생총연맹이라는 불법단체가 공산세력의 배후 조종하에 그들과 결탁하여, 인민혁명을 수행하기 위해 지하조직을 형성하고 반국가적 불순활동을 전개하기 시작했다는 확증을 포착했다"며 긴급조치 4호를 발동했다.

긴급조치 4호는 전국민주청년학생총연맹(민청학련)에 가입하거나 연락, 또 그 구성원들에게 편의를 제공하는 일체의 행위를 금하며, 이와 관련하여 권유하거나 선전 선동하는 것 또한 금지하였다. 또 학생의 수업 거부나 시험 거부, 집회와 농성 등을 일절 금하는 것은 물론, 이런 사실을 방송·보도·출판 등을 통해 타인에게 알리는 것까지 금하였고, 위반자가 소속된 학교는 폐교 처분을 할 수 있게 하였다. 특히 이 조치를 위반하였을 때는 법관의 영장 없이 체포 구속 압수 수배하며, 비상군법회의에서 심판하되 사형, 무기 또는 5년 이상의 유기징역에 처하도록 했다.[41]

중앙정보부장 신직수는 4월 25일 "민청학련 배후에는 과거 공산계 불법 단체인 인혁당 조직과 재일 조총련계, 일본 공산당, 국내 좌파 혁신계가 복합적으로 작용했다"고 중간조사 결과를 발표했다. 민청학련과 인민혁명당(인혁당) 재건위원회를 조작한 이 사건으로 수백 명이 고문을 당하고, 기소자 수십 명이 합계 1800여 년의 천문학적 징역형을 선고받았다.

민청학련과 인혁당 사건 관련자들이 수사과정에서 당한 무자비한 고문을 군법회의에서 폭로해도 신문과 방송에서는 그런 내용이 한 줄도 보도되지 않았다. 동아노조에 소속된 기자들이 개신교의 목요기도회와 천주교의 인권기도회를 찾아 구속자 가족들의 목소리를 기사로 써서 냈지만, 데스크 휴지통으로 들어갔다.

동아노조는 법적대응을 계속했다. 권근술 등 2차 해임 및 무기정직자 12명은 해고 및 무기정직 효력정지 가처분신청을 서울민사지법에 추가로 제출했다. 가처분 신청 병합심리를 며칠 앞둔 4월 12일 김상만 사장이 특별담화문을 발표했다. '두 차례에 걸쳐 있었던 징계를 4월 13일자로 사면'하지만 '노조 명의의 일체의 언동, 유인물 배포, 집회는 금지한다'는 내용이었다. 가처분 소송에서 패소할 것으로 예상하고 판결에 앞서 사면을 발표한 것이다.

동아노조 핵심 조합원 수십 명은 장시간 토론 끝에 복귀를 결정했다. 회사 복귀 뒤 조학래 지부장 등 동아노조 임원 4명은 김상만 사장을 면담했다. 이 자리에서 김상만은 "이번 사태는 불행한 일로 가슴 아프게 생각한다. 집단 행동을 하지 않더라도 계통을 밟아 여러 번 이야기하면 결국은 젊은 기자들의 의사가 전달되지 않겠는가"라고 말했고, 노조 임원들은 "등록 필증이 나오지 않더라도 노조 활동을 계속할 것이다. 앞으로 사원들의 진정한 의사가 전달

긴급조치 발동과 함께 설치된
비상고등군법회의. 1974년 1월 10일
(사진 자료 : 한국기자협회 발행 『언론에 비친 한국정치』)

될 수 있는 새로운 통로가 필요하다"고 요구했다.

동아노조는 노조설립 신고를 반려한 서울시장의 처분을 취소해달라고 요구하는 행정소송을 7월 11일 서울고등법원에 냈다. 행정소송의 쟁점은 노조 임원의 회사 재직 여부였다. 서울시 측은 "노조 임원 전원이 현재 동아일보사에 재직하지 않고 있어 신고증을 내줄 수 없다"고 주장했다. 노조 측은 설립 신고서 제출 당시 노조 임원들이 회사에 재직하고 있었고, 서울시 논리대로 한다면 어떤 회사도 회사원들이 노조를 발기할 경우 그 즉시 관계자를 해고 처분하면 노조설립 신고필증을 받을 수 없다는 결과를 초래한다고 반박했다.

그러나 재판부가 서울시 주장을 받아들이며 패소했다. 노조는 대법원에 상고했으나 기각됐다. 상식적으로 납득할 수 없는 판결이었다. 동아노조는 법적지위를 확보하는 데 실패했다. 동아노조는 '법외노조'라는 한계 속에서도 조합비 징수, 집행부 정기회의, 유인물 제작 등 기본적인 노조 활동을 꾸준히 펼쳐나갔다. 동아노조는 기자들의 전폭적인 지지를 받았다. 3월 7일 103명에 달하던 조합원 수는 8일 168명, 9일 173명, 25일 187명, 4월 9일 188명으로 대부분 기자가 노조에 가입했다.

동아노조 설립은 그해 10월 24일 자유언론실천운동으로 이어지는 등 유신독재에 맞선 자유언론 투쟁의 핵심적인 동력을 제공했다. 동아노조 결성에 이어 그해 12월 한국일보에서 노조가 결성됐고 언론사들은 내부 불만을 달래기 위해 대폭적인 임금인상을 단행했다. 동아일보가 1974년 4월에 하후상박 원칙으로 18~47% 인상한 것을 비롯해 서울신문(30~45%), 조선·한국·신아일보와 합동통신(30%), 중앙일보(32.5%), 경향신문(25%) 등 중앙과 지방의 신문들이 앞을 다투어 파격적으로 임금을 올렸다.

격랑의 10·24 자유언론실천선언

　1974년 10월 24일 안종필은 8시 30분쯤 출근해서 편집부 자기 자리에 앉았다. 전날 저녁 편집국장 송건호와 사회부장 박원근, 지방부장 한우석이 서울대 농대생 300여명 시위 관련 기사를 10월 23일자 신문에 실었다는 이유로 중앙정보부에 연행된 데 항의하며 늦은 밤까지 농성한 뒤 끝이라 편집국엔 간밤의 흥분이 남아 있었다.
　그날은 공휴일인 '유엔데이'(UN 창설 기념일)라서 외근 기자들도 출입처에 나가지 않고 편집국에 모여들기 시작했다. 어쩐지 심상치 않을 것 같은 분위기였다. 9시가 조금 지나자 누군가 유인물을 배포했다. 그리고 편집국 여기저기서 "자, 다들 모입시다!" "사회부 쪽으로 갑시다!"라는 소리가 들렸다. 안종필은 편집국 한가운데 사회부장석 쪽으로 향했다. 사회부 양쪽 통로는 편집국 각 부서

동아일보 기자 180여명은 1974년 10월 24일 오전 3층 편집국에서
자유언론실천선언을 했다. 홍종민이 선언문을 낭독하고 있다.
왼쪽부터 장성원, 홍종민, 장윤환.
맨 오른쪽에 안경을 쓴 안종필의 모습이 보인다.

기자들과 방송국, 출판국 기자들로 발 디딜 틈이 없었다.

편집국 중앙 기둥에 붓으로 쓴 '自由言論實踐宣言-東亞日報社 記者一同'이라는 대형 족자가 내걸려 있었다. 총회에 참석한 기자는 180명이 넘었다. 공휴일 아침이라 그런지 동아일보를 출입하던 기관원들은 보이지 않았다. 아사히신문 기자 정호상과 AP통신 기자 홍건표가 총회를 지켜보며 취재에 열을 올렸다.

한국기자협회 동아일보 분회장 장윤환이 '자유언론실천선언' 기자총회 개회를 선언했다. 사회를 맡은 기자협회 동아일보 분회 보도부장 장성원이 기자총회를 소집한 이유와 경위를 설명했다. 분회 총무를 맡은 홍종민이 자유언론실천선언을 낭독했다. 장윤환 바로 옆에 서 있던 안종필은 홍종민이 떨고 있다는 걸 알았다. 홍종민이 격정에 떨리는 목소리로 선언문을 읽어 내려갔다.

■ 자유언론실천선언

우리는 오늘날 우리 사회가 처한 미증유의 난국을 극복할 수 있는 길이 언론의 자유로운 활동에 있음을 선언한다.

민주사회를 유지하고 자유국가를 발전시키기 위한 기본적인 사회 기능인 자유언론은 어떤 구실로도 억압될 수 없으며 어느 누구도 간섭할 수 없는 것임을 선언한다.

우리는 교회와 대학 등 언론계 밖에서 언론의 자유회복이 주장되고 언론인의 각성이 촉구되는 현실에 대하여 뼈아픈 부끄러움을 느낀다.

본질적으로 자유언론은 우리 언론 종사자들 자신의 실천 과제일 뿐 당국에서 허용하거나 국민 대중이 찾아와 손에 쥐여주는 것이 아니다.

따라서 우리는 자유언론에 역행하는 어떠한 압력에도 굴하지 않고 자유민주사회 존립의 기본 요건인 자유언론 실천에 모든 노력을 다할 것을 선언하며 우리의 뜨거운 심장을 모아 다음과 같이 결의한다.

1. 신문, 방송, 잡지에 대한 어떠한 외부 간섭도 우리의 일치된 단결로 강력히 배제한다.
1. 기관원의 출입을 엄격히 거부한다.
1. 언론인의 불법 연행을 일절 거부한다. 만약 어떠한 명목으로라도 불법 연행이 자행될 경우 그가 귀사할 때까지 퇴근하지 않기로 한다.

—1974년 10월 24일 동아일보사 기자 일동

홍종민의 선언문 낭독이 끝나자 안종필의 가슴에 무언가 뜨거운 것이 치밀었다. 총회에 참석한 기자들도 하나 같이 결의에 찬 표정이었다. 장윤환이 기자들을 돌아보며 "선언의 취지에 찬동하면 이 선언문을 기자총회 결의로 채택해달라"고 제의했다. 그러자 함성과 박수가 쏟아졌다.

　기자들은 동아일보사에 자유언론실천선언문과 결의 내용을 신문과 방송에 보도하라고 요구했다. 당시 현장에 있었던 성유보는 이렇게 기록했다.

> 나는 이날 대회장에서 '자유언론실천선언'이 신문에 꼭 실려야 한다고 주장했다. 첫째 이유는 언론자유를 향한 동아일보사의 각오를 국민들에게 알림으로써 동아일보사가 쉽사리 언론의 자유를 배반할 수 없게 하자는 것이었다. 또 다른 이유는 '기관원의 출입을 금지한다'는 우리의 결의를 통해 그들이 그동안 한국 언론의 실질적 편집국장, 데스크, 논설위원 노릇을 해왔다는 사실을 국민에게 알려야 한다는 생각 때문이었다. 그리고 권력의 통제와 간섭을 막는 것만이 한국 언론이 진정한 '제4부'로서 거듭 태어나는 길임을 국민 모두가 알아야 한다는 생각에서였다.[42]

　동아일보 분회 집행부는 기자총회 관련 기사와 선언문 전문을 신문 1면에 5단 이상으로, 방송의 경우는 신문 보도에 상응하는 비중으로 보도하기로 결정하고 편집국장 송건호를 통해 기자총회 결의를 경영진에게 전달했다. 송건호는 언론기관의 존재 이유와 동아일보를 아끼는 기자들의 충정을 내세워 경영진에게 기자총회의 건의를 수용하자고 설득했다.

　그러나 경영진은 "편집국장이 기자들을 컨트롤하지 못하느냐"

고 질책하며 기사화를 거부했다. 기자들은 오전 10시부터 제작거부에 들어갔다. 당시 동아일보는 석간이었다. 1판 신문이 나오는 오후 1시가 되어도 신문이 나오지 않았다. 방송뉴스도 오후 1시부터 중단됐다. 초저녁 즈음 회사 쪽에서 선언문 내용 중 '기관원 출입 거부' 조항만 삭제하자고 제안했다. 기자들은 그 제안을 단호히 거부했다. 외부의 간섭을 배제하자는 것이 이번 선언의 가장 중요한 과제인데, 양보할 수 없었다. 대신 선언문 전체를 게재하되 보도 크기를 1면 3단으로 축소할 수 있다고 통보했다.

밤 10시 40분쯤 회사 쪽은 기자들의 요구를 수락한다고 알려왔다. 기자들은 환호성을 올리고 즉시 신문 제작에 들어갔다. 방송뉴스는 밤 11시 이 사실을 알리는 소식과 함께 정상화됐다. 이렇게 해서 1974년 10월 24일자 동아일보는 이튿날인 10월 25일 새벽 1시 15분쯤에 나왔다.

'東亞日報 記者일동/自由言論실천 宣言'. 이런 제목의 1면 3단 기사는 자유언론실천선언의 내용과 3개 항 결의내용이 모두 실렸다. 이 기사 옆에 배달지연을 사과하는 내용의 '社告(사고)'도 게재했다. 동아일보를 받아든 기자들은 부끄러움과 분노, 좌절이 일시에 걷히는 환희를 느꼈다. 편집국에서는 새벽까지 소주 파티가 벌어졌다.[43]

동아일보 기자들의 자유언론실천선언은 삽시간에 전 언론계에 번졌다. 조선일보 기자 150여명은 10월 24일 밤 9시 20분쯤 편집국에서 모임을 갖고 '언론자유회복을 위한 선언문'을 채택했다. 사

동아일보 기자들이 자유언론실천선언을 채택했다는 소식을 실은
1974년 10월 24일자 동아일보 1면. 기자들은 12시간이 넘는 진통 끝에
이 기사를 1면에 실을 수 있었다. 1974년 10월 24일자 동아일보는
이튿날인 10월 25일 새벽 1시 15분쯤에 나왔다.

장 장강재와 편집국장 김경환이 중앙정보부에 연행된 일로 이틀째 농성을 벌이고 있던 한국일보 기자 130명도 다음 날 새벽 "언론 부재의 현실 앞에서 진실을 전달하는 사명을 다하지 못했음을 국민 앞에 부끄럽게 생각해왔다"며 '민주언론수호를 위한 결의문'과 행동지침을 채택했다.

김병익(동아일보 문화부 기자)이 이끄는 한국기자협회는 10월 25일 언론자유수호운동을 전적으로 지지한다는 성명을 발표하고 언론자유수호 특별대책위원회를 구성했다. 이후 며칠 동안 전국 31개 신문 방송 통신사 기자들도 일제히 언론자유를 요구하는 선언문을 채택했다. 동아일보는 '왜 자유언론을 부르짖는가' 제목의 10월 25일자 사설을 통해 "국가와 국민을 위한 우리의 사명을 다하려는 책임감의 선언"이라고 다짐했다.

대학가 시위 뉴스가 동아일보에서 나오기 시작했지만 1단 기사에 불과했다. 7면 만화(고바우영감) 옆에 대학생들의 시위를 모아 눈에 띄게 했지만, '1단 벽'은 여전히 높았다. 이런 일은 거의 매일 반복되었다. 당시 상황을 박종만은 『자유언론실천선언 50년』(자유언론실천재단, 2024)에서 다음과 같이 증언했다.

> 동아일보와 동아방송은 12시간 넘는 진통 끝에 일선 언론인들의 결의를 독자와 청취자들에게 보도했으나 10월 25일자, 10월 26일자 신문 지면과 방송보도 역시 기자들의 요구 수준과는 거리가 멀었다. 자연히 기자들 사이에서 불만의 목소리가 터져 나왔다. 그래서 기자들은 '자유언론실천 특별위원회'를 구성하여 매일 오전 모임을 갖고 그날그날 신문과 방송에 대한 자유언론실천 결의가 어느 정도 반영되고 있는지 분석 평가하고 대책을 논의했다. 여전히 신문제작과 방송보도가 정부의 가이드라인을 벗어나지 못하고 있었기 때문이다. 이른바 문제기사는 사내 간부들의 자체 검열에 의해 여지없

이 평가 절하되거나 송두리째 삭제되는 일이 다반사였다. 여전히 신문과 방송 제작을 둘러싸고 회사와 기자들은 갈등을 빚고 있었다. 갈등이 가장 첨예하게 드러난 사건이 11월 12일에 있었던 가톨릭 인권회복 기도회 관련 기사의 처리를 둘러싼 줄다리기와 제작 거부 사태였다. 이 사건으로 동아일보는 결국 11월 12일자 신문이 결간되고, 13일자 사회면에 이 기사를 크게 보도했다. 이 사건 하나만 보더라도 기자들의 자유언론실천 과정이 얼마나 험난했는지 짐작할 수 있을 것이다.

박종만의 증언대로 동아일보분회는 10월 26일 각 부에서 1~2명을 뽑아 30여명 규모로 '자유언론실천 특별위원회'(실천특위)를 구성했다. 실천특위는 매일 오후 6시 편집국 조사부에서 모임을 갖고 신문과 방송 뉴스를 분석, 평가하고 대책을 논의해 〈알림〉이라는 기협 동아일보 분회보를 통해 공유했다. 거의 1단으로 취급되는 시국관련 기사를 뉴스 비중에 따라 편집하도록 요구했다.

'1단 벽'이 무너지는 계기가 있었다. 1974년 11월 11일 저녁 천주교정의구현전국사제단 주최로 서울 명동성당을 비롯한 전국 10개 교구에서 인권회복을 위한 기도회가 열렸다. 10개 도시에서 열린 인권회복 기도회니 당연히 크게 다뤄져야 할 사안이었는데 사회면 2~3단 기사로 보도하려고 했다. 동아일보분회와 실천특위는 사진 포함 최소한 사회면 머리기사 이상으로 다뤄야 한다고 요구했다.

회사는 이 요구를 거부했다. 기자들과 회사는 다시 팽팽하게 맞섰다. 기자들은 11월 12일 하루 동안 신문과 방송뉴스의 제작을 거부했다. 동아방송은 이날 정오부터 뉴스 대신 음악을 내보냈다. 11월 12일자 동아일보는 발행하지 못했다. 결국 기도회 기사를 11월 13일자 사회면에 2단 사진을 맞물려 중간 머리기사로 합의한 뒤에야 신문은 다시 발행됐다.

당시 기협 동아일보 분회장이었던 장윤환은 2016년 펴낸 회고록 『글로 남은 한평생』에서 1974년 11월 12일을 이렇게 회상했다.

> 11월 12일 오후 윤전기가 돌아가지 않는 윤전실 앞을 지나면서 나는 심장이 멎는 듯한 심한 통증을 느꼈다. 어머니의 자장가처럼 포근하지는 않았지만, 심장 박동처럼 항상 들어왔던 그 윤전기 돌아가는 소리가 들려오지 않아서였다. 이러한 진통과 우여곡절 끝에 마침내 동아일보 지면에는 인권과 민주화운동 등 이른바 시국관련 기사에 대한 '1단 벽'이 무너지게 됐다. 신민당 김영삼 총재의 기자회견 기사가 1면 머리로 올라가는가 하면, 유신체제 이후 금기로 돼 있던 개헌 문제를 정면으로 다룬 사설까지 실렸다. 그 후 동아일보와 동아방송은 야당의 개헌투쟁과 민주회복 국민회의 등 민주화운동세력의 움직임을 크게 보도해 나갔다.

장윤환은 1961년 4월 동아일보에 수습기자 3기로 입사했다. 수습기자 생활을 하던 그해 8월 징집영장을 받고 공군장교 시험에 합격해 공군 소위로 2년, 중위로 2년을 복무했다. 1965년 9월 재입사 형식으로 동아일보 외신부 기자로 복귀한 그는 1968년 3월에 문화부로 자리를 옮겨 영화 연극 음악 무용 등 공연예술 쪽을 담당했다. 그러다가 1974년 가을 기자협회 동아일보분회 집행부를 개편할 때 분회장 후보로 추대됐다. 장윤환은 10월 21일 분회장 선거에서 189명의 회원 가운데 167명이 투표에 참여, 144명 찬성으로 분회장에 당선됐다. 동아일보분회장 선거는 투표를 통해 분회장을 뽑은 최초의 선거였다. 그는 분회장 당선 사흘 뒤 자유언론실천의 깃발을 높이 들었다.

10·24 선언 이후 실천특위 활동에 힘입어 동아일보 지면은 조금씩 눈에 띄는 변화를 보이기 시작했다. 제작 거부로 '1일 휴간' 등 진통이 있었지만, 사회면에 대학가 시위 기사가 여러 건씩 실렸고 대학가 시위 관련 기사가 간혹 2~3단으로 취급되는 일도 있었다.

특별히 눈에 띄는 건 1974년 12월 9일자 1면에 실린 김대중 인터뷰였다. 동아일보는 '어떻게 지내십니까'라는 제목의 연속 인터뷰를 기획하면서 가장 먼저 전 신민당 대통령 후보 김대중을 만났다. 김대중이 신문에 나온 것은 1973년 10월 마지막 기자회견 이후 처음이었다. 김대중은 1973년 8월 8일 도쿄에서 괴한 5~6명에게 납치됐다가 5일 만인 8월 13일 밤 서울 동교동 자택 근처에서 풀려난 후 가택연금 상태였다.

김대중은 인터뷰에서 "지금 가장 역경에 처해 있지만 실망도 불행도 느끼지 않는 것은 국민에 대한 한없는 신뢰심, 존경심 때문"

기자들의 자유언론실천선언 이후 동아일보 지면은
눈에 띄는 변화를 나타내기 시작했다. 왼쪽은 1974년 12월 9일자
1면에 실린 김대중 전 신민당 대통령 후보 인터뷰.
오른쪽은 12월 10일자 1면에 실린 윤보선 전 대통령 인터뷰.

이라며 "6·25 전시에도 (대통령) 직접선거를 한 국민인데 지금 그런 자유를 향유할 수 없다면 누가 납득할 수 있겠느냐"고 유신정권을 비판했다. 동아일보의 기획 인터뷰는 윤보선 유진오 정구영 백낙준 함석헌 윤제술 장준하 천관우로 이어졌다.

천관우는 자유언론에 참여한 동아일보 기자들을 응원했다. 천관우는 12월 23일자 동아일보 1면에 실린 인터뷰에서 "요즘 같은 신문을 받아본 지가 얼마나 오래됐느냐"며 "이렇게 신문이 나오기까지 언론계 동료들의 결심이나 결심의 이행 과정이 어떠했으리란 것은 안 봐도 눈에 선하다. 언론자유는 언론이 권력에 맞서서 버티고 견디는 데서 얻어진다는 것이 언제 어디서나 변함이 없는 진실"이라고 했다.

1975년 2월 25일자 1면엔 김지하 시인의 옥중수기 〈苦行(고행)…1974〉가 실렸다. 2월 25·26·27일 사흘 연속 실린 옥중수기에서 김지하는 영등포교도소에서 '인민혁명당 재건위 사건'으로 붙잡힌 하재완이 자신에게 해줬던 말과 보고 들었던 것을 토대로 인혁당 재건위 사건이 고문으로 조작됐다고 폭로했다.[44] 김지하는 1974년 7월 '민청학련 사건'의 주모자로 군법회의에 기소돼 비상군법회의에서 긴급조치 위반, 국가보안법 위반, 내란선동죄 등의 죄목으로 사형을 선고받았다. 무기징역으로 감형된 김지하는 1975년 2월 형집행정지 조치에 따라 풀려났으나 옥중수기 연재로 출소한 지 보름 만에 다시 체포됐다.

비밀경찰이라는 '유령의 적'

1975년 2월 어느 날이었다. 새벽 예배를 다녀온 이광자는 어김없이 6시 반쯤 약국에 들어섰다. 연탄난로 뚜껑을 열어 연탄불을 살피고 불구멍을 조절했다. 추운 겨울이라 많이 나갔는지 온장고에 쌍화탕이 비어 있었다. 박스를 뜯어 쌍화탕을 채워 넣고, 선반 위에 올려둔 약들을 눈에 담으며 물량이 충분한지 살폈다. 약국 앞을 지나가는 청소부를 불러 쌍화탕 한 병을 건네며 인사했다. 이른 아침인데도 약을 사러 몇몇 손님들이 다녀갔다. 날씨가 포근했던지 안종필은 아들을 깨워 밖으로 데리고 나갔다.

야구공 주고받는 소리가 약국 옆 골목길을 깨웠다. 안종필이 공을 던지면 국민학생 아들이 껑충 뛰어올라 야구 글러브로 받았다. 안종필은 가끔 원바운드로 세게 던지거나 아들 키를 훨씬 넘겨 공을 던졌다. 그럴 때면 민영이는 "아빠, 잘 좀 던지세요!"라고 인상을 쓰며 뒤로 빠진 공을 주우러 골목을 뛰어갔다. 안종필은 뒤뚱거리며 달리는 아들을 보며 허허거렸다.

"우리 아들 추울텐데…." 이광자는 야구를 하는 아들이 감기가 들까 걱정했지만 그러려니 했다. 이런 풍경이 새삼스럽지 않았기 때문이었다. 안종필은 아침에 일어나면 아들한테 나오라고 해서 야구공 던지기를 하곤 했다. 그런 모습을 이광자는 흐뭇하게 바라봤다. 한바탕 야구공 주고받기를 끝낸 두 사람이 약국 안으로 들어왔다. 민영이는 쪼르르 연탄난로 쪽으로 달려와 난롯불에 언 손을 쬐고 있었다. "민영이 야구 실력이 늘었어. 이제 제법 공을 잘 받아." 안종필은 뜨거운 차를 호로록 마시며 이광자에게 말했다. "우리 민영이 그러다 야구선수 되는 거 아냐?" 이광자가 아들을 보고 찡긋 윙크하자 민영이 얼굴이 활짝 퍼졌다.

"잠꾸러기 우리 예림이는 일어났을까?" 안종필은 혼잣말하며 약국 안쪽 살림집으로 통하는 문을 열었다. 안종필은 아들과 야구공 주고받기가 끝나면 딸을 깨워서 동네를 산보하고 아침을 먹었다. 딸이라 하면 죽고 못 사는 안종필은 딸을 구슬려 삶는데도 남다른 소질이 있었다. 당시 예림이는 피아노를 배우고 있었다. 아침잠이 많은 편인 예림이를 깨우려고 안종필은 이렇게 말하곤 했다.

"예림이가 피아노를 안 치니까 새들이 오지 않네. 네가 일어나 피아노를 치면 새들이 오늘 나올 거야." 그렇게 살살 굴리면 예림이가 늘어지게 기지개하며 일어났다. 예림이는 한창 피아노 치기에 흥미를 붙이고 있었다. 예림이가 다섯 살쯤이었을 때다. 크리스마스를 며칠 앞두고 안종필 가족은 소공동 신세계백화점을 찾았다. 흥겨운 캐럴이 흘러나오고 있었다. 장난감을 한두 개 사서 집에 돌아왔는데, 예림이는 선물 포장을 뜯을 생각도 않고 피아노 앞에 앉았다.

예림이는 백화점에서 들었던 캐럴을 치고 있었다. 배운 적이 없는 곡을 치자 이광자는 깜짝 놀라 물었다.

"예림아, 이 곡 어떻게 알아?"

"아까 백화점에서 들었잖아. 그대로 옮겨봤지."

안종필도 놀라는 눈치였다. 평소 이광자가 예림이에게 피아노 전공을 시킨다고 하면 별로 탐탁지 않아 했다. 그랬던 안종필은 딸이 신나게 캐럴을 치는 모습을 가만히 보고 있었다.

안종필은 출근하며 이광자에게 오려낸 신문기사를 건넸다. 슬쩍 보니 영자신문이었다. 영어 단어를 우리말로 옮겨 적은 대목도 있었다. 안종필은 동아일보 광고탄압 사태를 다룬 외국 언론 기사를 책상에 두고 가곤 했다. 박정희 대통령이 아무럼 그렇게까지 하겠러라고 이광자는 반문했다. 그럴 때면 안종필은 답답했던지 이렇게 쏘아붙였다. "국내 언론은 엉터리다. 외국 신문에 이렇게 기사가 나오는데, 제발 무식하게 말하지 말고, 바로 알아라…."

안종필이 주고 간 신문기사는 '한국 신문의 유령의 적(Korean Newspaper's 'Phantom Enemy')'이라는 제목의 워싱턴포스트 1월 20일자 기사였다. 거의 한 페이지를 채운 이 기사는 광고란을 백지로 실은 동아일보 지면과 함께 실렸다. 기사를 쓴 돈 오버도퍼 기자

1975년 1월 중순 워싱턴포스트 돈 오버도퍼 기자(사진 왼쪽)가
동아일보 편집국에서 송건호 편집국장(타자기 옆 안경 낀 사람)과 대화하고 있다.
이부영 장윤환 정연주 기자의 모습이 보인다.

는 1975년 1월 14일 철야농성에 들어간 동아일보 사원들과 함께 하룻밤을 보내기도 했다. 당시 보안사는 현역 군인이 동아일보에 격려광고를 냈다는 이유로 광고국장 등 3명을 14일 저녁 연행했고, 이에 항의해 동아일보 직원들은 철야농성을 벌였다. 돈 오버도퍼는 동아일보 광고탄압 사태를 이렇게 보도했다.

아시아에서 가장 영향력 있는 신문 가운데 하나인 동아일보는 남한의 비밀경찰이라는 '유령의 적'과 생명을 걸고 싸우고 있다. 지난

1975년 1월 20일자 워싱턴포스트 A18면. 사설 옆에 동아일보 광고탄압 사태를 다룬 '한국 신문의 유령의 적(Korean Newspaper's 'Phantom Enemy')' 기사.

12월 중순부터 주요 광고주들은 하나둘씩 예정된 광고를 돌연 취소하더니 마침내 광고 취소 통고가 밀려들기 시작했다. 12월 중순 광고해약 작전이 시작되자 동아일보의 광고란은 사시와 언론자유 슬로건이 한쪽 구석에 실린 채 많은 지면이 백지로 드러났다. 이와 동시에 새로운 형태의 광고가 나타나기 시작했다. 자유언론을 격려하는 몇 줄짜리 광고가 몰려들었다. 많은 광고가 보복의 위험 때문에 익명으로 났다. 그러나 용기 있고 현명한 격려광고들은 삽시간에 국내의 화제가 되었다. 동아일보를 질식시키려는 이 움직임은 젊은 기자들은 물론 경영진이나 편집자들의 태도를 경화시켰다. 그들은 봉급의 자진 삭감을 감수할 태세도 갖추고 있다. 어떤 사람들은 만약에 필요하다면 언론탄압이 있는 마지막 순간까지 아무런 보수없이 일하겠다고 말하고 있다….[45]

1974년 10월 24일 이후 자유언론을 실천하려는 기자들의 끈질긴 노력으로 동아일보와 동아방송에 변화가 서서히 나타났다. 야당과 재야의 민주화운동이 비중있게 실리고, 각계의 민주화 목소리가 공공연하게 전파를 타고 보도됐다. 위협을 느낀 박정희 정권은 반격의 칼을 빼 들었다. 광고탄압이었다. 최초 징후는 12월 16일에 나타났다.

이날 오전 한 기업 홍보담당 간부가 동아일보 광고국에 전화를 걸어와 "동아일보와 동아방송에 대한 광고배정을 신중히 알아서 하라"는 사장의 지시가 있었다고 말했다. 오후엔 또 다른 회사의 홍보담당 간부가 찾아와 "이유를 묻지 말아달라"며 광고 동판을 회수해갔다. 12월 20일에는 한일약품이 사장의 지시라며 광고 동판을 찾아가더니 대한생명보험은 동아일보 제호 아래 돌출광고 게재 중단을 요청했다.

무더기 광고해약 사태가 본격적으로 벌어진 것은 12월 24일이었다. 1년 중 광고가 가장 많이 들어오는 이날 하루 동안 롯데그룹, 오리엔트시계, 미도파백화점, 일동제약, 종근당, 한국바이엘,

태평양화학 등 동아일보 광고 수익의 절반 이상을 차지하는 대형 광고주들이 "해약 이유를 묻지 말아달라"며 한꺼번에 광고계약을 철회했다. 광고탄압 시작 한 달여만인 1975년 1월 23일까지 떨어져 나간 광고는 평상시 광고의 98%에 달했다. 광고해약 사태는 동아방송, 신동아, 여성동아로 확대됐다.[46]

12월 25일 오전 편집국에서 긴급총회가 열렸다. 편집간부들도 참석했다. 이날 총회에서 기자들은 회사 측에 "광고계약의 전면적 철회 경위를 즉각 신문과 방송에 자세히 보도하고 철회된 광고면을 백지 그대로 제작할 것"을 건의했다. 국민들도 이런 실상을 알아야 한다고 판단한 것이다.

12월 26일자 동아일보에 '동아일보 광고 무더기 해약/ 새 수법의 언론탄압으로 규정'이라는 광고해약 사태 보도와 함께 2개면에 걸쳐 백지광고를 게재했다. 2면 광고란은 기사로 채우고 4면과 5면은 신동아 발매광고와 여성동아 매진사례 광고가 활자만 귀퉁이에 작게 찍힌 채 나머지는 백지로 냈다. 하루아침에 광고가 사라지자 한국기자협회, 신민당, 천주교정의구현전국사제단, 한국기독교교회협의회, 자유실천문인협의회 등 각계에서 박 정권의 광고탄압에 대한 항의 성명을 잇달아 발표했다.

그런데 기적이 일어났다. 동아일보 편집국에 격려전화가 쇄도하고, 독자들이 성금을 보내주기 시작했다. 기자들은 성금을 그대로 받기가 미안했다. 국민들도 하고 싶은 말이 많지 않겠는가. 그래서 나온 아이디어가 '격려 광고'였다. 문화부에서 종교계를 담당하던 서권석의 제안이었다. 최초의 격려 광고 주인공은 원로 언론인 홍종인으로, 12월 28일자 2면과 12월 30일자 1면 광고란에 '언론자유와 기업의 자유'를 실었다.

    1975년 신년호는 1면에 천주교정의구현전국사제단의 '언론탄압에 즈음한 호소문', 지엠코리아가 전면광고를 내기로 했다가 해약한 8면에 한국교회여성연합회의 '알리는 말씀', '언론의 자유를 지키려는 한 시민'의 격려광고[47] 등을 실었다. 그 뒤로 시민들의 격려광고가 쏟아지기 시작했다. 1월 10일쯤부터 동아일보 지면은 기사와 논설을 빼면 격려광고로 도배되었다. 종교계와 사회단체, 정당은 물론이고 개인 단위 격려 광고가 가족, 친목 모임, 단체로 퍼져나갔다. 광고탄압에 맞서 싸우는 동아일보 격려에서 민주회복과 언론자유 염원, 유신정권을 질타하는 내용 등 광고 문안도 다양했다. 격려 광고란은 민주주의를 열망하는 함성이 울려 퍼지는 광장이었다.

    "술 한잔 덜 먹고 여기에 내 마음을 담는다"는 택시기사, "동아일보 배달원임을 영광으로 생각한다"는 배달원, "안타까운 마음으로 이 여백을 산다"는 밥집 아줌마, "썩은 이를 뽑자!"는 젊은 치과의사들, "나는 조용히 미치고 있다"는 대학교수, "동아일보 읽는 재미에 세상을 산다"는 서점주인, "강산이 변할지라도 동아 너만은 변하지 말라"는 30년 애독자, "점심을 먹지 않고 그 돈을 동아에 드린다"는 수영선수, "언론의 자유 그것이 무엇이기에 나도 갖고 싶다"는 구두수선공. 깨알처럼 실린 격려광고에 대해 영국

박정희 정권이 동아일보에 광고탄압을 가하자
1975년 1월부터 각계각층의 격려광고가 동아일보에 쇄도했다.
사진은 1975년 1월 동아일보 지면에 실린 격려광고

　　가디언은 "수많은 한국인들이 신문을 펼쳐 들고 첫 번째로 읽는 정치적 개인칼럼"이라고 평가했다.
　　그때 모든 동아일보 기자들이 그랬듯 안종필도 신바람이 났다. 기사를 편집하는 일보다 신문 하단의 격려 광고를 읽는 게 더 재미있었다. 학교 졸업 후 제대로 만나지 못했던 몇몇 친구들이 전화해 성금을 내겠다고 했다. 자유언론과 민주주의에 대한 염원을 온몸으로 느낀 안종필은 이 무렵 광고탄압 사태를 다룬 외국 언론 기사가 나오면 바로바로 이광자에게 보여줬다.
　　당시 동아일보 백지 광고 사태에 대해 이광자는 다음과 같이 회고했다.

남편은 백지 광고 사태를 다룬 외국 기사를 약국 책상에 놓아두곤 했어요. 내가 허투루 볼까 싶어 영어 단어 밑에 우리말도 적어 줬어요. 뉴욕타임스도 있었고, 워싱턴포스트도 있었죠. 내가 안 믿으니까 외국 신문에서 이렇게 보도하고 있다는 걸 알라는 뜻이었죠. 저한테 소식통이 돼준 거죠. 남편이 구해 준 신문을 읽고 시민들이 동아일보를 응원하고 있다는 걸 알았어요.

국민 성원이 빗발치자 기자들의 과격함을 비판하던 일부 간부는 물론 사주까지 고무되어 자유언론실천 의지를 보이기 시작했다. 2월 8일 동아일보와 동아방송 부장급 이상 간부들이 결의문을 통해 '10·24자유언론실천선언'을 지지하고 나섰다. 편집국, 출판국, 방송국의 국장 이하 부차장 이상의 전 간부와 화백, 논설위원, 해설위원, 심의위원 96명이 채택한 결의문은 1975년 2월 8일자 동아일보 1면에 광고로 실렸다. 일선 기자들의 자유언론실천운동에 대해 편집국장을 비롯한 간부들이 공개적으로 지지를 공표한 것은 처음이었다.

독자들의 격려광고와 성금이 계속 늘었으나 광고해약 사태가 장기화하면서 동아일보사는 점점 위기를 맞고 있었다. 박정희 정권은 약한 고리를 파고들었다. 집권 공화당 간부들은 자유언론실천에 앞장선 기자들을 '홍위병'이라 불렀고, 공화당 정책위의장 박준규는 "동아일보는 기자들이 지배하고 있다"며 문제 기자들 제거를 암암리에 비치고 있었다.

막 내린 13년 기자생활

　무더기 광고해약 사태[48]는 동아일보사 경영악화로 이어졌다. 경영위기에 직면한 경영진이 정권과 타협할 것이라는 소문이 돌았다. 1975년 2월 초순, 유신헌법 찬반투표가 통과되면 발행인 교체설과 함께 광고탄압 사태가 해결될 것이라는 얘기가 퍼졌다. 일부 간부들은 정치적으로 민감한 기사를 못 쓰게 하거나 누그러뜨리려고 들었다. 이런 가운데 2월 28일 동아일보사 정기 주주총회가 열렸다.
　주주총회는 △일부 사원들의 거듭되는 사규 문란 행동을 주시하면서 모든 방법을 다하여 조속히 사내 질서와 기강을 확립할 것을 요망한다 △경제 난국을 극복하기 위해 불요불급한 사업과 기구를 정비하고 기타 가능한 모든 수단을 강구하여 경영을 합리화할 것을 요망한다고 결의했다.

주총 결의는 사장으로 재선임된 김상만의 담화문에서 다시 나타난다. 김상만은 3월 1일 담화문에서 "자기 직분에 태만하거나 남의 직분을 침범하는 일은 무질서를 낳고 결국 자멸의 길로 이끈다"고 밝혔다. 1971년 12월 회사를 떠났다가 3년 3개월 만에 주필로 돌아온 이동욱도 취임사를 통해 사내 질서를 해치는 언사나 행동은 용납할 수 없다는 강한 입장을 밝혔다.

이동욱은 한발 더 나아갔다. 3월 4일 편집국 부장회의를 소집해 "광고탄압 이후 동아일보와 동아방송이 과열되었다. 광고탄압이 일어난 12월 25일 이전으로 돌아가야 한다"고 말했다. 김상만의 담화문과 이동욱의 취임사를 통해 강조된 사내질서 문제는 3월 5일 인사규정과 복무규정 개정으로 명문화됐다. 동아일보는 '회사의 허가 없는 사내 집회나 무단유인물의 배포를 금지한다' '기구를 축소, 폐지하거나 회사가 필요하다고 인정할 때 사원을 해임할 수 있다' 등의 규정을 새로 만들었다. 자유언론실천 운동을 펼치고 있는 기자들을 정리하겠다는 예고였다.

동아일보사 노동조합이 1989년에 펴낸 『동아자유언론실천운동 백서』는 이동욱 취임 직후 사내 분위기를 한 기자의 발언을 통해 전하고 있다.

2월 초부터 '동아일보가 손들 시간이 다가온다' '동아일보는 홍위병들에게 장악되어 있다'는 등 기분 나쁜 이야기들이 돌기 시작했다. 이동욱 주필이 복귀할 무렵 겉으로는 광고압력에 의해 동아일보가 궁지에 몰리고 있는 것처럼 보였으나 사실은 예기치 않았던 백지광고, 격려광고와 성금 등으로 오히려 박 정권이 궁지에 놓인 시기였다. 박 정권의 반격이 예상되고 있었다. 회사 측이 집단행동을 하지 말라고 경고하기 시작하면서 '당분간 조용히 있어야 하겠구나' 하는 생각을 했다.

3월 8일 오후 동아일보는 경비과 직원들을 증원, 외부인사의 회사 출입을 통제했다. 오후 3시 '경영난으로 인한 기구축소 조치로서 심의실과 편집국의 기획부와 과학부, 출판국 출판부를 없애고 소속 사원 18명을 전원 해임한다'는 공고문이 붙었다. 안종필은 2층 게시판에 붙은 공고문을 보고 얼어붙었다. 다른 기자들도 충격에 입을 다물 수가 없었다. 격려 광고[49]로 자유언론을 성원해 준 국민에 대한 배신이었다.

해임된 기자들 가운데 자유언론운동에 핵심적인 역할을 해온 안성열, 동아노조 지부장 조학래 등이 포함되어 있었다. 누가 보다라도 자유언론실천에 적극적인 기자들을 해고해 광고해약 사태를 해결하려는 정지작업이었다. 해고 조치는 2·28 주주총회에서 결의한 바 있는 것처럼 경영합리화를 위한 기구 정비에 따른 것이라고 동아일보는 주장했다.

날벼락 같은 해고에 기자들 반발은 당연했다. 당초 분회장 선출을 위해 소집된 3월 8일 기자총회 분위기는 침통하고 심각했다. 당장 제작을 거부하자는 강한 발언도 있었으나 대다수는 회사에 대한 신뢰를 바탕으로 집단해직 사태를 해결하자고 의견을 모았다. 경비 절감이 이유라면 기자들 봉급을 깎아 함께 일할 테니 18명 전원 복직을 건의했다.

그러나 동아일보는 2·28 주주총회에서 결정된 사항이라며 기자들 건의를 수용하지 않았다. 외려 해고의 칼춤을 멈추지 않았다. 3월 10일 2명, 3월 12일 17명을 해고하는 등 일주일 새 37명을 잘랐다. 그리고 마침내 3월 17일 새벽, 괴한들을 동원해 편집국, 공무국, 방송국 등에서 농성하던 160여명을 강제로 쫓아냈다. 동아일보에서 쫓겨난 기자, 아나운서, 프로듀서들은 그날 오전 10시 한국기자협회 사무실에서 내외신 기자회견을 갖고 '폭력에 밀려 동아일보를 떠나며'라는 성명을 발표했다.

그날 동아자유언론수호투쟁위원회(동아투위)가 결성됐다. 위원장에는 문화부 차장 권영자가 추대됐다. 3월 8일 기자협회 동아일보 분회장으로 뽑힌 권영자는 제작거부를 결의한 첫날 밤 해임됐었다. 안종필은 기협 분회장으로서 동아투위 중앙위원이 됐다.

안종필은 그날 밤늦게 귀가했다. 초췌했다. 편집국에서 농성 중일 때 옷가지들을 가지러 들렀던 낯빛이 아니었다. 이광자는 걱정이 앞섰지만, 무서워서 입이 떨어지지 않았다. 며칠 전 남편은 애기했다. 자유언론을 위해 싸우는 후배들이 간곡하게 부탁해 기협 동아일보 분회장을 맡았다고…. 기협 동아일보 분회는 3월 12일 밤 분회장 권영자, 부분회장 김명걸 등 17명이 해임되자 임시총회를 열어 안종필을 새 분회장으로 선출했다.

1975년 3월 중순 안종필이 한국기자협회 회의실에서
김상만 사장 사죄와 부당인사 철회를 요구하는 성명을 발표하고 있다.

당시 제작거부 농성에 참여한 부차장급은 여성동아 부장대우 권도홍과 안종필 권영자 안성열 고수균 이인철 배동순 윤활식 등 18명이었다. 차장이나 부장 등 간부들은 대개 회사 편에 가깝기 마련이지만 안종필은 달랐다. 1973년 동아일보 기자들의 연판장 사건 때, 1974년 동아노조 설립 때도 후배들 편에 섰다. 자유언론에 대한 소신이 있었겠지만 앞장서서 싸우는 후배들을 뒤에서라도 응원해주고 싶은 마음이 컸기 때문이었을 것이다. 그런데 이번엔 달랐다. 분회장을 맡은 만큼 제작거부 농성을 주도적으로 이끌어야 하는 처지였다.

안종필은 이광자가 걱정할까 봐 자세한 얘기는 않고 미안해했다. 이광자는 화를 참을 수 없었다. "피 끓는 젊은 기자도 아닌데 왜 앞장서냐고, 결혼해서 두 아이까지 있는 당신이 왜 앞으로 나서냐고, 제발 철 좀 들라"고 차갑게 쏘아붙였다. 그런데 초췌한 표정의 안종필을 보는 순간 눈물이 나려고 했다. 안종필은 아이들 방문을 살짝 열어 잠든 얼굴을 물끄러미 쳐다보았다. 아이들은 훌쩍 커버렸다. 첫째 민영이는 국민학교에 다니고 있었고 둘째 예림이는 유치원생이었다. 안종필은 쓰러지듯 자리에 누웠다. 곧 낮게 코를 고는 소리가 들렸다.

안종필은 3월 18일 아침 동아일보로 출근했다. 정문 셔터는 내려져 있었고, 별관 후문에선 경비원들이 신분증을 일일이 조사해 들여보냈다. 20~30명의 사복경찰은 근처 동아일보로 통하는 길목을 막고 접근을 통제했다. 안종필과 동료들은 동아일보사 정문 좌우로 길게 늘어서서 침묵시위를 벌였다.

1시간가량의 침묵시위를 마친 동아투위 위원들은 2열 종대로 열을 지어 중부소방서를 지나 신문회관으로 향했다. 행렬의 선두에 안종필이 섰다. 신문회관 3층 복도는 앉거나 서 있는 사람들로 북적였다. 총회가 시작되자 규탄 발언이 이어졌다. 기독교회관에 있는 단식농성 기자들이 오후부터 단식을 풀기로 했다는 소식도 전해졌다. 3월 13일부터 2층 공무국에서 물과 소금만으로 버텨왔던 기자 23명은 3월 17일 새벽 강제 해산되면서 혜화동 로터리 우석병원으로 옮겨졌다. 이들은 우석병원에서 긴급 치료를 받고 종로 5가 기독교회관으로 옮겨 단식을 계속하고 있었다.

총회 마지막에 안종필의 선창으로 모두가 구호를 외쳤다.

1975년 3월 17일 동아일보에서 쫓겨난 기자들은 그해 9월 17일까지 매일 아침 동아일보사 정문 앞에 모여 침묵시위를 벌였다.

"회사 측은 부당인사 조치를 즉각 철회하라!"
"철회하라! 철회하라!"
"이동욱 주필과 이동수 방송국장은 즉각 물러나라!"
"물러나라! 물러나라!"

손을 치켜들고 구호 외치는 것이 익숙하지 않았지만 그들의 함성은 신문회관을 떠나가게 했다.

안종필은 1975년 3월 27일 해임통보를 받았다. 3월 17일 회사가 고용한 괴한들에 의해 쫓겨난 뒤 열흘 만에 동아일보와 연이 끊긴 것이다. 1963년 부산일보 기자로 2년 남짓 근무하다가 조선일보를 거쳐 1966년 11월 경력으로 동아일보에 들어온 지 9년 만이었다. 만 서른여덟이었다.

안종필과 동료들이 동아일보에서 쫓겨난 1975년 3월 이후 시국은 암울했다. 박정희는 고려대생들이 유신반대 시위를 벌이자 4월 8일 긴급조치 7호를 발동하고 안암동 교정에 계엄군을 진입시켰다. 대법원이 '인민혁명당 재건위 사건' 관련자 8명에 대해 상고를 기각하자 18시간 만인 4월 9일 사형을 집행하며 공포 분위기를 조성했다. 4월 30일 남베트남이 패망했고, 2주일 뒤 5월 13일 유신헌법에 대한 일체의 논의를 금지하는 내용의 긴급조치 9호를 선포했다.

동아투위 위원과 언론인에 대한 연행 조사와 구속도 잇따랐다. 4월 24일 기자협회장 김병익을 비롯해 백기범 홍사덕 구월환 정추회 민병일 안성암 등이 중앙정보부에 연행됐다. 기자협회가 IPI(국제신문인협회)에 발송한 언론 탄압에 관한 특별보고서와 IFJ(국제기자연맹)에 보낼 예정이던 연차보고서 때문이었다.[50] 5월 12일 동아투위 서권석 박종만 김종철이 폭력 사범으로 구속되고 안성열 김진홍 김동현이 입건되는 사건이 일어났다. 6월 3일엔 고준환이 성북경찰서에 끌려가 사흘 동안 불교학생회 관련 조사를 받고 풀려났고, 6월 11일 이부영은 정체불명의 사나이들에게 체포된 뒤 6월 18일 긴급조치 9호와 국가보안법 위반 혐의로 구속됐다. 6월

19일에는 권도홍이 중앙정보부에 연행됐다. 6월 24일과 25일에는 이영록 이태호가 유인물을 배포하고 대학생들과 접촉했다는 이유로 연행돼 16일 동안 불법 구금됐다.

성유보는 6월 25일 신문회관 앞에서 중앙정보부 요원 4~5명에게 납치당하듯 체포됐다. 이부영과 성유보는 이른바 '청우회'라는 반국가단체를 조직해 긴급조치 9호와 국가보안법, 반공법 등을 위반했다는 혐의로 기소됐다. 1심에서 이부영은 징역 4년, 성유보는 징역 2년 6개월을 받았다. 항소심에서 이부영은 2년 6개월, 성유보는 1년 실형을 받았고 만기복역 후 출소했다.

성유보는 2014년에 펴낸 회고록 『미완의 꿈』에서 '청우회 사건'으로 체포돼 중앙정보부에서 고문을 당한 상황을 이렇게 술회하고 있다.

그렇게 끌려간 곳은 그 악명 높은 '남산 분실'이었다. 곧 40대 남자가 나타나 "이곳에는 이부영과 정정봉도 잡혀 와 있다. 당신을 국가보안법 사건으로 수사하겠다"고 말했다. (······) 중앙정보부 요원들이 "이부영과 정정봉이 이미 모든 것을 다 불었으니, '청우회'에 대해 있는 대로 말하라"고 윽박질렀다. 그들은 구금 후 나흘째 되는 날 '청우회의 강령과 규약'이란 문건을 들고 와 "너희들, 이 나라에 모택동식 공산주의를 만들려고 청우회를 만든 것이지"라고 다그쳤다. 이부영과 정정봉이 썼다는 '자술서'도 보여주었다. 하지만 나는 모든 것을 부인했다. 그들의 자술서 내용이 전혀 사실이 아니었을

뿐더러, 나는 '모택동주의자'가 아니었으므로, 그렇게 닷새 동안 버텼다. 그들은 주로 야간에 두세 차례에 걸쳐 야전침대의 각목으로 엉덩이와 종아리를 장작 패듯 두들겼다. 낮에는 이미 썼던 내용을 쓰고 또 쓰라는 명령이 계속됐다. 몽둥이찜질 사흘째가 되자 온통 피멍이 들었고, 그 위에 다시 매질을 해서 쓰리고 아프기가 이루 말할 수가 없었다. 결국 모진 고문 닷새 만에 나는 항복했다. 다른 친구들이 썼다는 자술서를 거의 그대로 베꼈다. 그렇게 나는 '모택동주의자'가 됐다.

1975년 9월로 접어들었지만 해직 사태는 이렇다 할 해결의 기미가 보이지 않았다. 투쟁 방식의 변화를 주장하는 사람들이 조금씩 늘어났다. 9월 8일 동아투위는 덕수궁에서 총회를 열어 결성 6개월이 되는 9월 17일에 회사 앞 침묵시위를 접고 각기 생활 전선에 뛰어들기로 했다. 시국도 불안했지만, 실직 상태가 반년 넘게 이어지면서 생활고를 감당하기 어려운 현실적인 요인이 컸다. 그날 이후 안종필과 동료들은 뿔뿔이 흩어져 생업을 찾아 나섰다.

5부

거리의 언론인

밥벌이 찾아 나선 거리의 언론인들

1975년 3월 동아일보에서 쫓겨난 언론인들은 처음 두세 달은 각계의 도움으로 버틸 만했다. 그러나 실직의 기간이 길어지면서 생활고가 닥쳐왔다. 3월 18일부터 9월 17일까지 6개월 동안 일요일만 빼고 비가 오는 악천후에도 계속된 동아일보사 앞 침묵시위를 끝낼 수밖에 없는 결정적 이유였다.

거리의 언론인들은 생계를 이을 수단으로 6월 17~18일 서울 명동 YWCA 마당을 빌려 바자회를 열었다. 윤보선 김대중 김영삼 법정스님 천관우 등이 손수 쓴 글씨와 여러 가지 작품들을 출품해 주었다. 바자회는 2000여명이 몰려 대성황을 이뤘다. 바자회 성공에 고무된 동아투위는 신용조합 형태로 잡화류 백화점을 열기로 했다. 신문로 옛 경기여고 뒤편 건물 2층을 계약하고 8월 1일 개업한다는 인사장도 돌렸다. 그런데 개업 이틀 전날 건물 주인이

1975년 6월 동아투위 운영 기금 마련을 위해
서울 명동 YWCA 마당에서 열린 바자회 모습.

"경찰서에 갔다 왔다 하느라 귀찮아 못살겠다"며 건물 출입구를 모두 잠그고 잠적해 잡화점 계획은 무산됐다.

1975년 6월 중순쯤 기쁜 소식이 날아들었다. 미국기독교교회협의회와 장로교연합회가 발행하는 잡지 〈A·D(Anno Domini)〉는 6월 24일 '러브조이 언론자유상'을 동아투위에 수여했다. 이 상은 1837년 미국 일리노이주 엘튼에서 노예제도에 반대하는 기사를 썼다가 항의 군중의 신문사 습격 때 희생된 장로교 목사 엘라이자 패리쉬 러브조이를 기리기 위해 1973년부터 해마다 시상해왔는데 외국인이 이 상을 받게 된 것은 동아투위가 처음이었다.

1975년 10월 24일을 기준으로 동아일보에서 해직된 기자 PD

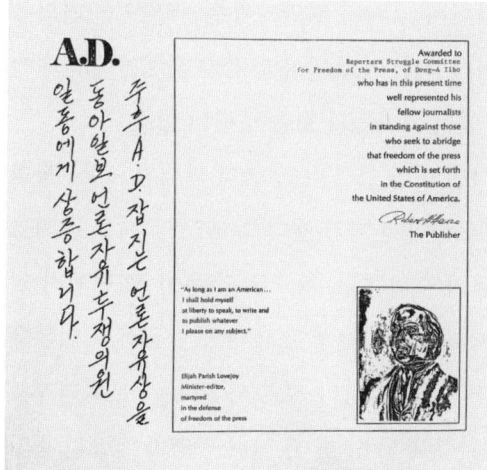

1975년 6월
동아투위가 받은
'러브조이
언론자유상' 상장.

아나운서는 모두 115명에 달했다. 3월에만 49명이 해고됐고, 무기정직처분을 받은 사원들 가운데 9월 27일에 6명, 10월 11일에 61명이 추가로 해임됐다. 해직 당시 평균 연령은 33세였다.[51]

실직한 거리의 언론인들은 돈벌이에 뛰어들어야 했다. 출판이나 번역, 편집 일을 찾고 옷가게, 과일가게, 스낵가게, 배관가게, 양품점을 차렸다. 책상물림인 이들에게 세상은 호락호락하지 않았다. 장사를 시작했지만 가게는 오래 못 가고 문을 닫기 일쑤였다. 뻔질나게 가게로 찾아오는 정보기관 관계자들의 회유와 협박도 고역이었다.

동아투위가 1975년 12월에 펴낸 유인물 〈동아투위소식〉은 직장에 들어가 월급을 받는 사람이 35명가량, 장사나 기타 자영업을 하는 사람이 25명가량이며 나머지 절반가량은 아직도 일거리를 찾아 헤매고 있다고 기록한다. 이 유인물엔 각자 생계의 현장에서 억척스럽게 살아가고 있는 기자들의 모습이 담겨 있다.

"서울시내 안 돌아다닌 곳이 없다"는 양복점 판매원 S 형, "복덕방 수업 두 달 만에 부동산 평론가가 됐다"는 M 형, "서툰 솜씨로 작두질을 하며 한약 썰기에 바쁜" L 형, "두 달 동안 세 번이나 일자리를 옮긴" P 형, "백화점에 보세품 스웨터를 납품하고 있는데 백화점 상인들의 텃세에 신세타령이 절로 나온다"는 보따리장사 L 여사, "살던 집은 전세를 주고 방 한 칸 딸린 구멍가게를 얻어 양품점을 냈다"는 J 형, "제약회사 과장이 된 뒤 동료들에게 술을 사주느라고 첫 월급을 몽땅 썼다"는 S 형….

이처럼 먹고 살기 위해 찾은 밥벌이는 낯설고 몸에 익지 않아 고달팠다. 고정적인 취직자리를 얻은 사람들은 매우 드물었고 취직과 실업을 되풀이했다. 경력을 활용해 일할 수 있는 신문과 방송 등 언론사는 아예 받아주지 않았다. 기업체 취업은 언감생심이었다. 작은 일자리도 구하기 힘들었고, 찾았다 하더라도 당국이 갖은 압력을 가해 일자리를 잃기도 했다.

일자리가 없는 동료들끼리 모여 번역을 했다. 그렇게 해서 1976년 4월 〈종각번역실〉이 문을 열었다. 외신부 차장 출신 이인철의 동생이 운영하는 종각 맞은편 치과병원 옆방에 사무실이 있었다. 이인철이 실장을 맡고 장윤환 이계익 우승용 박지동 황의방 박순철 이종대 김종철 송재원 정영일 정연주 조영호 등이 번역작업에

동아투위가 결성 1년을 맞아 1976년 3월에 펴낸
〈동아투위소식〉에 실린 안종필의 글

참여했다. 이들은 독일의 신학자 디트리히 본회퍼의 최후를 기록한 『죽음 앞에서』를 비롯해 『말콤 엑스』, 『소유냐 존재냐』, 『뿌리』, 『마찌니 평전』, 『종교와 자본주의의 발흥』 등을 공동 번역했다.

〈종각번역실〉처럼 동아일보에서 쫓겨난 기자들이 함께 일한 곳이 또 있었다. 〈주간시민〉이었다. 이 잡지는 박정희 대통령의 조카

사위 장덕진이 서울시장 시절 창간한 시정 홍보지였다. 그가 서울시장을 그만두자 이 잡지는 보르네오통상 위상욱, 다시 중앙대학교 재단으로 넘어갔다. 주간시민 발행인을 맡은 중앙대 교수 이달순은 동아투위 이계익을 편집장으로 초빙했다. 우리나라 최초 여기자인 최은희의 맏아들인 이달순은 이계익과는 양정고등학교 선후배 사이였다.

이계익은 동아투위 이종덕 이기중 김언호 김성균 이영록 이종욱(李宗郁)을 편집국에 모았다. 1975년 늦가을이었다. 그 후 동아일보 해임 당시 경제부 기자였던 이종욱(李鍾旭)이 들어와 이계익 후임으로 편집장을 맡아 동아투위 박종만 이태호 유영숙과 함께 잡지의 환골탈태를 이끌었다.

안종필은 1976년 1월 5일 아침 동아일보사 정문 앞으로 나갔다. 혹한에도 불구하고 많은 동료가 나와 있었다. 그들은 1시간가량 도열시위를 하고 6개월 동안 하던 습관대로 신문회관까지 침묵행진을 했다. 오랜만에 만난 거리의 언론인들은 그대로 헤어지기가 섭섭했던지 인근 식당으로 향했다. 소주잔을 기울이며 안부를 묻고 곽팍하더라도 이겨내자고 서로를 다독였다.

안종필은 1975년을 "참으로 피눈물 나는 1년이었다"고 썼다. 동아투위 결성 1년을 맞아 1976년 3월 〈동아투위소식〉에 실은 글에서 "지난 1년 동안 우리가 겪은 일은 그야말로 형극 바로 그것이었다"면서 "우리가 겪은 사실을 기억하고, 살아남아야 했기에 각자의 일거리를 찾아 나섰다"고 했다.

의약품 자료집 전문 출판사 '새로운 길'

안민영은 안종필이 동아일보에서 해고된 그해 월계국민학교 3학년에 다니고 있었다. 어느 날, 안민영은 신문사에 대해 발표하는 숙제가 있어 친구들을 데리고 동아일보사에 갔다. 반 친구들은 민영이 아버지가 동아일보 기자라는 걸 알고 있었다. 얼마 전 〈소년동아〉에 월계국민학교 기사가 실렸다. 민영이 아버지 덕분에 우리 학교가 〈소년동아〉에 소개됐다고 교장 선생님은 말씀하셨다.

광화문 네거리에 도착한 안민영은 동아일보사를 가리키며 친구들에게 말했다. "저기가 우리 아빠가 근무하는 회사야." 친구들은 부러워하는 표정이 역력했다. 안민영은 사옥 정문에서 경비에게 꾸벅 인사했다. 전에 아버지랑 몇 번 왔던 터라 안면이 있던 경비는 그날따라 우물쭈물했다. 경비가 어디로 연락하는가 싶더니 기자들 몇몇이 내려왔다. 뭐라고 말해야 할지 난감한 표정들이었다. "어쩌지, 아버지 외근 나가셨는데…."

안민영은 기자들이 당황해한다는 느낌을 받았지만 그러려니 했다. 아버지가 회사에 안 계시니 다음에 오자고 친구들에게 말했다. 실망한 표정인 친구들을 데리고 분식집에서 떡볶이와 김밥, 순대를 사 먹고 집으로 돌아왔다. 낮에 동아일보사에 갔던 일을 전했는데 어머니는 별다른 말씀이 없으셨다. 안민영은 아버지가 동아일보에서 쫓겨났다는 사실을 뒷날 알았다.

안민영의 회고다. "이상했어요. 아침에 출근하고 저녁에 퇴근하는 아버지의 일상이 예전과 달랐어요. 낮에 집에 계실 때도 있고, 외할아버지 공장 일 도와주러 간다고 하고…. 한 번은 아버지 따라 사무실에 갔는데, 회사가 아닌 어떤 곳에서 아저씨들이 모여서 얘기하고 한쪽에선 바둑을 두고 계셨어요. 아버지가 직장에 출근하지 않는다는 느낌은 있었지만 해직된 줄 몰랐죠."

동아일보에서 쫓겨나고 6~7개월이 지난 1975년 가을 무렵, 안종필은 청계천 공장으로 출근했다. 그의 장인 이만수는 청계천에서 전기장판 제조업체를 운영하고 있었다. 공장에 기숙사가 딸린 꽤 규모가 있는 회사였다. 이만수는 서울로 이사 오기 전 부산에서 공사장에 철근을 대는 철근사업, 셀룰로이드 안경공장을 운영하는 등 사업 수완이 있었다.

이만수는 기자 일밖에 모르는 사위가 자신의 사업에 별 도움이 되지 않는다는 걸 알았다. 그런데도 안종필을 부른 것은 하루아침에 쫓겨난 사위가 안쓰럽고 세상도 배울 겸 옆에 두고 회사 일을 가르치고 싶었다. 안종필은 장인의 기대와 달리 움직였다. 수익보다는 공장 노동자들 처우에 관심을 기울이고 장인에게 쓴소리했다. 이만수는 못마땅한 듯이 딸에게 말했다. "안 서방이랑 같이 못하겠다. 경영은 신경 쓰지 않고 노조에 더 관심이 많은 것 같다."

안종필은 1976년 봄쯤 을지로 3가 인쇄 골목에 있는 허름한 건물 3층으로 출근했다. 안종필의 경남고등학교 동기 김용찬이 서울대 약대 15회 동창인 김영호와 차린 의약품 자료집 전문 출판사 한국메디칼인덱스사 사무실이었다. 발행인 김영호는 사업체가 따로 있어 관여하지 않고 김용찬이 편집인을 맡아 출판사를 운영했다. 두 사람은 서울대 약대 재학 시절 농촌봉사단체를 만들어 후배들을 이끌었다.

한국메디칼인덱스사의 첫 작품은 『메디칼인덱스』였다. 김용찬은 안종필이 합류하기 전인 1975년 3월 서울대 약대 후배 신영호 등과 함께 의약품 자료집 『메디칼인덱스』를 기획해 발간했다. 당시 국내에서 유통되던 의약품 3100여종에 대한 처방과 그 설명 자료를 체계적으로 정리한 책으로 한국 최초의 의약품 백과사전으로 불린다.

김용찬은 경남고 다닐 때부터 안종필과 단짝이었다. 1975년 3월 안종필이 닷새간 편집국에서 농성할 때 매일 전화해 안부를 묻고, 동아일보사 앞 침묵시위 현장에 자주 찾아와 응원하던 절친이었다. 그 스스로 동아투위 위원은 아니지만 준 위원이라는 생각을

서울대 약대 동아리 '소모임' 회원들이 안종필의 단짝 김용찬(사진 앞줄 오른쪽)과 찍은 사진. 김용찬이 1970년대 한국메디칼인덱스사에서 의약품 전문서적을 출판할 때 '소모임' 후배들이 도움을 줬다. (사진 제공 : 신영호)

갖고 살았다.

김용찬은 해직되고 적을 둘 곳이 없던 안종필을 불렀다. 친구가 의로운 일을 하다가 어렵게 됐는데 자신이라도 도와야 하지 않겠느냐는 심정이었다. 메디칼인덱스사는 1976년『메디칼인덱스 추보판A』『약물상호작용과 투약』『처방설계』등을 펴냈는데 안종필은 편집을 도왔다. 동아일보 후배 김동현은 당시 을지로 3가 사무실에서 약학 관련 책을 교정 보던 안종필의 모습을 기억했다.

그 무렵, 서울특별시약사회가 월간잡지 〈서울약사회지〉를 창간

해직기자 시절 안종필은
의약품 자료집 전문 출판사
한국메디칼인덱스사에서
근무했다.
한국메디칼인덱스사가
출판한 책들

하며 위탁 제작을 한국메디칼인덱스사에 맡겼다. 김용찬이 창간을 발의한 서울약사회지는 1976년 7월 창간호를 한 차례 내고 1977년 1월부터 매달 발행했다. 안종필은 김용찬을 도와 서울약사회지 발행에 힘을 보탰다. 약사회지에 실을 아이템을 기획하고 편집하는 게 안종필의 일이었다.

대한약사회가 기관지로 발행하는 〈약사공론〉이 약업계 소식을 전하는 언론이라면 〈서울약사회지〉는 약사들에게 공부할 수 있는 전문자료를 제공한다는 취지의 학술지였다. 그런데 〈서울약사회

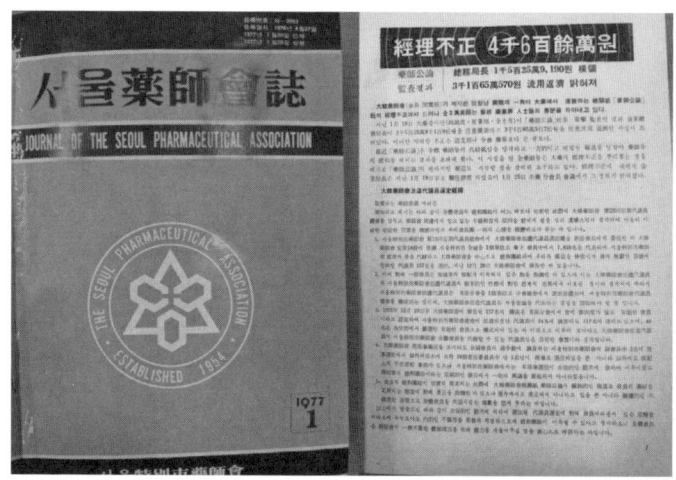

〈서울약사회지〉 1977년 1월호(사진 왼쪽)와 첫 페이지에 실린
대한약사회 경리부정 기사. 해직기자 시절 안종필이 한국메디칼인덱스사에
근무할 때 직접 쓰고 편집한 기사.

지〉 1977년 1월호에 시커먼 컷으로 '경리부정 4千6百餘萬원'이
라는 제목의 글이 실렸다.

"대한약사회(회장 민관식)가 저지른 엄청난 부패의 일각이 대한약사
회에서 운영하는 기관지 '약사공론'사의 경영부정에서 드러나 2만
여 약사와 약업계 인사들의 통분을 자아내고 있다. 지난 1월 18일
대한약사회 감사단이 '약사공론'사를 전격 감사한 결과 김모 총무
국장이 1525만 9190원을 임의 횡령하고 3165만 570원을 임의 유

용 반제한 사실이 드러났다. 이런 막대한 부정은 도지부나 분회 예산보다 큰 규모다…."

어떻게 학술지 첫 페이지에 고발 기사 성격의 글이 눈에 띄게 편집돼 실렸을까. 당시 한국메디칼인덱스사에서 안종필과 근무한 신영호는 민관식 대한약사회장과 김성준 서울약사회장 사이에 다툼이 있을 때 이 글이 실렸는데, 안종필이 썼다고 술회했다.

메디칼인덱스사는 1970년대 서울대 약대 운동권들의 아지트라고 해도 무방했다. 운동권 학생들이 방학 때, 입대 전에 아르바이트 겸해서 들락날락했다. 전문서적이라 사업성이 변변찮고 인력 사정이 열악해 학생들 도움이 필요했다. 신영호는 중앙정보부 요원이 매주 찾아왔는데, 안종필은 주변 사람들, 특히 학생들이 곤란을 겪을 수 있어 철저하게 자기 관리를 했다고 기억했다.

안종필은 동아투위 2대 위원장에 취임하고도 한동안 메디칼인덱스사와 인연을 이어갔다. 국내 약학박사 1호이자 서울대 약대 교수인 홍문화 박사의 책 『약이냐 독이냐』(1978년 3월 발간), 『신동의보감』(1978년 7월 발행) 제작에 관여했다. 홍문화 박사의 책에 대해 여동생 안애숙은 이렇게 기억한다. "큰오빠가 팔이 아프게 편집한 책이잖아요. 책을 보따리에 싸서 지인들에게 팔러 다녔어요. 좀 많이 팔았나 봐요. 오빠가 그랬어요. '우리 애숙이가 요즘 책 팔러 다니느라 고생한다'…."

메디칼인덱스사가 의약품 서적이 아니라 홍문화 박사의 에세

이를 발간한 숨은 일화가 있다. 1977년 9월 청람문화사[52]가 출간한 『모모』가 폭발적인 베스트셀러가 되며 장안의 화제가 됐다. 신영호의 회고다. "우리도 『모모』 같은 책을 내보자 해서 홍문화 선생이 일간지에 연재했던 건강에 관한 글을 모아 2권의 단행본으로 냈어요. 저는 마지막 교정과 주석 작업을 몇 주에 걸쳐 일요일에 흑석동 홍문화 선생 댁에서 했고 편집은 안종필 선생이 했던 것 같아요."

안종필은 메디칼인덱스사에 출근하면서 매달 17일 동아투위 월례모임에 참석하는 등 동아투위 활동에 빠지지 않았다. 1976년 12월 청진동 빈대떡집에서 모임이 있었다. 1974년 10월 24일 동아일보 기자들의 자유언론실천선언 현장을 취재해 사진과 함께 전 세계에 타전한 AP통신 기자 홍건표의 환송연이었다. 중앙정보부가 홍건표를 구속한다는 말이 돌면서 서울지국은 뉴욕 AP본사와 도쿄 AP동북아총국과 상의해 그를 도쿄로 피신보내기로 결정했다.

안종필을 비롯해 동아투위 동료 20여명은 도쿄로 떠나는 홍건표를 초대해 조촐한 저녁을 대접했다. 술잔이 서너 순배 돌고 나자 안종필은 주머니에서 뭔가를 꺼내 머뭇머뭇 말했다. "몇백 원씩 걷어서 만들었습니다. 동아투위의 정표로 생각하고 받아주세요." '76.12.1 동아투위'라고 안쪽에 새겨진 금반지였다. 안종필이 건넨 금반지를 받은 홍건표는 눈물이 핑 돌았다.

동아투위 2대 위원장 추대

　1977년 들어 민주화운동 열기가 조금씩 활기를 띠자 당국은 재야인사들에 대한 사찰활동을 강화했다. 동아투위 사무실 주변엔 중앙정보부, 치안본부, 서울시경, 보안사, 종로경찰서 등 5~6개 수사기관 요원들이 감시망을 펴고 있었다. 기자들의 집에도 각 기관의 이른바 '담당들'이 배치됐다. 그들은 수시로 찾아와 어떤 때는 몇십만원 짜리 직장을 알선해줄 테니 이제 그만하라며 회유했다.
　당시 동아투위 내부에선 투쟁 방식을 놓고 논쟁이 있었다. 싸움의 상대는 동아일보사인만큼 동아투위 역할을 자유언론운동에 한정해야 한다는 의견과 각계각층의 민주화운동 세력과 연대해 적극적으로 반독재투쟁에 동참해야 한다는 주장이 엇갈렸다. 그 논쟁은 1977년 4월 중순 '민주구국헌장' 서명 사건이 터지면서 민주화투쟁 쪽으로 기울었다.

계기는 '민주구국헌장'에 서명한 동아투위 위원 54명이 중앙정보부에 연행돼 조사를 받고 나오면서다. 재야인사들은 1977년 3월 '3·1민주구국선언'(1976년 3월 함석헌 등 재야인사 10명이 발표한 문건) 사건 대법원 판결에 앞서 시국에 대한 입장을 밝히고 유신헌법과 긴급조치의 철폐를 촉구하는 민주구국헌장을 발표했다. 헌장을 지지하는 서명운동이 벌어졌고, 동아투위 위원 54명이 서명에 동참했다. 중앙정보부는 4월 15일부터 4월 24일까지 권영자를 비롯해 박종만 안성열 김종철 홍종민 이병주 등을 연행해 조사했다.

이 과정에서 동아투위 리더십 교체가 이뤄졌다. 온갖 신변 위협을 감수하며 2년 동안 동아투위를 이끌어 온 초대 위원장 권영자가 사의를 표명했다. 동아투위는 후임 위원장으로 안종필을 만장일치로 추대했다. 권영자와 함께 동아투위 사무실을 지킨 박종만도 총무의 짐을 10·24 자유언론실천 당시 선언문을 낭독한 홍종민에게 넘겼다. 동아투위는 1977년 5월 17일 정례모임에서 위원장 교체와 함께 반독재 민주화운동에 동참하고 연대한다는 결정을 내렸다.

그해 6월 17일자 〈동아투위소식〉엔 제2대 위원장 안종필의 취임사가 실렸다.

동아자유언론수호투쟁위원장직을 맡은 본인은 영광보다 오히려 두려움을 느낍니다. 그것은 전임 권 위원장의 헌신적인 노력과 탁

월한 지도 역량에 비해볼 때 본인은 미숙함을 느끼기 때문입니다. 그러나 한편 자신감에 넘쳐 있습니다. 그것은 우리 투위가 발족해서 오늘에 이르기까지 2년여 동안 숱한 고난과 역경 속에서도 우리는 불굴의 의지로 이겨나왔으며 자유언론에의 불타는 열정을 더욱 확고한 신념으로 승화시켜온 사실이 있기 때문입니다.

우리는 동아일보사에서 강제축출을 당한 지 2년여 동안 인내의 한계를 실감할 정도의 시련 속에서 지내왔지만, 정말 모두들 용하게 견디어 나왔습니다. 그럼에도 불구하고 가장 가슴 아픈 사실은 100여 동지들이 각자 생존을 위해 뿔뿔이 헤어져 근무를 해야 한다는 것입니다. 그러나 우리의 몸은 비록 다른 직장에 흩어져 있다고 하지만 우리의 의지는 언제나 자유언론의 기치 아래 굳게 뭉쳐 다시 펜과 마이크를 잡고 뛰겠다는 이상을 품고 살아갈 것을 확신합니다. 한편 우리는 우리가 어려움을 당할 때 자기 일처럼 우리를 도와주고 격려를 아끼지 않으신 수많은 재야 민주인사와 특히 부당인사조치 무효확인 청구소송을 무료로 맡기로 결정한 서울제일변호사회, 그리고 직접 변호를 담당해주시는 변호사님들의 노고에 깊은 감사를 드리는 바입니다. 이분들의 염려와 성원에 보답하는 길은 우리들이 어떠한 난관에도 단결과 용기와 슬기로 극복해서 언론인 본연의 자세로 재기, 지난 체험을 거울삼아 진실된 보도를 수행하는 것이라고 생각합니다. 이 길이 동아투위에 부과된 역사적인 소명이며 참다운 언론인이 걸어가야할 정도라고 믿습니다. 앞으로도 계속 여러분들의 지도와 편달을 바랍니다.

이른바 '청우회 사건'으로 2년 6개월을 복역한 이부영은 1977년 12월 27일 만기 출감했다. 전주교도소를 출발해 그날 오후 강남 고속버스터미널에 도착한 이부영이 마중 나온 동료들을 보며 환하게 웃고 있다. 바로 뒤가 안종필.

안종필은 취임사에서 동아투위 위원장직에 대한 두려움을 느끼면서도 자신감을 피력했다. 숱한 고난과 역경을 이겨낸 동지들이 있어 두렵지 않다며 자유언론은 역사의 소명이라고 역설했다.

동아투위에 활기가 돌기 시작했다. 안종필은 홍종민과 함께 부당인사조치 무효확인 항소심 재판을 챙기는 등 동아투위 활동을 이어갔다. 각자 생업에 치이느라 발걸음이 뜸했던 위원들이 청진동 동화빌딩 303호실로 옮긴 동아투위 사무실에 들르기 시작했다.

안종필은 그해 7월 7일 고속버스를 타고 전주로 향했다. 전주교도소에서 징역을 살고 있는 이부영을 면회하는 가족들 행렬에 동행했다. 이부영의 아내 손수향 씨와 세 살 딸, 두 살배기 아들이 함께했다. 1975년 6월 '청우회 사건'으로 구속된 이부영은 2년 6개월을 선고받고 영등포구치소, 서울구치소, 안양교도소를 거쳐 전주교도소에 수감 중이었다.

만기 6개월을 앞둔 이부영을 면빛으로 만나고 돌아온 안종필은 7월 16일자 〈동아투위소식〉에 '눈과 눈의 대화'라는 제목으로 옥중면회기를 실었다.

> 지금은 어두운 사색의 면벽에서 번뇌하는 이부영 기자. 가족 이외는 면회조차 불허한다는 옥중(?)임을 알면서도 면회길 전주행렬에 따라 나섰다. 전주행렬이랬자 사랑하는 그의 아내와 이제 겨우 세 살의 딸 근하, 두살잡이 아들 도균이다. 내가 이 행렬에 선뜻 나선 것은 이 기자를 모처럼 면빛으로 만난다는 의미보다 이 행렬을 수행해야 한다는 의무감이 앞선 것이기 때문이다.
> 7월 7일, 어제까지도 소나기가 내려 걱정을 하는데 맑은 날씨라 마음이 놓였다. 어느 직업보다 가장 용기가 있어야 하고, 가장 순수해야 하고, 가장 수척해야 할 기자가 무기력하고 불의로 가득 차고 비만의 위세가 판치는 게 싫어 스스로 고난의 이 길을 택한 순전히 '자의의 희생'임을 나는 알고 있네만 이 행렬에 대해 자네는 어떻게 생각하느냐고 자문해보았다. 부부의 정리가 무엇인데 남편 옥바라지에 자식 뒷바라지까지 무거운 짐을 내맡겼단 말인가? 지금쯤은 출근길 아빠에게 응석을 부려야 할 재롱둥이, 밤이면 아버지의 팔베

개에 새록새록 잠들어야 할 아들, 딸을 두고 홀로 단절의 벽(壁)속에서 아픔과 쓰라림과 괴로움의 여행을 한단 말인가? 어쩌면 이 여행은 끊임없이 반복할는지 모른다. 그러나 민주와 자유의 역사는 이런 여행속의 혈적을 밟으며 완숙하는 것이니까.

차창 밖에는 흠뻑 물고인 논에서 농부들이 바쁘게 모내기를 하고 있었다. 불의에 탁류처럼 흐르는 서울을 멀리하면 할수록 신선한 풀냄새와 함께 옥중면회길의 경직이 풀리는 듯 했다.

전주교도소. 전주 도심에서 택시로 20분 정도의 거리. 멀리 언덕 위서 회색의 담장이 들어나자 섬뜩했다. 1975년 3월 17일 새벽 통금시간에 동아일보사에서 개 끌려 나오듯이 나온 130여 동지들은 2년 반 동안 무진 수난을 겪었다. 그 중에 서권석 박종만 김종철 기자가 잠시 서대문교도소에서 옥고를 치를 때, 지금 낯선 전주땅에 와 있는 이부영 기자와 나는 서대문교도소로 김종철 기자를 면회 갔었다. 그때의 아픈 기억을 되살리며 무거운 교도소 정문을 들어섰을 때 교소도의 증축 공사가 한창이라 이 사회의 단면을 보는 듯 나도 모르게 긴 한숨이 나왔다.

면회 접수를 마친 근하 어머니와 나는 닥쳐올 순간을 침묵으로 기다렸다. 한 시간쯤 지났을까. 18번 접수의 근하 어머니를 부르며 1번 면회소에서 면회하라는 마이크 소리가 귀를 울렸다.

나는 부부가 두터운 유리가 가로지른 2평 남짓한 공간에서 몇 개의 연필 구멍만한 대화구를 통해 얘기하는 광경을 그리며 문틈으로 살며시 들여다보았다. 시력이 청력을 빼앗은 건지 도무지 무슨 말을

1977년 7월 7일 전주교도소에 수감 중인 이부영의 가족 면회에
동행한 안종필이 〈동아투위소식〉 1977년 7월 16일자에 실은 면회기.

하는지 들리지 않았다. 그러나 저만치 이부영 기자가 서서 나를 알아보고 있었다. 일순 무어라고 얘기하는 듯 눈빛이 반짝이며 손을 흔들었으나 들리지 않았다. 그때 교도관으로부터 제지를 당해 문을 닫고 나왔다. 다만 눈과 눈의 대화가 오고 간 찰나였다.

한 달에 한 번밖에 못하는 면회도 이번이 마지막이겠지. 시국에 관한 대정부 건의안이 국회서 채택된 이 즈음 구속인사 석방에 긴급조치 하에 구속된 유일한 기자 이부영 군이 석방될 날도 멀지 않았

을 것이라 확신했다.

귀로. 근하 엄마의 전언은 바깥 사람들이 어떻게 지내고 있는지 궁금하다면서 안에서 바깥 동지들을 태산같이 걱정하더라고 하면서 지난 7월 2일 집에 보낸 편지를 나에게 보여주었다.

수향 보구려.

(……) 마음속에서 들리는 소리는 당신이나 내가 그리는 것이 한 치 한 치 이뤄지고 있고 확신시키고 있소. 따라서 조금 늦어지거나 빨라지거나 관계없이 거짓과 불의는 언제까지나 장막에 가려져 있을 수 없을 거라는 거요. (……) 무슨 값있는 일을 한 것도 아닌데 한국 엠네스티와 기타 민주인사들의 호의를 받게 되니 고마울 뿐이요. 그분들에게 감사드릴 것을 잊지 마시오. (……)

'눈과 눈의 대화'에는 가족 면회에 동행하면서 느낀 심정과 이부영과의 짧은 만남이 그려져 있다. 안종필은 전주교도소의 증축공사를 보며 양심수들을 감옥으로 몰아대는 유신독재의 단면을 예리하게 포착했다. 이 글에서 특히 눈길을 끄는 것은 눈과 눈의 대화가 오간 찰나다. 무어라고 얘기하는 듯한 이부영의 눈빛에서 안종필은 무엇을 봤을까? 감옥살이에 위축되지 않고 투지를 불태우는 이부영의 심연을 봤을 테고, 혈육보다 더 진한 동지애를 확인했을 것이다. 그리고 안종필은 자신이 가는 길이 결코 외롭지 않다고 확신했을 것이다.

조민기·이의직의 죽음, 남은 동료들의 다짐

안종필은 1977년 10월 7일 밤 이의직의 임종을 지켰다. 안종필은 이날 오전 이의직의 병세 악화 소식을 듣고 성북구 월곡동으로 달려갔다. 1년 전 폐암 진단을 받은 그는 "가족이나 동아투위 동지들에게 누를 끼칠 수 없다"며 일체의 투약을 거부하며 투병 생활을 해왔다. 이의직은 이날 밤 부인과 어린 삼남매, 안종필 등의 기도와 찬송 속에 마흔일곱에 눈을 감았다.

이의직은 경북대 영문과를 졸업하고 계몽사 등 출판계에서 일하다가 1966년 동아일보에 입사했다. 동아일보가 1975년 3월 12일 경비 절감을 이유로 심의실 과학부 기획부 출판부를 없애고 이들 부서에 소속된 18명을 하루아침에 해임할 때 이의직도 포함됐다. 그는 출판국 출판부 부장대우로 일하고 있었다. 가장 먼저 동아일보에서 쫓겨난 이의직은 이일 저일 하며 생계를 꾸려

나가다 작은 출판사에 주간으로 취직했다. 모아둔 돈이 없었을뿐더러 오히려 적지 않은 빚이 있어 집안 살림은 곤궁했다. 낮에는 출판사에서 일하고 밤에는 집에서 번역 일을 했다. 병중에도 이의직은 번역 일을 계속했다. 병이 심해져 출판사에 나가지 못하게 되었을 때 고등학고 1학년 큰아들에게 구술해 원고지를 채웠다.

이의직의 장남인 미술평론가 이주헌씨는 동아투위가 2013년에 펴낸 『1975 - 유신 독재에 도전한 언론인들 이야기』에서 부친이 영면한 날을 이렇게 기록하고 있다.

> 아버지가 돌아가시던 날, 어머니는 아버지에게 혹 아직껏 용서하지 못한 사람이 있으면 다 용서하고 가라고 말씀하셨다. 아버지는 다른 사람은 다 용서할 수 있지만, 단 한 사람 용서할 수 없는 사람이 있다고 하셨다. 바로 박정희 대통령이었다. 선한 아버지도 도저히 박정희 대통령만큼은 용서할 수 없었다. 그러나 어머니가 그 사람도 용서하시라고 간곡히 요청 드리자 아버지는 마침내 박 대통령도 용서하겠다고 말씀하셨다. 그렇게 아버지는 자신에게 해를 입힌 모든 사람을 용서하고 가셨다.

동아투위가 주관해 치른 장례식에는 유족을 비롯해 동아투위 동료, 재야인사 등 200여명이 문상을 했다. 안종필은 영결사에서 "하룻밤 돌려댄 배신의 칼날로 130명의 기자를 거리로 내몰아 생도(生途)를 끊던 그 어처구니없는 이승의 사연일랑 악몽으로 잊고

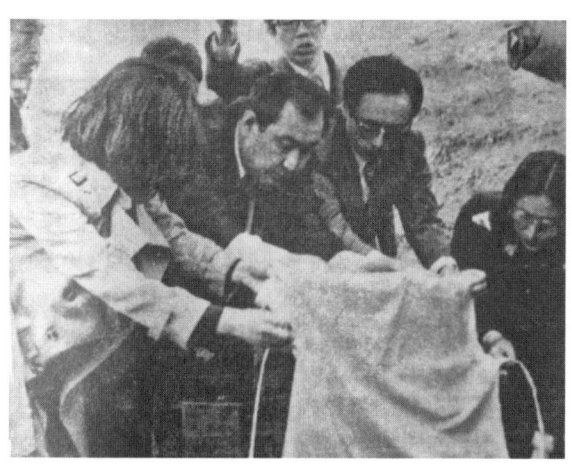

1977년 4월 17일 일산 기독공원묘지에서 엄수된
고 조민기 동아투위 위원 묘비 제막식. 미망인 홍정선 씨와
천관우, 송건호 선생 등 90여명이 참석해 고인의 유지를 기렸다.

영원히 안식의 잠에 드시라"고 기원했다. 이의직은 동아투위 동료 조민기가 묻힌 경기도 고양군 일산 기독공원묘지에 안장됐다.

조민기는 그해 1월 19일 서른다섯의 꽃다운 나이로 세상을 떠났다. 그는 동아방송에서 쫓겨난 지 넉 달 만인 1975년 8월 살던 집을 전세 내주고 전세금으로 남가좌동에 외동딸 아라의 이름을 따서 지은 〈아라네 옷가게〉를 열었다. 아내 홍정선 씨와 함께 매일 새벽 동대문시장에서 옷을 떼어와 밤늦게까지 가게를 지키다가 그해 12월 신장병을 얻었다. 병실을 찾아온 동료들에게 "생전 해

2014년 10월 자유언론실천선언 40주년 기념식에서 고 이의직 동아투위 위원의 장남인 미술평론가 이주헌(사진 맨 오른쪽) 씨가 유가족 대표로 소회를 밝히고 있다. (사진 : 전국언론노조)

보지 않은 일을 하느라 너무 과로했던 것 같다"고 털어놨다. 집과 병원을 오가며 투병한 조민기는 병세 악화로 임종 1주일 전부터 서울대병원으로 옮겨졌다. 산소호흡을 받으면서도 의식이 뚜렷해 "밥벌이 가지 않고 왜 찾아오느냐"며 자신의 병보다 동료들의 생활을 더 걱정했다.

서울대 사대 역사학과를 졸업한 조민기는 1967년 1월 동아방송 프로듀서로 입사했다. 그는 10·24 자유언론실천선언 현장에 동참했고, 1975년 1월 동아방송 프로듀서, 아나운서, 엔지니어 등이 자유언론실행총회를 결성했을 때 크게 활약했다. 1975년 3월 17일 새벽 농성장에서 강제축출된 후 동아투위 총무간사로 일하다 4월에 무기정직을 당하고, 10월에 해임됐다.

그의 부인 홍정선 씨는 1977년 3월 〈동아투위소식〉에 '당신의 죽음 앞에'라는 글을 통해 "벨소리와 함께 귀가해야 하는 당신도 없고, 사는 게 때때로 노여워서 행패를 부려댈 나의 적수였던 당신도 없고, 남들은 부끄러워 입에 담지 못했다는, 여보 당신이라는 호칭을 새파랗게 젊었던 새댁 시절부터 광화문 대로상에서 낭랑히 불러댔던 당신도 없고, 남은 것은 저 쓰잘 것 없어 뵈는 막막한 삶뿐"이라며 비통해했다. 홍정선 씨는 그러나 "뜻은 깊었으나 행하지 못했던 당신의 많은 일들을 내 힘 자라는 한 하려고 할 것이며 당신의 자랑스럽고 의연한 동료들은, 조민기 당신 아내를, 이제 동료의 아내에서 동료의 자리로 승격시켜 줄 것"이라며 남편의 못다한 꿈을 이어가리라 다짐했다.

두 사람의 죽음은 동료들의 가슴을 내리쳤다. 저마다 생활고에 허덕여 아무런 도움도 주지 못했다는 자책이 밀려왔다. 그러나 죽음의 슬픔만 하릴없이 붙들 순 없었다. 안종필과 동료들은 두 사람의 뜻을 이어가기 위해 다시 일어나야 했다.

1977년 10월 24일 서울 무교동 태화관에서 10·24 자유언론실천선언 3주년 기념식이 열렸다. 안종필이 동아투위 위원장을 맡고 열린 첫 기념식이었다. 기념식에는 함석헌 천관우 박형규 안병무 정일형 등 각계인사 170여명을 비롯해 250여명이 참석했다. 정동익의 사회로 시작된 기념식은 고 이의직·조민기에 대한 묵념과 애국가 제창, 홍종민의 경과보고, 이해동 목사와 천관우 선생의 격려사, 안종필의 '자유언론실천 77선언' 낭독 등이 이어졌다. 안종필이 △우리는 자유언론실천을 위해 몸과 마음을 바친다 △자유언론을 압살하는 제도와 법을 없애라 △현역 언론인들은 언론 본연의 사명인 자유언론을 과감하게 실천하라는 3개 결의 사항이 담긴 '77선언'을 낭독하자 우레와 같은 박수가 쏟아졌다.

만세삼창으로 기념식을 끝내려고 했을 때 정연주가 일어났다. "오늘 이 모임을 여기서 끝낼 것이 아니라 3년 전 우리의 뜨거운 심장을 모아 절규하던 그 현장 동아일보사 앞까지 행진하자." 정연주의 제의에 참석자들은 박수로 채택하고 그 길로 태화관 정문을 나섰다. 참석자들은 광화문 우체국을 거쳐 동아일보사 앞까지 '우리 승리하리라'를 합창하면서 가두시위를 벌였다.

안종필은 12월 26일 오전 다시 전주행 고속버스를 탔다. 이부영의 가족과 동행 면회를 한 지 5개월 만이다. 이번엔 동아투위 동료 20여명이 동행했다. 만기 출감하는 이부영을 맞이하러 가는 것이다. 만사 제쳐 놓고 나선 이들의 표정은 여느 때보다 밝았다. 전주에 도착한 안종필 등은 시내 여관에서 1박하고, 이튿날 새벽 5시 전주교도소 정문에 도착했다. 한겨울 추위에 발을 동동거리며 출감을 기다리고 있는데, 이부영을 태운 승용차가 나오고 있었다. 기관원들이 이부영을 서울로 데려가려고 했다. 안종필과 동료들은 차를 막아서며 항의했다. 30여분 실랑이를 벌인 끝에 기관원들이

이른바 '청우회 사건'으로 2년 6개월을 복역한 이부영은
1977년 12월 27일 출소했다. 기관원들이 이부영을 강제 호송하려고
차에 태워 나오는 모습

이부영을 내려놨다. 보따리를 품에 안은 이부영은 건강해 보였다. 안종필은 "고생했다"며 이부영을 양팔로 힘껏 안았다. 다른 동료들도 악수하거나 포옹하며 출감을 축하했다. 하얀 입김이 여기저기서 뿜어져 나오고 있었다.

그해 연말에 열린 이부영 성유보 기자 출감환영회에서 이부영은 이렇게 말했다.

두 해 반의 세월을 꽉 채우고 무거운 철문은 열렸다. 추운 겨울의 새벽길, 천리를 멀다 않고 철문 앞까지 마중와준 반가운 얼굴들, 고맙고 튼튼한 나의 벗들이었다. 세상 좋아졌다는 말은 귀가 닳도록 들었으나 어찌 아직도 억울한 일, 고통받는 일, 부당한 일들은 어떤 것도 바로 잡혀지지 않은 채 썩은 웅덩이에 물 고여있듯 그대로 남아 있는지, 이제는 하늘을 올려다보고 목청껏 해답을 구할 때인 것 같다. 74년 10월 24일 자유언론실천의 의지를 굳힌 이래 우리는 숱한 희생과 고통을 치러왔다. 존경하는 이의직 선배가 타계하셨고 1월 19일로 조민기 동지의 1주기를 맞는다. 연행조사, 구류, 벌금, 재판, 징역으로부터 생존권 박탈에 이르기까지 그 비장한 길, 그러나 굳은 땅에 물 고인다고 이 시련은 이 시대에 하늘이 우리에게 내리신 축복이었다. 잃을 것이라곤 목숨밖에 남아 있지 않은 우리는 그저 즐겁게 앞으로 나아갈 뿐이다. 이 땅에 거짓 폭력이 말끔히 씻기고 선의와 인간성이 비둘기처럼 내려와 덮일 때까지.

법정투쟁, 3년 7개월만에 패소

 1978년 1월 9일 안종필은 서울고법 226호 법정에서 열린 '해고 및 무기정직처분 무효확인 청구소송' 항소심 판결공판에 참석했다. 가슴을 졸이며 판결을 기다리던 안종필은 낙담했다. 서울고법 민사1부(재판장 전상석, 배석판사 이태훈 최종백)는 동아투위 측 63명 전원에게 패소판결을 내렸다.
 재판부는 판결문에서 원고 63명이 어떤 행위를 했는지 개인별로 간추려 설명하고 있는데 안종필에 대해서 "편집부 차장으로 일반 평사원을 계도하여야 할 직책에 있었음에도 불구하고 1975년 3월 12일자 편집국 집회의 결의사항에 적극 찬동하여 신문제작 등을 거부하여 그 직무를 유기하고 편집국 농성에 참가하였으며, 그 농성이 해제된 1975년 3월 17일 이후에도 계속 출근을 거부했다"고 밝혔다.

1975년 3월 17일 동아일보에서 쫓겨난 해직언론인들은
6개월(3월 18일~9월 17일)간 매일 아침 동아일보사 앞에서 침묵시위를 하고
신문회관(현 한국프레스센터)까지 행진했다.

 재판부는 1심에서 승소한 장윤환 박지동 서권석 김병익 임부섭 등 5명도 패소판결을 내렸다. 징계기간 중임에도 회사에서 금지하고 있는 유인물 〈알림〉을 제작·배포했다(장윤환), 주필 이동욱에게 욕설을 했다(박지동), 제작거부를 결의한 1975년 3월 12일 총회에 참석하고 방송국 주조정실을 점거해 방송을 방해했다(서권석), 사규와 회사 간부의 지시를 어기고 한국기자협회 회장에 출마, 취임했다(김병익), 제작거부 의사를 밝히고 출근하지 않았다(임부섭)는 이유였다.

동아투위는 항소심 판결 관련 성명에서 "지금까지 내세웠던 자유언론수호 활동이 이 판결에도 불구하고 1심 판결에서 그 정당성이 공인되었음을 기정사실로 확인한다"며 항소심 판결에 불복하고 대법원에 상고하겠다고 밝혔다.

동아투위 소속 121명은 1975년 6월 21일 동아일보사를 상대로 해임 및 무기정직처분 무효확인을 청구하는 소송을 냈다. 소송의 청구요지는 동아일보사가 1975년 3월 8일부터 5월 1일까지 7차례에 걸쳐 49명을 해고하고 84명을 무기정직 처분한 것은 근로기준법 27조1항(부당해고 등 금지) 위반이므로 법률상 무효라는 것이었다.

서울제일변호사회와 서울변호사회가 공동으로 소송을 맡았다. 소송 대리인은 김제형 황인철 이일재 김춘봉 변호사였다. 이 사건을 배당받은 서울민사지법 합의9부(재판장 김용준 부장판사, 박재윤 이영애 판사)는 1975년 8월 19일 첫 공판을 시작으로 1976년 6월 12일까지 모두 14차례 공판을 열었다.

1심 재판이 진행되는 동안 121명 가운데 52명이 소를 취하했다. 소 취하는 회사복귀 움직임과 관련이 있었다. 동아일보사는 1975년 7월 초 무기정직을 받은 사원을 대상으로 복귀조건을 제시했다. △1974년 3월 노동조합 파동 때 인사조치 당한 전력이 없을 것 △동아투위에서 간부직을 맡는 등 적극적인 활동을 하지 않았을 것 △3월 12일부터 회사 2층 공무국에서 단식농성을 한 기자들 속에 포함되어 있지 않을 것 △3월 18일 이후 계속되어 온 회사 앞 도열시위에 열심히 참여하지 않았을 것 △이후 사내에서 어떤 집단행동도 하지 않는다는 등 회사가 요구하는 소정의 각서에 서명할 것 △현재 민사지법에 제기하고 있는 부당인사조치 무효확인 청구소송에서 자기의 이름을 지운 다음 그 사본을 회사에 제출할 것 등 6가지였다. 당시 소송 취하 상황을 정연주는 이렇게 증언했다.

> 1975년 6월 말을 데드라인으로 정해 이런 메시지가 동아투위에 들어왔다. '복귀하려면 지금 해라. 앞으로는 기회가 없다.' 쫓겨난 사회부 기자 7명이 따로 모여 회의를 했다. 복직신청을 하자, 안 된다 등 주장이 엇갈렸다. 나는 그렇게 의견을 밝혔다. 각자 독립적인 판단을 할 수 있는 사람이고, 동아일보에서 나올 때도 실존적 결단을 내리고 나왔다. 복귀하는 문제도 각자에게 맡겨야지. 회의로 결정할 문제는 아니다. 자연스럽게 각자에게 맡기는 게 옳다. 누가 복직을 신청했는지 대강 알았다. 한동안 서먹서먹했다.

5개월 동안 겪은 생활고와 미래에 대한 불안 때문에 회사로 복귀를 희망하는 사람이 적지 않았다. 생계를 책임져야 했고, 돌봐야 할 아이들이 있었고, 쫓겨났을 때 곧 돌아갈 수 있으리라고 생각한 사람도 많았다. 함께 돌아가야지 나 혼자는 안 된다는 사람도 있었다. 저마다 사정이 다 다른데 누가 옳다고도 할 수 없었다. 8월 초

무기정직처분을 받은 사원 30여명이 복직을 신청했는데, 최종적으로 복귀한 사람은 4명에 불과했다.

이동욱은 2001년 6월 MBC 특집프로그램 〈이제는 말할 수 있다〉 제작진과의 인터뷰에서 이렇게 밝혔다.[53]

> 왜 그런 사람들이 나중에 동아일보 다시 들어오겠다고 야단합니까? 그때도 하나하나, 우리 들어오라 그랬어요. 하나하나 각서 쓰고 들어오라. 그렇지 않고 떼거지로 들어오면 여기 일 하는 사람들, 벌써부터 동아일보 지키고 있던 제작파하고 제작거부파가 있지 않습니까? 제작파하고 나중에 제작거부파하고 또 싸움이 붙어요. 그러니까 한 사람 하나씩 각서 쓰고 들어오라. 한 사람 하나씩 쓰고 들어와 일들 하고 있는 사람들 있습니다. 몇 명.

1심 법정공방에는 23명의 증인이 나왔다. 원고 측 증인으로 전 편집국장 송건호, 서울여대 교수 이우정, 피고 측 증인으로 강제축출 현장 책임자였던 판매 2부장대우 조종명, 인사부장 유옥재 등이다.

송건호는 해고 등 무효확인소송 5차 공판(1975년 11월 8일)에 증인으로 나와 이렇게 증언했다.

> 3월 8일 사원 18명을 해임할 때 사전 협의를 한 바 없고 간부회의에서 사장이 주주총회 보고형식으로 통보했다. 광고사태로 야기되

는 경영난은 2, 3개월 후 나타나는 것으로 들었으며, 3월 8일 무렵에 경영난이 심각했다고 생각하지 않는다. 회사 측은 최근 취재 범위가 줄어 기자 수를 줄여왔다고 주장하고 있으나, 사실은 그 반대로 출입처가 확대되어 몇몇 부장들이 기자 증원을 요청해오곤 했다. 감원 해임 후 스스로 봉급을 깎아 함께 일하고 싶다는 기자들의 뜻을 전했으나 김상만 사장은 "주주총회의 결정이니 어쩔 수 없다"고 말했다. 언론사의 특수성으로 보아 기구축소를 하더라도 제작부서가 아닌 외곽 지원부서부터 하는 것이 순리라고 생각되며, 그렇지 않을 경우라도 제작부서와 비제작부서 반반씩 감원하는 것이 마땅하다. 기구축소로 폐지된 기획부, 과학부, 출판부 등에는 노조임원이나 자유언론실천특위 위원 등 회사 측에서 못마땅하게 생각하는 기자들이 많았다. 위계질서 문제는 제작에 지장을 줄 정도는 아니었다. 언론기관은 속성상 위계질서가 엄격하지 않아서 언론보도에 문제가 있다고 생각될 때는 아랫사람이 시정을 요구하거나 항의하는 경우도 종종 있다.

이우정은 같은 공판에서 1975년 3월 집단해직 때 동아일보 사장 김상만을 면담, 해임 철회를 요구했던 내용에 대해 "윤보선 대통령 부인 공덕귀 여사, 기독교장로회 주재숙 여신도연합회장, 서울연합회장 김명주, 총무 구충회, 기장총무 김윤옥 씨 등 6명이 김상만 사장을 면담했을 때 김 사장이 '광고 해약사태로 경영이 어려워 기구 축소했다'고 밝혔다. 이에 '우리 신구 종교단체에서 해임

1975년 9월 29일 서울민사지법 224호 법정에서 열린
'해고 및 무기정직처분 무효확인 청구소송' 3회 공판에서
동아일보가 신청한 10명의 증인 발언 요지를 전한 〈동아투위 소식〉

사원들의 인건비를 맡을 테니 복직시켜달라'고 했더니 경영난 때문이라기보다는 위계질서 문란이 해임사유라고 번복했다"고 증언했다.

1심 재판은 해를 넘겨 선고공판이 1976년 7월 13일 오전 10시 서울민사지법 224호 법정에서 열렸다. 김병익 장윤환 박지동 서권석 임부섭 등 5명이 승소하고 안종필 등 나머지 64명은 기각판결을 받았다.

1심 재판부는 "농성행위나 방송제작 방해행위가 해고된 동료들을 구제하고, 자신들의 언론활동의 자유와 신분보장을 위한 조처를 취해달라는 의사를 회사에 표시하기 위한 마지막 수단이었다 하더라도 회사의 본래 업무나 기능에 현저한 지장을 주는 한 정당한 행위라고 볼 수 없다"고 밝혔다.

동아일보는 1심판결에 불복해 항소했고, 1심판결에 패소했던 동아투위 69명 중 6명을 제외한 63명도 항소했다. 1978년 1월 9일 항소심 판결공판에서 재판부는 1심의 일부 승소를 뒤엎고 동아투위 측 63명에 대해 전원 패소판결을 내렸다. 이에 동아투위는 대법원에 상고했으나 대법원 민사부(재판장 임항준, 판사 주재황 양병호 라길조)는 1979년 1월 30일 '이유없다'고 원고 전원에 대해 패소판결을 확정했다.

대법원은 "경영난 때문에 기구를 폐지하고 소속인원을 해고한 사실이 인정되고 노조간부나 실천특위 위원을 해고하기 위해 기구 폐지를 했다고 보기 어렵다"면서 원심을 확정했다. 1975년 6

월 소송을 제기한 이후 대법원 판결이 있기까지 만 3년 7개월이 걸렸다.

대법원은 판결문에서 "일부 사원들의 감봉제의나 외부 사회단체의 봉급부담 제의는 일시적이고 목가적인 조치에 불과하여 피고회사의 경영상태를 호전시키는 근본적인 대책이 될 수 없다"면서 "원고들이 상사들에 대해 모욕적인 발언을 하거나 방송제작 및 신문제작 거부 결의를 하고 방송국 주조정실을 점거하며 방송을 불가능하게 하였으며, 신문사 편집국과 공무국에서 농성을 하여 신문제작을 방해하였다는 원심의 판정을 인정할 수 있다"고 밝혔다.

재판부는 또 "언론자유를 수호 발전시켜야 한다고 해도 사규와 질서를 초월, 무시하여 감행하는 이른바 자유언론실천운동을 내세워 극한투쟁을 일삼는 것은 제재를 받아야 할 것으로 본다"고 판시했다.

대법원은 동아일보가 1975년 3~5월 언론인 49명을 해임하고 84명을 무기정직한 것은 정당하다고 판결했다. 경영상 이유로 해임 및 정직했다는 동아일보 주장을 받아들이고, 사규와 질서를 초월해 극한투쟁을 벌인 것은 제재를 받아야 한다고 결론 내렸다. 사원들의 감봉 제의나 외부 사회단체의 봉급부담 제의를 일시적이고 목가적인 조치라고 폄훼했다.

하지만 훗날 진실 화해를 위한 과거사정리위원회(진실화해위)는 언론인 해직에 동아일보사도 책임이 있음을 분명히 했다.

> 제3부 인권침해규명위원회 사건
>
> ## 동아일보 광고탄압 사건
>
> **【결정사안】**
> 1974년 말부터 중앙정보부가 동아일보 광고주들에게 광고를 해약·취소하도록 압력을 가하고, 이를 통해 언론사주를 굴복시켜 언론인의 해직 등 언론탄압에 관여했던 사건에 대해 진실을 규명한 사례.
>
> **【결정요지】**
> 1. 박정희 정권은 3선개헌 이후 중앙정보부를 동원하여 언론사의 취재 및 기사보도 등의 언론활동을 부당하게 통제하였다. 이에 동아일보사 기자들은 1971. 4.~1973. 12.까지 3차례에 걸쳐 언론자유수호선언을 한 데 이어 1974. 10. 24. 자유언론실천선언을 발표하면서 부당한 언론통제에 항거하였다.
> 2. 전국의 언론인들이 이에 호응하여 자유언론실천선언이 확산되자, 1974년 중앙정보부가 나서서, 동아일보 광고주들에게 광고를 전면 금지하도록 압력을 행사하였다. 그 결과 광고수주가 불가능한 동아일보는 광고지면을 백지 상태로 발행하였고, 이에 국민들은 동아일보에 성금 및 격려광고를 게재하는 등 정부의 조치에 반발하였다.

진실화해를 위한 과거사정리위원회가 발간한
『2008년 하반기 조사보고서』 일부

진실화해위는 2008년 10월 29일 "1974~1975년 동아일보 광고탄압 및 강제해직 사건은 국가 공권력이 자행한 중대한 인권침해에 해당한다"고 발표했다.[54] 진실화해위는 "1974년 동아일보 광고탄압과 1975년 기자 해직 사건은 유신정권 당시 중앙정보부가 직무 범위를 벗어나 모든 역할을 주도한 것으로 확인됐다"고 밝혔다.

진실화해위는 국가와 동아일보사 쪽에 "당시 해직자들에게 사과하고 적절한 조치를 취할 것"을 권고했다. 강제해직과 관련해 "동아일보사는 비록 광고탄압이라는 위법한 공권력의 행사로 야기된 경영상의 압박이 있었다고 해도 언론자유를 수호하기 위해 헌신해왔던 기자들을 보호하기는커녕 정권의 요구대로 해임함으로써 유신정권의 부당한 요구에 굴복했다"며 "결과적으로 언론의 자유, 언론인들의 생존권과 명예를 침해한 책임을 면하기 어렵다"고 지적했다.

6부

한글 전용 가로쓰기 신문 제안

감시와 미행, 그리고 가택연금

1978년 2월 27일부터 사흘간 안종필은 집 밖을 나서지 못했다. 가택연금을 당한 것이다. 경찰은 상부의 지시라며 가택연금을 통보하고 24시간 감시했다. 집 밖에 경찰차를 세워두고, 사복경찰 3~4명을 배치했다. 동아투위 위원장이 된 뒤로 기관원들은 안종필이 누구를 만나는지 감시의 눈길을 번뜩였다. 이른바 '담당'은 걸핏하면 찾아왔고, 동네 목욕탕에 가거나 이발소에 들릴 때도 따라왔다.

이광자는 약국 앞을 수시로 맴도는 기관원을 볼 때마다 가슴을 쓸어내렸다고 증언했다. "정보부 직원들은 약국을 배회하면서 감시했다. 하루에도 여러 차례 약국 앞을 지나다니며 약국에 누가 드나드는지 살폈다. 남편이 집에 조금이라도 늦게 들어오면 중앙정보부에 끌려간 건 아닌지, 별의별 생각에 불안했다."

동아투위 위원들이 유인물을 나눠주는 모습

 3·1절이 다가오자 재야인사들의 시국 선언과 성명서 발표를 우려한 경찰은 3월 1일을 전후해 불법적인 연행·연금을 대대적으로 벌였다. 동아투위에선 안종필 이부영 박종만이 가택연금을 당했다. 그 무렵 한국인권운동협의회 총무로 일하던 안성열은 2월 초부터 6개월이 넘도록 매일같이 경찰의 밀착 감시를 받았다. 안성열이 항의할 때마다 경찰은 상부의 지시를 따를 뿐이며 우리도 죽을 지경이라고 답했다.
 안성열은 1961년 4월 동아일보 공채 3기로 입사했다. 10·24 자유언론실천선언을 주도한 장윤환이 입사 동기다. 고려대 상과대학 상학과 출신인 안성열은 편집부 근무가 끝나면 기사 배치와 편집을 연구하기 위해 신문 뭉치를 겨드랑이에 끼고 집으로 직행하는 기자였다. 정치부로 옮겨선 정국의 추이를 정확히 짚어내는 해설기사로 이름을 떨친 엘리트 기자이자 동아일보에서 몇 손가락 안에 꼽히는 '선택받은 기자'로 통했다.[55]

고 안성열 동아투위 위원
(1938~2011)

1972년 10월 17일 저녁 7시를 기해 전국에 선포된 비상계엄은 동아일보에서 잘 나가던 엘리트 정치부 기자의 운명을 바꿔 놓았다. 비상계엄으로 일체의 정치 및 정당활동이 금지됐고, 대학엔 휴교령이 내려졌으며 신문과 방송은 계엄사령부의 사전검열을 받고 뉴스를 내보냈다. 당시 정치부 선임이던 안성열은 말진 기자와 한 조가 되어 서울시청에 차려진 계엄사 검열단을 들락거렸다. 다른 신문사에서 찾아온 기자들이 한 줄로 늘어서서 검열을 기다렸다. 보안사 군인들은 신문 대장에 붉은 사인펜으로 줄을 긋거나 'X' 표시를 해서 난도질을 했다. 이 굴종의 행렬에 오가면서 안성열은 젊은 기자들과 어울리며 뜻을 같이했다.

안성열은 1973년 3월 편집권 독립 등을 요구하는 동아일보 기자들의 연판장 서명을 주도하고, 이듬해 동아일보노조 결성, 10·24 자유언론실천선언 등에서 결정적인 추진력을 발휘했다. 술 한 잔 못하면서 젊은 기자들에게 술과 밥을 사고, 갈현동 집으로 젊은 기자들을 불러모아 자유언론에 대해 이야기를 나누었다. 젊은 기자들의 배후로 찍힌 그는 정치부에서 밀려나 기획부 등을 전전하다가 1975년 3월 8일 해고됐다. 동아일보가 경영난을 이유로 심의실 과학부 기획부 출판부를 없애고, 이들 부서에 소속된 18명을 한꺼번에 해임할 때다.

1978년 들어 안성열이 경찰의 집요한 감시에 시달린 건 한국인권운동협의회 활동에서 비롯됐다. 인권운동협의회는 한국기독교교회협의회(KNCC) 주도로 인권·민권 운동을 하는 25개 단체가 1978년 1월 24일 결성한 단체였다. 안성열은 1977년 12월 초 조남기 조승혁 목사, 오태순 신부, 이우정 교수와 함께 인권운동협의회 설립 5인 준비위원으로 참여했고 결성 직후부터 총무로 일했다. 그해 5월 안종필 위원장 체제가 들어서면서 동아투위는 종교계, 재야, 지식인 그룹의 민주화운동 세력과 연대해 반독재투쟁에 동참하는 쪽으로 노선을 정리했는데, 인권운동협의회 가입은 그 일환이었다.

인권운동협의회는 1978년 2월 27일 '우리의 인권현실'과 '한국국민의 인권헌장'을 발표했다. 동아투위 안성열 박종만 홍종민 성유보가 문안을 기초했다.[56] '우리의 인권현실'은 한국의 구속자 문제, 민주인사들에 대한 탄압, 종교자유의 문제, 언론자유 문제, 노동문제, 농민문제 등을 구체적으로 지적하고 모든 근원적인 인권유린사태가 조속히 해소되어야 한다는 내용이었다.

안성열 위원의 불법 연행을 규탄하는
1978년 2월 27일 동아투위 성명

  안성열은 2월 25일 오후 청진동 동아투위 사무실을 나서다 정체불명의 기관원들에 연행됐다. 경찰은 서대문구 갈현동 그의 집에 형사 3명을 보내 책·원고, 각종 유인물 등을 압수해 갔다. 닷새 동안 조사를 받고 풀려난 안성열은 "인권운동협의회에 관계된 모든 일을 샅샅이 캐물었으며 최근에 발표된 모든 유인물을 제작한 책임자로 나를 몰아 세우려 했다"고 동료들에게 말했다. 안성열은 3월 16일에도 개신교와 가톨릭 성직자 4명과 함께 또 한 차례 경찰에 연행돼 조사를 받았다.

경찰은 7월 초 '민주주의국민연합' 발족을 전후해 안성열과 박종만을 5일 동안 가택 연금시키고, 장윤환 박지동 임채정 문영희 이종욱 이부영 김종철 정연주 등을 연행해 조사했다. 7월 6일 박정희가 통일주체국민회의 간접선거, 이른바 '체육관 선거'로 제9대 대통령으로 선출되기 하루 전 재야인사들은 반 유신독재 연합전선인 민주주의국민연합을 발족했다. 국민연합은 종로5가 기독교회관에서 발기대회를 갖고 발족 성명을 발표할 예정이었으나 중앙정보부와 경찰은 윤보선 함석헌 등 수십 명을 가택 연금시켰다. 이때 동아투위 사람들도 연행되거나 가택연금 상태에 있었다.

당국이 동아투위에 감시의 눈길을 번뜩이는 와중에 몇몇 위원들이 원주경찰서 유치장에 갇히는 일이 일어났다.

1978년 6월 19일 강원도 원주 원동성당에서 김지하 시인 석방을 위한 미사가 열렸다. 동아투위에서 박지동 이부영 임채정 정연주 김종철이 참석했다. 자유실천문인협의회 시인 고은, 소설가 이호철 송기원과 통일당 선전부장 전대열이 동행했다. 이날 미사는 원동성당을 가득 메울 정도로 성황이었다. 이들은 이튿날 오후 서울로 돌아오는 고속버스에서 이른바 '반체제 가요'를 불렀다는 이유로 형사들에게 체포돼 원주경찰서에서 밤새도록 조사를 받았다.

헌병대와 보안사를 거쳐 즉결심판에 회부된 이들은 6월 22일 오후 춘천지방법원 원주지원 법정에 섰다. 안종필은 소식을 듣고 원주로 내려가 김지하 시인 모친 정금성 여사, 교회사회선교협의회 총무 이창복 등과 함께 방청석에서 재판을 지켜봤다. 이날 재판 최후진술에서 정연주는 이 한마디를 했다. "이 재판은 한마디로 좆같은 재판입니다." 판사는 정연주 등 9명에게 30일 구류 처분을 선고했고 그들은 다시 원주경찰서 유치장에 수용됐다.

정연주는 2011년에 펴낸 『정연주의 기록』에서 '원주 반체제 가요' 사건의 전말을 이렇게 기록하고 있다.

> 버스가 터미널을 출발하고 얼마 지나지 않아 내 옆에 앉아 있던 소설가 송기원이 나지막한 목소리로 노래를 부르기 시작했다. '뿌리파'라 불리던 운동 가요였다.
> "우리들은 뿌리파다, 좋다 좋아. 같이 죽고 같이 살자, 좋다, 좋아. 무릎을 꿇고서 사느니보다는 서서 죽기를 원한단다. 우리들은 뿌리파다."
> 그 다음부터는 첫 소절을 바꿔서 불렀다.
> "유신독재 물러가라, 좋다 좋아…… 박정희는 물러가라, 좋다 좋아…… 긴급조치 철폐하라, 좋다 좋아……"
> 우리는 버스 안에서 '박정희는 물러가라' '유신헌법 철폐하라'고 노래 불렀다. 버스 안에 있던 승객들은 이 '끔찍한 노래'에 공포감마저 드는 모양이었다.

버스가 고속도로 톨게이트에 도착했을 때, 버스는 톨게이트로 들어서지 않고 그 옆 공간으로 몸체를 돌렸다. 얼마 지나지 않아 원주경찰서 형사들이 들이닥쳤다.

되풀이되는 감시와 미행, 연행은 안종필 등 10명이 1978년 11월, 이듬해 1월 투옥되는 서막에 불과했다.

보도되지 않은 '민주인권사건일지'

1978년 10월 5일 저녁 7시쯤 종로구 청진동 동화빌딩 303호 동아투위 사무실에서 상임위원회가 열렸다. 다가오는 10·24 자유언론실천선언 4돌 기념식을 논의했다. 안종필 홍종민 박종만 정연주 임채정 안성열 등은 라디오 볼륨을 높이고 이야기를 나눴다. 정보기관이 도청할 수 있어 사무실에선 늘 라디오를 틀어놓는 게 습관이었다.

그날 상임위원회에선 1977년 10월부터 1978년 10월까지 1년 동안 일어난 학생 시위, 노동운동, 농민운동, 재야의 움직임 등을 모아 일지로 만들어 10·24 선언 4돌에 맞춰 발행할 〈동아투위소식〉에 싣기로 했다.

동아투위는 1975년 3월 결성 이후 매달 〈동아투위소식〉을 발행해왔는데, 1978년 6월부턴 전남대학교 교수 11명의 '우리의 교육

1978년 10월 안종필 등이 연행됐다는 소식을 들은 동아투위 위원들이 청진동 투위 사무실 앞에 모여들었다.

지표' 성명 발표, 천주교정의구현전국사제단 전주교구 사제들 단식, 인천 동일방직 해고 노동자 연행 등 언론이 일절 보도하지 않은 민주화운동 사건들을 싣기 시작했다. 비록 펜과 마이크를 빼앗겼지만, 언론인으로서 할 수 있는 최소한의 언론 활동을 계속하겠다는 몸부림이었다.

10월 24일 서울 명동 한일관에서 10·24 선언 4돌 기념식이 열렸다. 이날 배포된 〈동아투위소식〉에는 '진정한 민주·민족 언론의 좌표'라는 글과 '보도되지 않은 민주인권 사건일지(민주인권사건일지)'이 실려 있었다. '민주인권사건일지'는 필경 등사기로 만든 4쪽짜리 유인물로 1977년 10월부터 1년 사이 발생한 사건을 아무런 논평 없이 간단하게 기록한 것이었다.

1978년 7월 치를 보면 다음과 같다.

1978년 7월

▲〈3일〉부산대학생 이상경 이희석 김성년 군 등 3명이 학교운동장 스탠드에 페인트로 교련철폐 등 반정부 구호를 써 놓았다는 혐의로 구속

▲〈4일〉조선대학생 김용출 박형준 양희승 유제도 군 등 4명이 반정부유인물을 배포했다는 혐의로 구속

▲대통령 선거를 전후한 각계 인사 연금사태 – 통일주체국민회의에서의 대통령 선거일을 이틀 앞둔 4일 밤 10시경부터 소위 반체제 인사 100여명에 대해 특별한 이유 없이 가택연금을 일제히 시작. 8일 밤 10시까지 4일간 계속

▲민주주의국민연합 발족 – 5일 윤보선 전 대통령, 문익환 목사 등 각계 인사 300여명이 민주주의국민연합을 발족. 당국의 방해와 각계 인사 연금 사태로 창립총회는 무산. 문 목사를 비롯(5일~19일) 가입자 전원에 수사기관서 조사

▲전주교구 가톨릭 신부들 시위 – 5일 오후 전주교구 신부 30여명은 당국이 대통령 선거를 앞두고 신부들에 대해 미행 감시 등 불법

1978년 10월 24일 자유언론실천선언 4주년 기념식에
배포한 '보도되지 않은 민주인권사건 일지'

적 처사를 저지르는 데에 항의, 가톨릭 성당 옥상에서 시위

▲전주 파티마성당에 경찰 난입 – 7월 6일 밤 10시반경 파티마성당에 경찰이 난입. 신부들을 무자비하게 구타하고 문정현 신부를 연행. 전날의 시위와 관련, 경찰은 이날 오후부터 문 신부를 연행하려 하였으나 문 신부의 거부와 동료 신부들의 제지로 뜻을 이루지 못하자 기동타격대까지 동원. 사제관 창문을 부수고 난입. 항의하던 박종상 신부는 경찰에 맞아 중상

▲〈18일〉 동일방직 해고 근로자들 14명이 인천지원 법정 뜰에서 회사측 증인들과 시비 끝에 경찰에 연행. 이중 7명이 20일씩 구류

이처럼 사건을 기록하고 일지 형식으로 모아 만든 유인물에 불과한 '민주인권사건일지'로 동아투위 10명은 감옥에 갇히게 된다.

10월 24일 10시쯤 기념식을 마치고 귀가하던 홍종민이 종로경찰서로 연행됐다. 홍종민의 연행 소식을 들은 안종필은 다음 날 오전 긴급 상임위원회를 소집했다. 동아투위에 대한 직접적 탄압이 가해지고 있음을 직감하고 곧바로 사무실에서 무기한 농성에 돌입했다. 그러나 홍종민의 연행으로 끝나지 않았다. 경찰은 10월 26일 오전 10시 안성열, 12시 30분 박종만, 밤 8시 15분 동아투위 사무실에서 안종필을 끌고 갔다. 안종필은 연행에 앞서 농성 중인 동료들에게 "현재의 이 박해와 탄압은 오히려 우리 투위의 단결을 더욱 굳건하게 할 뿐이다. 어떠한 어려움이 닥치더라도 자유언론을 쟁취하려는 그날까지 의연히 싸우자"고 말했다.

안종필은 종로경찰서 형사보호실에 머물며 경찰 조사를 받았다. 형사보호실에는 먼저 연행된 홍종민 안성열 박종만이 있었다. 형사들은 〈동아투위소식〉 제작 경위에 집중했다. 누가 썼고, 민주인권사건일지에 실린 자료는 어떻게 모았는지 등을 캐물었다. 당시 연행됐던 박종만은 이렇게 기억한다.

> 처음 연행될 때 사건을 이렇게 대대적으로 키울 거라곤 생각하지도 못했어요. 잡아다 좀 겁주고, 유인물 못 만들게 하려나 했죠. 형사들도 우리를 조사하면서 농담하고 실실 웃기도 했거든요. 젊은 시절이라 그랬나. '잡아가면 잡혀가고, 구속하면 구속되는 거지' 그런 생각을 했어요. 이러다 풀어주겠지라는 생각에 형사보호실에서 여러 날 보내면서도 느긋했어요. 설마 구속할까 했는데, 6명을 한꺼번에 구속하더군요.

동아투위는 밤에는 사무실 농성, 낮에는 사무실 앞길에서 침묵시위를 하며 경찰의 탄압을 비판하는 성명을 잇따라 냈다. 10월 27일 "우리는 우리의 모든 힘을 모아 연행된 우리의 위원장 안종필 동지를 비롯한 모든 동지가 자유의 몸이 될 때까지, 그리고 마침내 우리의 영원한 이념인 '자유언론'이 꽃필 때까지 싸울 것"이라고 밝혔다. 10월 30일에는 '현역 언론인들에게 보내는 글'을 발표했다. "비민주적인 헌법은 철폐되고 국민의 입에 재갈을 물리는 긴급조치는 해제되어야 한다고 부르짖던 학생과 시민들은 차디찬 감방에 던져지고 있는"등 언론이 당연히 보도해야 할 사건들이 무수히 일어나고 있는데도 언론은 침묵하고 있다면서 "어둠을 뿌리는 공모자로 더 이상 남아 있지 않을 것"을 촉구했다.

경찰은 아랑곳하지 않았다. 종로경찰서 형사들은 10월 28일 동아투위 사무실과 박종만의 집을 수색해 '민주인권사건일지' 자료 등을 압수했다. 30일 오전에 또 사무실에 들어와 '현역 언론인들에게 보내는 글' 500여장과 등사기를 압수했다. 그리고 오후 5시쯤, 장윤환 이규만 임채정 정연주 이기중 김종철을 차례로 연행했다.

11월 10일 안종필 홍종민 안성열 장윤환 박종만 김종철이 구속됐다. 서울형사지법 수석판사 한정진은 긴급조치 9호 위반으로 6명에 대해 구속영장을 발부했다. 보호실에 머물던 안종필과 동료들은 유치장에 수감됐다. 이규만 임채정 이기중 정연주 등 4명은 불구속으로 풀려났다.

그러나 사건은 이것으로 끝나지 않았다. 경찰은 정연주를 11월 27일 긴급조치 9호 위반혐의로 구속했다. 1979년 1월 15일 윤활식 이기중 성유보가 송년특집 〈동아투위소식〉을 제작, 배포했다는 이유로 구속됐다. 성유보는 1975년에 이어 두 번째 구속됐다. 이로써 1978년 10월부터 1979년 1월 초까지 동아투위 위원 10명이 '민주인권일지' 사건으로 감옥에 갇혔다.

송년특집으로 나온 1978년 12월 27일자 〈동아투위소식〉엔 '자유 언론은 영원한 실천과제'라는 성명이 실렸는데, 성명 내용은 이러했다. "민중의 부르짖음이 현 제도언론의 외면으로 역사의 지평

'민권일지사건'이 일어나자 동아투위 위원들과 재야인사들은
청진동 투위 사무실 앞에서 항의 도열시위를 벌였다.

너머로 함몰되어가는 것을 보다 못해 사실을 사실대로 역사에나
마 기록으로 남기고자 몇백부 만들어 돌려본 것에 지나지 않는다.
있는 사실을 있다고 기록한 것이 죄가 되어 옥고를 치러야 하는 이
땅은 이미 역사를 잃은 땅이다."

　동아투위는 10명의 구속 사태를 '유신 시대 언론 자유가 총체적
으로 감옥으로 간 사건'이라 불렀다. 동아투위는 이부영을 간사로
한 '법정대책특별위원회'를 구성했고, 전국에서 22명의 변호사가

무료 변론에 나서주었다. 서울의 김재형 박세경 홍현욱 이돈명 태윤기 김춘봉 이범열 용남진 정춘용 이세중 김교창 조준희 박두환 이돈희 하경철 홍성우 황인철 변호사, 광주의 홍남순 변호사, 부산의 김광일 이홍록 변호사 등이 그들이었다.[57]

안종필 홍종민 안성열 장윤환 박종만 김종철 6명은 11월 16일 검찰에 송치되고, 서대문 서울구치소에 수감됐다. 정연주는 11월 29일 검찰에 구속, 송치됐다. 검찰은 7명을 4개의 독립된 사건으로 분리해서 서울형사지방법원에 기소했다. 검찰은 11월 24일 안성열을, 11월 29일 장윤환 김종철을, 12월 4일 안종필 홍종민을, 12월 5일 박종만 정연주를 각각 분리해 기소했다. 서울형사지방법원도 이 사건을 2개씩 묶어 각각 다른 재판부에 배당했다. 안종필과 홍종민, 박종만과 정연주는 서울형사지법 합의 12부(재판장 김형기 부장판사)에, 안성열과 장윤환 김종철은 서울형사지법 합의 11부(재판장 한정진 수석부장판사)에 배당했다.

같은 사건인데도 검찰이 분리 기소하고 법원이 분리 배당한 속셈은 유인물 제작 배포라는 경미한 사건으로 지식인을 7명씩이나 한꺼번에 구속 기소했다는 국내외 지탄을 피하고, 변호인의 선임 및 법정투쟁을 약화시키며, 민주인사들의 방청을 가능한 한 사전에 봉쇄하려는데 있었다.[58]

안종필 홍종민에 대한 검찰의 공소장 내용은 다음과 같다.

적용 법조 : 국가안전과 공공질서의 수호를 위한 대통령 긴급조치 1항 가호, 나호, 라호, 2항, 7항, 신문통신 등의 등록에 관한 법률 제4조 1항, 제14조 1항

공소 사실 : 피고인 안종필은 동아자유언론수호투쟁위원회 위원장이며, 홍종민은 동 위원회 총무인 바,

1. 피고인 안종필, 동 홍종민 등은 1978년 10월 5일 오후 7시경 서울 종로구 청진동 291-1 소재 동화빌딩 303호실에서 개최된 동 투위 정기상임위원회의 결정에 따라 10월 17일 정기월례회와 10월 24일 자유언론실천선언 4주년 기념식 등을 기하여 특집형식으로 유인물을 제작·배포하기로 하고 동 안종필이 그 유인물의 초안 작성을 같은 회원인 안성열, 박종만 등에게 부탁하고 동월 14일에 동 안성열로부터 10월 17일자 〈동아투위소식〉이란 제하의, 동 박종만으로부터 10월 24일자 〈진정한 민주민족언론의 좌표〉란 제하의 각 원고를 제출받아 그 내용을 수정, 검토할 때 그 속에는 사실을 왜곡하고 현행 헌법을 비방하는 내용 등이 포함되어 있음을 알았음에도 이를 제작, 배포할 것을 기도하고 동 전시 안성열 등과 공모하여

가. 피고인 홍종민은 동아투위 사무실에서 동 안종필의 지시로

(1) 1978년 10월 14일부터 동월 16일 사이에 전시 안성열이가 초안한 원고지에 〈재야인사 402명, 10·17 국민선언 발표, 범국민적으로 서명작업을 전개〉란 소제목 하에 "▲10월 17일 계엄과 잇따

른 긴급조치로 민주헌정은 철저히 파괴되었다 ▲국민의 정치참여를 제도적으로 배제한 필연적인 결과로서 부정·특권·타락은 극대화되었다 ▲현행 헌법은 국민의 기본권을 제한 또는 박탈하고 입법부와 사법부를 권력의 시녀로 만들었다"는 요지의 사실을 왜곡하고 현행 헌법을 비방하는 〈10·17 국민선언〉을 인용한 부분이 포함되어 있는 줄 알면서 이를 등사원지에 필경하여 유인물 150부를 등사 제작하고

(2) 같은 달 16일경부터 19일 사이에 전시 박종만이가 초안한 〈진정한 민주민족언론의 좌표〉란 제하의 원고지에 "▲지금 우리 사회에 있어 민주주의와 자유언론에 대한 가장 큰 장애요소는 유신헌법과 그에서 파생된 긴급조치이다 ▲우리가 진정한 민주민족언론으로서 언론자유와 사실보도의 권리를 갖고 다시 현역에 복귀하기 위해서는 자유언론을 압살하는 모든 제도와 법이 당연히 철폐되어야 한다"라는 취지의 대한민국 헌법의 폐지를 주장하고 대통령 긴급조치 9호를 비방하는 내용이 포함되어 있음을 알고도 이를 등사원지에 필경하여 유인물 160여부를 제작하고

나. (1) 1978년 10월 17일 12시경 서울 종로구 청진동 소재 한일관에서 개최된 동 투위 월례회 석상에서 참석위원 40여명에게 1의 가 유인물을 배포하고 불참위원 72명에게는 우송배포하고

(2) 같은 달 24일 19시경 서울 중구 명동 소재 한일관에서 개최된 자유언론실천선언 4주년 기념식 석상에서 참석위원에게 1의 나 유인물을 배포함과 아울러 같은 위원인 이규만으로 하여금 낭독케 하

여서 사실을 왜곡하고 대통령긴급조치 9호를 비방함과 동시에 대한민국 헌법의 폐지를 주장하는 내용이 포함된 표현물을 제작, 배포하고

2. 피고인 안종필은 소할관서에 등록함이 없이 1977년 4월 17일경부터 1978년 10월 중순경까지 사이에 서울 종로구 청진동 291-1 소재 동화빌딩 303호실의 동아투위 사무실에서 매월 17일자로〈동아투위소식〉이란 제하의 유인물 120매 가량을 발행하여 회원에게 송부해 줌으로써 정기 간행물을 발행한 것이다.

서울구치소의 '안 위원장님'

　종로경찰서에서 20일 넘게 있던 안종필과 동료들은 11월 16일 서대문의 서울구치소로 넘어갔다. 구치소 이송 전날 밤 보안과장실에서 특별한 저녁 식사 자리가 마련됐다. 당시로선 상상할 수 없는 특별대우였다. 동아일보 해직기자들을 오랫동안 지켜본 종로경찰서가 호의를 베풀었다고 할까. 안종필과 동료들은 가족들이 가져온 음식을 나눠 먹고 술도 한잔하며 이별을 준비했다. 박종만은 훗날 이렇게 술회했다. "그것이 그때까지도 우리에게 '기자 위세'가 남아 있었기 때문인지, 자기들이 생각해도 지은 죄 없이 구속되는 게 안 되어 보여서 그랬는지 알 수 없지만, 어쨌든 우리는 유쾌하게 술 한 잔 마시고 가족들과 헤어졌다."

　안종필은 서대문구 현저동 101번지 서울구치소에 수감됐다. 온종일 검찰청 구치감에 갇혀 있다가 구치소에 입감된 것은 저녁 배

안종필은 1978년 11월 16일 서대문구 현저동 서울구치소 독방에 갇혔다.
사진은 서울구치소 내부 (사진 자료 : 서대문구청)

식이 끝난 시간이었다. 지급품은 죄수복 1벌, 담요 2장, 플라스틱 주발 2개, 대나무 젓가락 1벌, 2480이 적힌 수인 번호표와 긴급조치 사범이라는 표지인 노란 딱지가 전부였다. 철커덕 방문이 닫히면서 노란 전등불이 켜진 독방에 홀로 남겨졌다. 곧 곯아떨어졌다. 다음 날 아침 6시 기상 점호를 받은 뒤 세면실로 가면서 여기저기서 인사를 받았다. "안 위원장님, 환영합니다." 얼굴도 모르는 나이 어린 학생의 인사를 받고 안종필은 찡했다. 간밤에 입소한 것을 어떻게 알았는지, 벌써 소문이 쫙 났다. 동아투위 사람들이 왔다고. 이방 저방에서 인사를 건네왔다.

일주일쯤 지난 11월 중순이었다. 이광자가 면회를 왔다. 유리창과 철망으로 가로막힌 면회실에서 본 이광자의 눈은 슬펐다. 금방

서울구치소에 수감 중인 안종필이 면회온 사람들과 나눈 대화 내용을
구치소 측이 기록한 접견기록 복사본. 필자가 법무부 교정본부, 서울구치소,
서울동부구치소 등에 정보공개를 청구해 확보했다.

이라도 떨어지려는 눈물을 겨우 참고 있었다.

"여보 춥지요?"

"괜찮아."

"건강은 어때요?"

"나는 건강도 아주 좋고 하니까 걱정하지 말고 여러 가지 일도 바쁘고 하니까 한 달에 면회는 두 번 정도 오면 되겠어."

"오늘 담요 넣었어요."

"나한테 2장 있고 하니까 됐어."

"옷은 뭐 넣으면 되겠어요? 솜 두툼이 넣어 한복 한 벌 넣을게요."

"입고 있는 것만으로 괜찮아. 애들은 건강하고 잘 있지."

"예. 공부도 잘 하고 있으니까 조금도 걱정마세요."

"그래 알았어."

두 사람의 말을 받아 적던 교도관이 손목시계를 보며 일어서서 안종필의 등을 돌리면서 면회는 끝났다. 면회를 신청하고 구치소 마당에서 1시간 넘게 서성거리다 남편의 얼굴을 봤는데, 3분 만에 끝났다. 면회실을 나가는 안종필의 뒷모습에 이광자의 가슴은 무너졌다. "하느님, 어쩌자고 우리 가족에게 이런 시련을 주시나요?" 복받치는 설움에 하염없이 눈물이 흘렀다.

감옥 생활은 단순했다. 기상, 식사, 운동, 독서, 빨래 등등. 안종필은 주로 책을 읽으며 시간을 보냈다. 처음 받은 책은 성경이었다. 삼국유사, 동양문화사 등 역사책에 빠질 때가 있었고, 술술 읽히는 삼국지, 수호지 등도 벗이 됐다. 시간을 내어 영어와 일어도 공부하고, 매스컴 등 언론 관련 책도 탐독했다. 안종필은 다섯째 동생 안미숙에게 보낸 편지에서 감옥의 시간을 독서로 메우고 있다며 그간 읽은 책이 80여권 될 것 같다고 썼다.

감옥에선 누군가와 대화할 여지가 별로 없다. 독방에 갇혀 있고, 하루에 한 차례씩 운동 명목으로 30분씩 밖에 나가지만 다른 수용자들과 접촉하지 못하도록 교도관들이 따라다닌다. 면회도 1주일에 한 번 3분이면 끝났다. 그래서 저녁 식사가 끝나면 '뺑끼통(감방 안 화장실을 뜻하는 은어)' 뒤 쇠창살을 통해 이웃방들과 큰 소리로 이야기를 주고받는 '통방(通房)'이 펼쳐진다. 안종필은 그렇게 사람들을 사귀며 감옥생활을 해 나갔다.

통방이 재소자 간 소통 수단이라면 감옥과 바깥세상을 연결해 준 통로는 면회, 편지, 가족이 넣어준 물건을 받을 때다. 한 달에 두 번 오라고 했지만, 이광자는 3분짜리 면회라도 남편 얼굴을 봐야 했다. 이광자는 두 번째 면회에서 "당신이 내게 주는 선물은 오직 건강"이라며 건강 관리를 신신당부했다. 넷째 동생 안애숙은 우유와 달걀 꼭 챙겨 먹고, 영치금 1만원 넣었으니 삶은 돼지고기와 귤을 사 먹으라며 오빠 건강을 챙겼다.

안종필은 민영이와 예림이가 잘 있는지, 약국 운영은 어떤지, 아픈 데는 없는지 등을 묻고 세탁물 내놨으니 찾아가고 책을 넣어달라거나 집으로 오는 유인물 챙겨 놓으라고 했다. 이광자와 안애숙이 면회할 때마다 자주 오면 뭐하냐며 보름에 한 번씩 오라는 말을 덧붙였다. 이 말이 속상했던지 안애숙은 "다른 사람은 자주 오라고 한다던데 오빠는 왜 그래요?"라며 쏘아붙이기도 했다.

안애숙은 당시 결혼해서 서울 녹번동에 살고 있었다. 친가 식구들이 다 부산에 있고 올케언니 이광자가 약국을 비우기가 어렵고 건강도 좋지 않아 구치소 면회나 재판 방청, 동아투위 행사에 주로 안애숙이 참여했다. 안애숙은 안종필을 면회하고 나온 어느 날 이

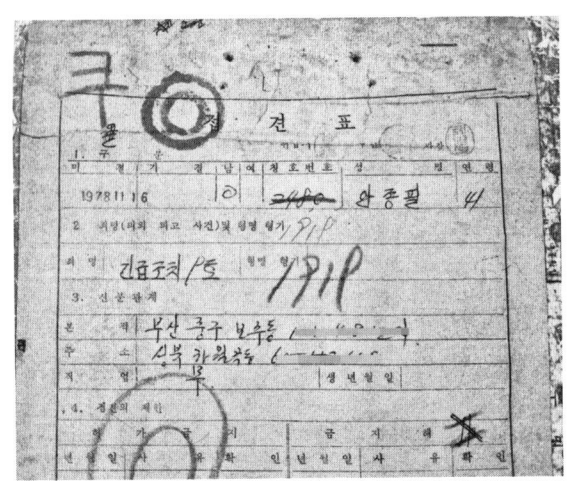

안종필이 수감 중일 때 면회온 사람들을 기록한 접견표 복사본 첫 장. 나이, 수감 날짜, 죄명, 수인 번호 등이 적혀 있다. 필자가 법무부 교정본부, 서울구치소, 서울동부구치소 등에 정보공개를 청구해 확보했다.

런 생각이 들었다고 했다. "면회가 끝나고 감옥으로 들어가는 오빠 뒷모습을 보고 너무 가슴이 아팠어요. 나는 하늘의 햇빛이 쏟아지는 세상으로 나오는데 오빠는 다시 어두운 감옥으로 들어가잖아요. 안 가고 싶은 거예요. 근데 안 갈 수도 없잖아요. 나 아니면 다른 사람이 갈 수 없으니까…."

당시 서울구치소에는 긴급조치와 반공법 위반으로 들어온 양심수들이 모여 있었다. 리영희 선생, 김지하 시인, 문익환 목사, 양성우 시인, 박현채 선생 등의 얼굴을 볼 수 있었다. 대학생 양심수도 50명이 넘었다. 미수에 그친 '광화문 연합시위' 때문에 들어온 학생들이었다. 교도관들은 죄수를 부를 때 이름을 부르지 않고 수번을 불렀는데 안종필한테는 깍듯이 '안 위원장님'이라는 호칭을 썼다. 11월 말 정연주가, 이듬해 1월 초 윤활식 이기중 성유보가 줄줄이 들어왔다.

그해 겨울은 몹시 추웠다. 마룻바닥에 온기라곤 없었고, 양동이에 받아둔 물은 밤새 꽁꽁 얼어붙었다. 내복에 스웨터를 입고 솜이 두툼한 한복을 껴입어도 칼바람이 몰아칠 땐 이가 덜덜덜 떨릴 지경이었다. 그나마 안종필은 형편이 괜찮은 '범털'이었다. 가족들이 넣어준 솜 한복도 있고, 영치금으로 사식을 사서 먹거나 필요한 물건을 구입할 수 있었다. 일반 죄수들 중 돈 한 푼 없는 '개털'은 얇은 관복에 팬티와 러닝셔츠로 호된 겨울을 버텼다. 빈익빈부익부는 감옥이라고 다르지 않았다.

해가 바뀌어 1979년 1월 10일 서울형사지방법원 대법정에서 첫 공판이 열렸다. 안종필은 호송버스에서 홍종민 박종만 안성열 장윤환 김종철 정연주를 만날 수 있었다. 구치소에선 운동도 따로 하고 분산 수용으로 접촉을 금지해서 얼굴을 마주할 기회가 거의 없었다. 다들 건강해 보였다. 안종필과 동료들은 호송버스에 실려 덕수궁 옆 법원으로 가면서 서울 시내를 볼 수 있었다. 약 두 달 만의 외출이었다.

정연주는 법정에 갈 때의 심정을 이렇게 기록했다. "재판이 열리는 날이면 소풍 가는 아이들처럼 마음이 들떴다. 법정에서 만날 반가운 얼굴들에 대한 기대, 아니 그 전에 평소 서울의 거리 모습,

보통 사람들의 일상적인 생활 모습을 볼 수 있다는 기대에 가슴이 여간 벅차지 않았다. 갇힌 이들에게 가장 절실한 그리움의 대상은 극히 일상적인 것들이다. 아이들이 재잘거리는 모습, 부엌에서 일하는 아내의 뒷모습, 동네 아파트 어귀에 있는 과일 장수 아저씨의 담배 피우는 모습, 심지어 버스 정류장에서 만원 버스를 기다리는 사람들의 모습조차 정겹게 그리운 법이다."[59]

안종필의 눈에도 두툼한 겨울옷을 껴입고 거리를 걷는 사람들, 잎을 다 떨군 가로수 사이로 스치듯 지나가는 회색빛 건물들이 들어왔을 것이다. 법정에 들어서니 방청석에 앉은 동료들, 가족들, 민주인사들이 눈인사를 보냈다. 이날 재판은 변호인단의 병합심리 요청으로, 특별기일을 정해 공판을 속행하기로 하고 끝났다.

2월 3일 열린 2차 공판에서 재판부와 검찰의 신문이 있었다. 안종필과 동료들은 공소사실을 모두 시인했다. 이날 재판에선 묘한 장면이 펼쳐졌다. 재판부는 장윤환 김종철 안종필 홍종민 안성열 박종만 정연주 순으로 인정신문을 받고 그 순서대로 서울지검공안부 검사 4명이 법정에 들어오고 나갔다. 이 때문에 재판부도 4차례나 개정하고 폐정하는 수고를 되풀이했다. 똑같은 사건을 4개로 분리, 신문하면서 벌어진 촌극이었다. 2차 공판에 앞서 서울형사지방법원은 변호인단의 사건 병합심리 요청을 거부했다. 대신 4개의 사건을 하나의 재판부로 통합, 배당했다. 합의 12부에 배당된 안종필과 홍종민, 박종만과 정연주 재판을 안성열 장윤환과 김종철을 담당한 합의 11부로 통합, 배당한 것이다. 재판장은 한정진 수석부장판사였다.

2월 10일 3차 공판이 열렸다. 대법정 방청석은 구속자 가족을 비롯해 윤보선 전 대통령 부부, 이희호 여사, 천관우 송건호 선생과 대학생들로 가득 찼다. 일본 아사히신문과 교도통신 등 외신기자들은 기자석에 앉아 있었다. 변호인단은 또다시 사건 병합을 거듭 요구했다. "검찰이 어떤 필요와 이유 때문에 사건을 넷으로 분리했는지 모르나, 재판부 자신이 사건의 전모를 올바로 파악하기 위해서라도 사건은 병합되어야 한다. 재판부가 이 요구를 안 받아들이면 피고인들이 재판부를 기피하겠다는 의사를 밝히고 있다"고 했다. 재판부는 1시간쯤 휴정하고 돌아와 사건 병합은 인정할 수 없고, 모든 관련 피고인들이 한자리에 앉아 심리를 받도록 하겠다고 밝혔다.

이때까지 법정에는 안성열만 앉아 있었다. 재판부의 심리 병행 결정으로 법원 맞은편 구치감에서 대기하던 안종필 등 6명이 법정으로 나왔다. 변호인 반대신문은 안성열 박종만 정연주 장윤환 김종철 순으로 진행됐다. 안종필과 홍종민의 반대신문은 2월 17일 4차 공판으로 넘어갔다. 법정에 선 안종필의 동료들은 시종일관 당당하게 유신체제를 추상같이 비판했다. 『자유언론 40년』은 "그날의 그 재판, 그것은 그대로 유신독재의 성토장이요, 자유민주주의의 학습장이었다"고 기록했다.[60]

안종필이 3차 공판에 출석한 그날은 아들의 국민학교 졸업식이었다. 그는 '보고 싶은 민영아'로 시작하는 편지를 썼다. "입학식에

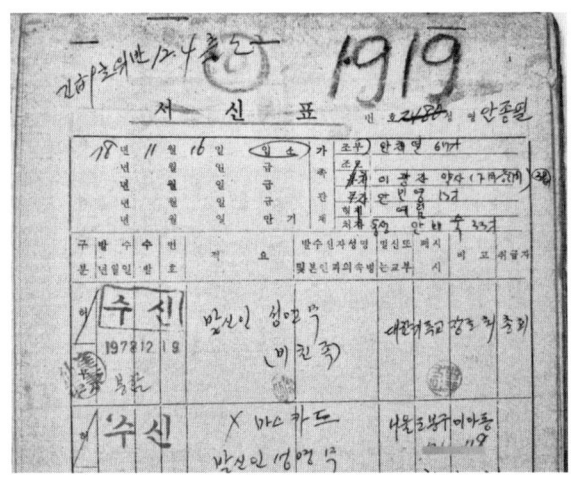

안종필이 수감 중일 때 누구와 편지를 주고 받았는지 기록한 서신표 복사본 첫 장. 필자가 법무부 교정본부, 서울구치소, 서울동부구치소 등에 정보공개를 청구해 확보했다.

참석한 것이 어제 같은데 벌써 6년이 흘렀구나. 너의 졸업식에 참석하지 못하나 이곳에서 너의 졸업을 마음속 깊이 축하한다. 중학생이 되면 사회적으로 한 사람의 인격자로 대우를 받고 자기 스스로 모든 문제를 해결하는 것이다. 너 자신이 너 문제를 파악하여 해결하도록 하라. 그리고 열심히 영어공부를 하여라."

하루에도 몇 번씩 아들딸이 생각나지만 이런 날에는 더더욱 보고 싶었다. 다른 아이들은 아빠랑 사진도 찍고, 중국집에서 짜장면도 먹을텐데 하는 생각에 설움이 목줄기를 타고 올라왔다. 그런 쓸쓸한 속내를 아이들에게 내비칠 순 없었다. 담담하게 자신은 잘 있으니 학교생활을 잘하라는 말이 전부였다. 한 달이 지난 3월 중학생이 된 아들에게 다시 편지를 보내 책 많이 읽고 동생을 잘 보살피라고 했다. 그 무렵 딸에게 이런 편지를 보냈다.

> 사랑하는 나의 딸 예림이가 4학년이 되고 전학까지 했다니 아빠는 무척 기쁘다. 오빠하고 함께 학교에 다니겠구나. 예림이가 의학박사가 되겠다고 학급 친구에게 약속했으니 그 약속을 지키자면 열심히 공부해야겠구나. 서로 협력하여라. 급우들과 말이야. 공부 열심히 하고 어머니와 오빠 말 잘 들어라. 아침에 일찍 일어나고. 아빠는 몸이 건강하다.

딸 예림이는 아빠가 일본에서 공부하고 있는 줄 알고 있었다. 외국에서 돌아온 친척이 집에 들러 선물을 주면 "아빠도 곧 일본에서 돌아올 거야. 아빠가 무슨 선물 가지고 올지 궁금하다"고 떠들었다. "아빠, 일본 생활도 익숙해졌죠. 답장할 때 일본말로 예림 이름 적어달라"고 편지도 보냈다.

긴급조치 9호 법정에서
— 자유언론이 보장되지 않으면 사회는 썩고 미치고 만다

2월 17일 4차 공판에선 안종필과 홍종민에 대한 변호인단의 반대신문이 있었다. 그날도 방청석은 초만원이었다. 책가방을 든 대학생도 많이 보였다. 황인철 변호사와 주고받은 문답 요지는 다음과 같다.

황인철: 동아투위는 왜 생겼고 무엇을 하는 단체입니까?
안종필: 자유언론의 수호를 위해 투쟁하는 기자, 프로듀서, 아나운서들의 모임입니다. 매월 17일에 월례회의를 갖고 유인물을 내고 있습니다. 매월 7일에는 상임위원회를 열어 중요한 일을 의결합니다. 우리나라의 언론은 1960년대 말부터 여러 가지 제약을 받아 제 구실을 하지 못했습니다. 우리는 '10·24 자유언론실천선언' 이후 온몸으로 투쟁하겠다고 결의했습니다. 우리는 1975년 3월 17일

200여 폭도들에 의해 신문사 방송국에서 쫓겨났습니다. 바로 그날 우리는 '동아자유언론수호투쟁위원회'를 결성해 동아일보사로의 명예로운 원상회복과 자유언론의 수호를 위해 투쟁하기로 했습니다. 우리 동아투위는 민주주의를 사랑하는 모든 시민에 대한 의무가 있습니다. 우리는 동아일보사의 광고해약 사태 때 보여준 민주인사들의 뜨거운 성원에 보답해야 합니다. 그간 우리 투위 위원들에 대한 구속 연행 수색이 잦았고, 임수진 아나운서는 결혼을 하고도 해외로 내보내지 않아 이산가족이 되기도 했습니다.

황인철: 투위의 조직은?

안종필: 원래 114명이었으나 두 분이 별세해 지금은 112명입니다. 이 112명이 전체회의를 가끔 갖습니다. 우리가 쫓겨난 날인 17일, 매월 17일에 모여 점심을 함께하기도 하고 야유회, 고인에 대한 추도회 등을 갖는데 이것이 다 전체회의에 해당되는 것입니다. 투위에는 또 상임위원회가 있어 중요 정책을 결정합니다. 상임위원은 지금 14명입니다. 상임위원은 대개 각 국(局) 대표나 부(部) 대표 또는 입사 동기 대표들로 구성되어 있습니다. 집행부는 위원장과 총무 둘 뿐인데, 전체회의 또는 상임위원회의 결의사항을 집행하고 있습니다.

황인철: 동아투위의 활동 목표는?

안종필: 동아일보사로 명예롭게 복직하는 것을 최대의 활동목표로 삼고 있습니다. 우리는 복직을 위한 준비로 항상 취재하고, 메모하고, 자료를 수집해왔습니다. '10·24 민주인권사건일지'도 바로 그

1979년 5월 9일 1심 법원이 긴급조치 9호 위반으로 구속된
안종필 등 7명에 대해 징역 1년 6월에서 2년 6월의 실형을 내린 이후
동아일보 해직기자 가족과 동료들이 동아일보사 앞에서 항의시위를 벌였다.

런 것이며, 안성열 동지가 쓴 '재야인사 402명의 10·17 국민선언서
명' 기사도 그런 것입니다. 이것은 기자라면 당연히 취재하고 써야
될 사실이기 때문에 그렇게 했던 것입니다.

황인철 : 생계는 어떻게 꾸려나갑니까?

안종필 : 아내가 조그만 약국을 하기 때문에 거기에 의존해 왔습
니다.

황인철 : 10·17 유인물에는 '반체제 가요사건'이 기록돼 있는데 그

런 것은 왜 실었습니까?

안종필 : 우리는 기자입니다. 전 소설가, 전 법조인이 있을 수 없듯이 우리는 전 언론인이 아닙니다. 우리는 언론인입니다. 다만 잠깐 현장에서 타의에 의해 강제로 물러나 있을 뿐입니다. 그러므로 기자가 해야할 일을 하는 것은 지극히 당연한 것입니다.

황인철 : 〈동아투위소식〉이 신문통신등록법 위반이라는데…

안종필 : 우리 동아투위 유인물은 75년 3월 17일 이후 한 달에 1회 이상 한 번도 거른 적이 없습니다. 우리 유인물은 그동안 경찰과 정보부원들이 그때그때 가져가서 상부에 다 보고한 것입니다. 그런데도 그것을 한 번도 문제 삼지 않았습니다. 우리 유인물은 그 제목이 말해주듯 〈동아투위소식〉입니다. 그 이상도 그 이하도 아닙니다. 그곳에는 우리의 억울함과 부당한 현실이 정정당당하게 개진되어 있습니다. 우리 유인물은 우리가 언론인으로서의 의견을 말하는 것입니다.

황인철 : 지금과 같은 긴급조치 아래에서도 자유언론은 있어야 된다고 생각하십니까?

안종필 : 물론입니다. 긴급조치는 국가 위기 등 긴급사태에만 발동되어야 하는 인위적인 것이지만, 언론자유는 하늘이 내려주신 것입니다. 인간은 자유언론적 동물입니다. 따라서 자유언론은 긴급조치 이전의 것입니다. 구치소에 있어 보니 듣고 말하고 보고 하는 것은 인간의 존재양식 바로 그 자체라는 것을 다시금 깨닫게 되었습니다. 사람은 듣고 보고 말하지 못하면 미치고 맙니다. 사회도 마

찬가지입니다. 자유언론이 보장되지 않으면 썩고 미치고 맙니다. 그러므로 긴급조치 밑에서도 언론의 자유는 제한될 수 없는 것입니다.

3월 3일 열린 6차 공판에서 안종필과 동료들이 재판부 기피신청을 내고, 법원 결정을 기다리면서 1심 재판은 중단됐다. 서울형사지법 제12부가 심리한 재판부 기피신청은 기각됐다. 서울고등법원에 항고했으나 기각당했고, 대법원 재항고도 4월 30일 기각됐다. 2월 초부터 일주일마다 열린 1심 재판은 3월 초부터 4월까지 약 두 달 열리지 못했다.

감옥살이에서 편지를 읽을 때가 가장 행복했다. 4월 들어 편지가 잇따라 날아들었다. 몇 글자 안 되는 짧은 내용이라도 읽고 또 읽었다. 아빠가 없는데도 바르게 자라는 아이들이 대견하면서도 "아빠가 생각나 사진을 보았다"는 딸의 편지에 가슴이 저몄다. 이광자는 외롭지 않다며 이런 편지를 보내왔다. "당신 아내 됨을 자랑스럽게 생각하고 있어요. 당신의 그 진실한 눈빛을 바라볼 때 미처 행복을 몰랐던 것 같아요. 진실은 역사가 언제나 입증해주는 것입니다. 항상 강한 정신력으로 견디어 봅시다." 고생만 시킨 아내에게 너무 미안했다.

그 무렵 서울구치소는 시끄러웠다. 대학생들은 며칠째 "도서 검열을 폐지하라" "합방에 보내달라"는 구호를 외쳤다. 구치소 당국이 일부를 징벌방에 가두며 강제 진압하자 단식으로 맞서며 감방

개신교회가 주최한 정기 목요기도회는
구속된 언론인들과 민주 인사들의 석방을 요구했다.

철문을 거세게 두드렸다. 학생들은 구치소 간부와 교도관들이 아무리 설득을 해도 단식과 항의를 멈추려 들지 않았다. 항의와 소란이 계속되자 보안과장은 안종필에게 사태 수습을 간청했다.

"안 위원장님, 학생들이 단식을 멈추지 않아 사고라도 난다면 제가 옷을 벗어야 합니다. 제발 좀 말려주십시오." 안종필은 한참 생각한 끝에 "한번 노력해보겠다"고 대답했다. 보안과장은 구치소 안의 간이목욕탕에 학생 대표 몇 사람을 불러 안종필과 대화를 갖도록 했다. 안종필은 "도서 반입과 합방 문제는 내가 보안과장과 잘 의논해 볼 테니 단식을 푸는 것이 좋겠다"고 학생들을 설득했다. 그들은 "위원장님이 그렇게 말씀하시니 결과를 지켜보겠습니다"라고 응답했다. 안종필이 그런 합의를 구치소 당국에 전하자 바로 이튿날부터 상당수의 도서가 '반입 금지'에서 풀려났다.[61]

5월 9일 열린 1심 선고공판에서 안종필은 징역 2년에 자격정지 2년을 받았다. 홍종민과 안성열도 징역 2년에 자격정지 2년, 장윤환은 징역 1년 6개월에 자격정지 1년 6개월, 박종만 김종철 정연주는 징역 2년 6개월에 자격정지 2년 6개월을 선고받았다. 서울지법 형사11부(부장판사 한정진)는 "피고인들의 자백이나 유인물 등 증거에 의해 피고인들의 유죄는 확실하다"고 유죄 판결 이유를 밝혔다. 재판부는 "언론의 자유는 바라는 바이다. 그러나 캄보디아의 700만 인구가 그 나라의 공산화 이후 500만으로 줄어들었다는 사실에 비춰 우리도 더욱 안보를 튼튼히 해야 한다. 언제 어떤 형태로 캄보디아와 같은 참화가 밀려올지 모른다"고 판결문에 썼다.

그날 재판에서 안종필과 동료들은 재판부의 출퇴정에 기립하지 않았다. 재판장의 호명에도 응답하지 않고 앉은 자세로 선고를 받았다. 재판장이 유죄판결을 내린 순간 피고인석에서 노랫소리가 나왔다.

오 자유, 오 자유, 나는 자유하리라
비록 얽매였으나 나는 곧 돌아가리
자유 누리는 새 세계로…

정리(廷吏)들이 달려들어 제지했으나 안종필과 동료들은 노래를 계속했다. 아프리카에서 노예로 끌려온 미국의 흑인들이 만들어 부른 찬송가였다. '오 자유'는 그치지 않고 대법정에 울려 퍼졌다. 노래는 마침내 끝났다. 7명은 방청객들의 박수를 받으며 법정을 떠났다.

성동구치소 1호실 감방장 안종필

5월 들어 장인어른이 자주 면회를 왔다. 장인 이만수는 이광자가 하루 한 끼밖에 먹지 못하고 몸무게도 많이 줄었다면서 침 맞고 한약을 먹고 있다고 했다. 장인이 면회를 올 때마다 안종필은 맨 처음 이광자의 건강 상태를 물었다. 둘째 아이 낳고 제대로 쉬지 못하고 약국을 맡으면서 피로가 누적됐다며 관리 약사를 두면 어떨지 묻기도 했다. 장인네는 이광자가 하월곡동에서 약국을 시작하고 몇 년 후에 서울로 이사했다.

안종필 집 근처에 살면서 약국 운영도 돕고 아이들을 보살폈다. 장인은 하나밖에 없는 사위를 각별히 아꼈다. 딸보다 사위와 속 깊은 얘기를 더 나눴다. 안종필이 감옥에 있는 동안 면회실을 가장 많이 찾은 사람도 장인이었다. 장모는 두꺼운 솜옷을 여러 벌 만들어 감옥 안으로 넣어줬고, 새벽마다 교회에 나가 사위가 건강하게

지금은 철거된 옛 성동구치소 내부 모습.
1979년 안종필은 여기서 옥살이를 했다. 1977년 문을 연 성동구치소는
2017년까지 사용됐다가 동부구치소로 이름이 바뀌면서 이전했다.
(사진 자료 : 뉴시스)

돌아오길 기도했다. 장인 장모, 손아래 처남들 덕에 옥살이하는 안종필은 가족 걱정을 조금은 덜었을 것이다.

6월 초 서울구치소에 있던 동아투위 동료들은 흩어졌다. 6월 8일 안종필은 홍종민 김종철 정연주와 함께 성동구치소로 이감을 갔다. 박종만 안성열 장윤환은 영등포교도소로 이감됐다. 성유보 이기중은 9월에 영등포구치소로 이감됐다. 안종필이 이감을 간 성동구치소는 서울 가락동 남한산성 쪽 허허벌판에 서 있었다.[62]

성동구치소 독방은 양팔을 뻗으면 벽에 닿을 정도로 좁고 갑갑

했다. 서울구치소 독방은 문이 나무로 돼 있고 뺑끼통 뒤 철창을 통해서 밖을 내다볼 수 있었지만, 성동구치소 독방은 쇠로 된 철문에 '식구통'(밥을 넣어주는 조그만 구멍)과 얼굴 높이의 쇠창살 얼개가 있을 뿐 사방이 꽉 막혔다.

이튿날부터 안종필과 홍종민 김종철 정연주는 함께 이감 온 대학생 10여명과 함께 감방 철문을 발로 차며 다른 사동(舍棟)으로 옮겨달라는 투쟁을 시작했다. 대학생들은 철문을 걷어차고 물건으로 때리며 소리를 질렀다. 김종철과 정연주 홍종민은 학생들 못지않게 구호를 외치며 철문에 발길질했다. 안종필도 따라서 했다. 구치소 건물이 울릴 정도로 소리가 요란했다. 당황한 구치소 보안과장이 안종필에게 대화를 청해왔다. 보안과장은 동아투위 4명과 대학생 모두를 구치소 맨 앞쪽 사동으로 옮겨주겠다고 약속했다. 학생들은 만세를 불렀고 안종필은 함박웃음을 지었다.

구치소 측은 앞쪽 사동 2층의 방 4개를 비워주었다. 1호실 안종필, 2호실 홍종민, 3호실 김종철, 4호실 정연주가 썼고, 각 방에 대학생 3명이 들어왔다. 방은 7~8명이 생활할 정도로 넓었다. 맨 앞쪽 사동이라 담장 너머로 바깥세상이 보였다. 무엇보다 대학생들과 함께 있어 좋았다. 안종필은 6월 23일 아들에게 쓴 편지에서 성동구치소 풍경을 이렇게 묘사했다.

> 창문을 열고 보면 큰 호수가 보이고 주위에는 과수원이 둘러싸여 있으며 과수원과 잇달아 목장이 있구나. 젖소가 20여 마리 정도 보

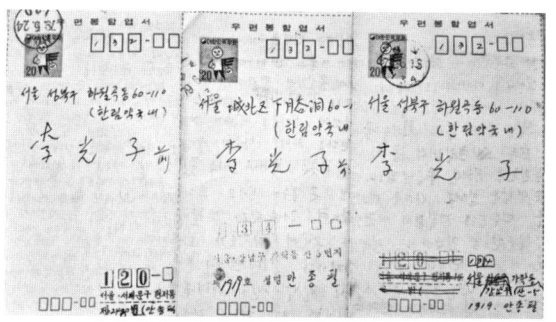

안종필이 서울구치소와 성동구치소에서 감옥살이 할 때 아들에게 보낸 편지
(사진 제공 : 안민영)

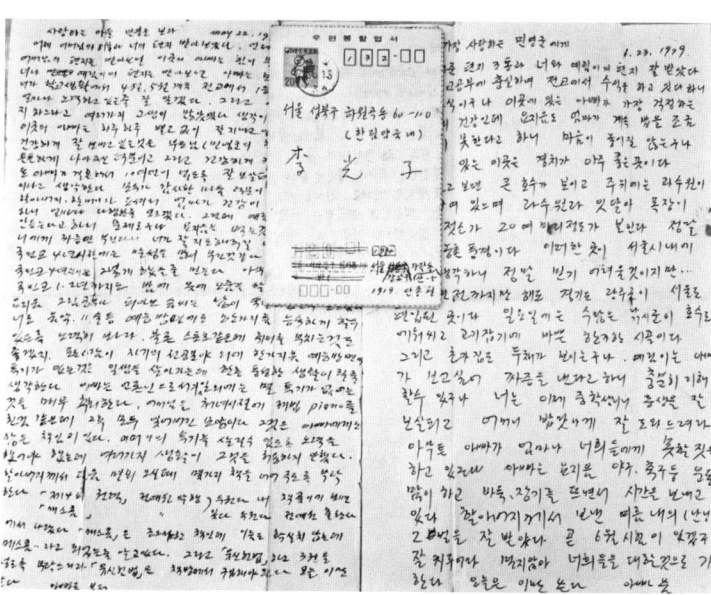

인다. 정말 한가한 농촌 풍경이다. 이런 곳이 서울시내에 있다고 생각하니 정말 믿기 어려울 것이지만…. 한 3년 전에 경기도 광주군이 서울로 편입된 곳이다. 일요일에는 수많은 낚시꾼이 호수를 에워싸고 고기잡이에 바쁜 한가한 시골이다. 그리고 초가집도 두 채가 보이는구나. (…) 아빠는 요즘 야구, 축구 등 운동을 많이 하고 바둑, 장기를 두면서 시간을 보내고 있다.

구치소에서 야구와 축구를 했다니…. 아들에게 잘 지내고 있다는 안종필의 선한 거짓말이었다. 사동과 담벼락 사이에 가로 5m, 세로 30m쯤 되는 공간이 있었는데 거기서 운동했다. 주로 달리기를 했는데 김종철은 전속력으로 100바퀴를 돌았다. 안종필 정연주 홍종민이 따라잡을 수 없을 정도로 김종철은 빨랐다. 특별한 운동이라면 정구를 했다. 맨땅에 금을 그어 경계를 나눴고, 네트도 없었다. 안종필과 홍종민, 정연주와 김종철이 짝을 지어 복식 정구를 했는데, 라켓이 없어 손으로 쳐 넘겼다. 손으로 쳐도 재미나는데 라켓으로 치면 얼마나 재밌겠냐며 나가서 꼭 테니스를 하자고 서로에게 말했다.

성동구치소로 이감된 지 사나흘 지났을까. 면회를 다녀간 아내가 편지를 보냈다. 6월 12일자 편지는 이랬다.

존경하는 당신에게 아내가 글을 보냅니다. 하고 싶은 말이 너무나 많습니다. 시간으로 따져 당신을 뵙고 온 지 불과 몇 시간이 지났겠어요? 푸른 옷을 입은 죄수 아닌 당신을 바라볼 때 이 땅의 정의가 무엇이며 진실이 무엇인가를 소리치며 누구에게나 묻고 싶습니다. (…) 약국에 들어서는 순간 슬픔이 터질 것만 같아 한동안 서성거렸습니다. 너무나 멀다는 구치소와 집과의 거리여서가 아니고, 당신 가까이서 위로와 고통을 함께 해줄 수 없음이 안타까워 서러워서 울었던 거예요. 서대문구치소보다 공기가 맑고 좋으시다는 말씀. 익혀 보고 왔지만 한 번도 괴롭고 답답함을 알려주지 않고 편하고 안정된다고만 하시는 당신의 모습에서 짙은 고독을 느낄 때 가슴이 저려오다 못해 온몸이 굳어지는 것 같은 고통을 받습니다. 여보, 당신의 전부를 존경하고 사랑하는 당신의 아내가 당신의 힘이 되어줄 수 없는, 하잘것없는 존재이지 않을까 하고 살펴질 때 부끄럽습니다. 오늘만 해도 그래요. 보안과장실에 가서 우리 네 식구(안종필, 홍종민, 김종철, 정연주 부인을 지칭—편집자 주) 인사드렸어요. 무척 너그러움이 있어 보입니다. 항상 위장할 줄 모르는 우리 식견으로서는 그렇게 보였습니다. 그래 당신네 식구를 위해 정신적 위로를 최대한 좀 베풀 수 있었으면 하고 그런 의미로서 합방을 꼭 원할 수밖에 없었다고 말씀 드렸어요. 확고한 약속은 해주지 않았지만 관심을 갖겠다고 그러면서 인간적인 가까움을 갖도록 하자고 합디다. (…) 순간순간 당신의 아픔을 같이할 수 없는 시간만 흘러가고 있습니다. 여지껏 지나온 세월이 선량하게 착하기만 한 우리들을 강하게 굳세게 다져지고 부딪치라고 자꾸만 마찰을 일으키게만 만드는 것 같음을 느낍니다. 무섭지 않은 힘이 무섭게 보이려고 함을 압니다.

성동구치소 1호실 감방장 안종필

그러나 사랑합시다. 모두를 용서하며 관용합시다.

몸이 아파서 남편을 한동안 만나지 못한 이광자는 이감 소식을 듣고 서울의 끝자락 성동구치소를 찾았다. 허허벌판에 자리 잡은 구치소, 좁디좁은 독방에 갇힌 남편을 보고 돌아온 이광자는 서럽게 울었다. 면회실 철망 너머로 마주한 남편은 공기가 맑고 좋으니 걱정하지 말라며 아내 건강에 더 신경을 썼다. 이광자는 고통과 쓸쓸함을 속으로 감추고 활짝 웃는 남편에게 짙은 고독을 목격했다. 이광자는 6월 13일에도 남편에게 편지를 썼다.

오늘도 무사히 하루를 넘긴 민영, 예림 깊이 잠들었습니다. 하루에도 몇 번씩 아빠 얘기하면서 "우리 아빠는 옛날로 말하자면 선비야" 하는 민영이의 표현, "우리 아빠는 겉보기보담 마음이 멋져" 하는 예림의 표현. 그럼 저도 한마디 하죠. "아빠는 겉과 속이 일치하는 선량한 지식인이었다고. 그런데 이상하게 무서운 힘이 밀어붙여 아빠를 투사가 되게 해버렸다고. 투사가 되어버린 아빠를 지켜보다 엄마도 슬픔을 잃어버렸고 오직 당당한 아빠의 뒷바라지를 즐겁게 하게 되었다"고 일러줍니다. 여보, 식사시간이나 잠잘 때 "아빠 건강하세요. 그리고 빨리 오세요" 하는 두 아들딸의 기도 소리가 들려옵니까? (…) 여보, 예림이가 아주 통통하게 많이 자랐어요. 다음 면회 갈 때 어린이대공원에서 찍은 사진 갖고 갈게요. 빡빡 깎은 민영의 모습 보여드릴게요. 얼마나 당신을 닮았는지, 정말 당신도 사진 보면 웃으실 거예요. (…) 어서 빨리 당신 오시면 애들 모두 당신께 맡겨야겠어요. 두 애들은 아빠만 빨리 돌아오면 엄마 약국 그만두시게끔 아빠한테 얘기하겠다면서 기다립니다. 당신 부담 느끼시죠. 그러나 모든 것 당신과 의논해서 할게요…

아내의 편지는 이어졌다. 6월 14일자 편지에는 아이들 소식과 함께 성유보 윤활식 이기중 재판 소식을 담았다. 두 번째 구속됐는데도 법정에서 당당하게 발언하는 성유보를 보며 남편이 꿈꾼 언론에 대해 조금씩 이해의 문을 열고 있었다.

성유보 씨 법정에 다녀온 날 집에 와서 얼마나 울었는지 몰라요. 두 번씩이나 견디기 어려운 고통을 이렇게 빈약한 한 남자가 짊어지고 가야만 하는 현실 앞에서 너무도 괴로워 울었던 겁니다. 당신이 법정에 서시던 날보다 더 애절하게 목이 메었습니다. 그날 옆에 있던 아라 엄마(고 조민기 PD 부인)가 이렇게 말했어요. 예림엄마, 슬픈 연애를 한번 꼭 해야겠다고요. 누구를 가리키는 말인지 아시겠죠. 같이 손을 잡고 눈물을 삼켰습니다. 청심환이라도 한 알 먹일 수 있다면 얼마나 좋겠어요. 무야 엄마(성유보 기자 부인)한테 청심환을 한 알 갖다 드려야겠습니다. 곧 쓰러질 것 같은 나약한 몸으로 카랑카랑 울리는 법정진술에서 다시 한번 생각하게 하는 언론인의 참된 모습을 영원히 새겨두게 합니다. 의롭게 살겠다는 당신네들의 특권적 지위를 생각하게 되었으며 너무도 당당하고 진실한 표현에서 다시 한번 의식높은 차원을 생각했습니다.…

　아내의 편지 3통을 한꺼번에 받은 안종필의 가슴은 처절하고 쓰라리다 못해 무너져 내렸다. 내가 무엇한다고 여기까지 와서 아내를 고생시키나. 아내는 가족 생계를 책임지며 아이들까지 키우는데 나는 뭐했나. 자유언론이니 뭐니 하며 밖으로만 돌며 가족들에게 폐만 끼치고 살았지 않나. 아내에게 미안하고 자신에 대한 원망이 들었다.
　항소심 재판부가 6월 28일 서울고법 형사1부(재판장 박천식)에 배당되면서 안종필은 항소이유서와 씨름하며 초여름을 맞았다. 항소심 재판을 준비하며 8·15 때 가석방으로 풀려날 수 있다고 기대한 듯하다. 안종필은 당시 가족들이 면회를 왔을 때 8·15를 기다려보겠다고 여러 차례 말했다. 그러나 항소심 공판은 그런 기대를 비켜갔다.

7부
—
통곡의 바다

항소심 최후진술,
"언론은 공기나 물과 같다"

 7월 25일 서울고등법원 213호 법정에서 열린 항소심은 단 1회 공판으로 심리가 끝났다. 그날 공판에선 1심에서 없었던 변호인 변론과 최후진술이 있었다. 1심 선고공판에선 재판부에 대한 기피신청으로 최후진술이 없었고 변호인들도 변론을 거부했었다.
 안성열을 시작으로 장윤환 김종철 안종필 홍종민 박종만 정연주가 최후진술을 했다. 자유언론을 향한 굳은 의지를 밝히는 열변에 재판정은 숙연했다. 안종필은 최후진술을 이렇게 했다.

 동아투위가 탄생한 배경은 김종철 동지가 자세히 말씀드렸기 때문에 그건 생략하고 지금 현재 동아투위의 현황에 대해서 말씀드리겠습니다. 현재 동아투위는 114명으로 구성되어 있습니다.
 그중에 두 사람은 동아일보에서 쫓겨나서 여러 가지 고통 속에 지

내다가 이제 고인이 되었어요.[63] 그분들도 오늘 이 법정에서 아마 우리의 얘기를 듣고 있을 것으로 생각합니다. 우리 동아투위 위원들은 매달 17일 날 월례회를 갖습니다. 그 월례회에서 문제의 '동아투위소식'이라는 간행물이 나오고 있습니다.

그 〈동아투위소식〉이라는 것은 그 내용이 무엇이 실리고 있느냐 하는 것 같으면 우리는 비록 펜과 마이크를 빼앗기고 동아일보라는 현직에서 쫓겨나 있지만 우리가 기자로서의 긍지와 기자로서의 정신을 그대로 지켜나가야 된다 하는 우리들의 신념을 가지고 있습니다.

그리고 매월 114명의 동정을 보고서에 기록하고 있습니다. 그리고 기자가 기자로서의 행동을 하는데 가장 중요한 것은 하나의 자료입니다. 그렇기 때문에 신문사마다 조사부가 있어 가지고 자료를 가장 중요시하고 있습니다.

우리가 비록 기자라는 현직에서 쫓겨나 있지만 각종 자료를 모으고 그것을 정리함으로 해서 다시 우리가 기자로서 복귀할 때 그 자료를 활용할 수 있지 않느냐 하는 점에 있어서 우리가 지난 1978년도 1년 동안에 오늘날 친위 언론에서 보도되지 않은 사건을 전부 다 기록했습니다. 그 기록으로 인해서 우리가 지금 법정에 서 있습니다. 그리고 우리가 그 자료에서 이야기하듯이 오늘날 자유언론을 압살하는 모든 법과 제도는 철폐되어야 된다 하는 것은 지금 현재 구속되었을 당시나 본인이 지금 법정에 서 있을 때나 마찬가지로 저 소신에는 변함이 없습니다.

언론이라는 것은 아까 홍성우 변호사님께서 말씀하셨듯이 '사상의 공개 시장'이라고 하는데 저는 그렇게 어려운 그런 낱말보다도 바로 인간이 살아가는 데 가장 필요한 공기라든지 물과 같다고 그렇게 생각합니다. 그래서 우리는 당연히 해야 할 일을 하다가 이 법정에 서게 되었습니다.

그래서 우리 언론인들이 자유언론을 위해서 투쟁하는 것처럼 법조인들은 법을 지키는 마당에 있어서 흔히 우리가 경찰서에서 이야기를 들었습니다. 악법도 법이니까 그렇게 집행할 수밖에 없다 하는 이런 얘기를 했는데 악법이 법이면 집행하기 전에 그것을 철폐하는 데 앞장서 줘야 되는 것이 법조인의 법을 지키는 기본 정신이 아닌가 그렇게 생각됩니다. 그렇기 때문에 본 재판에서도 그러한 신념에서 재판을 해 주시기 바랍니다.

안종필은 최후진술에서 언론은 인간이 살아가는데 필수적인 공기와 물과 같고, 기자라면 사실을 사실대로 말하고 기록해야 한다고 밝혔다. 자유언론을 압살하는 법과 제도는 철폐해야 한다는 그의 소신을 강조하며 재판장에게 죄를 묻기 전에 악법 철폐에 나서 줄 것을 촉구했다.

안종필 등 7명의 최후진술은 1979년 8월 17일자 〈동아투위소식〉에 실렸다. 박종만의 아내 윤수경이 7월 25일 항소심 공판에 소형 녹음기를 들고 가서 녹음한 것이다. 다른 해직기자들의 최후진술 요지는 다음과 같다.

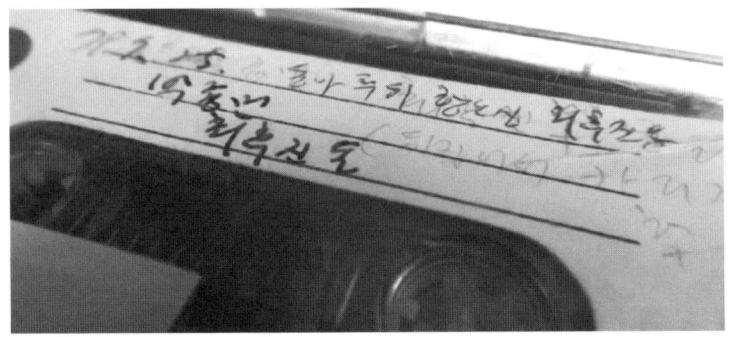

제도 언론이 보도하지 않은 민주화운동 시위 등을 일지로 정리해 배포했다는
'민주인권사건일지'로 구속기소된 안종필은 1979년 7월 25일 열린
항소심 재판에 참석했다. 이날 재판 기록은 항소심 재판을 방청한
동아일보 해직기자 박종만의 아내 윤수경 씨가 몰래 녹음했다.
박종만과 윤수경은 이 녹음테이프를 민주화운동기념사업회에 기증했다.
(출처 : 뉴스타파)

안성열 : 이 시대를 살아가는 한 사람으로서 긴급조치에 의해 직권 구속된다는 것은 숙명이자 필연입니다. 본인은 긴급조치가 시행된 지 3년 6개월 만에 구속된 데 대해 만시지탄의 감이 있으며 이 사실을 부끄럽게 생각하고 이제까지 본인의 행동이 너무 기교에 흐르지 않았는가? 저는 몇 달 동안의 감옥 생활 속에 크게 반성하고 있습니다. 자유를 원하느냐, 자유를 원하는 만큼의 희생이 필요하다는 것을 저는 누구보다도 잘 알고 있습니다.

장윤환 : 본인은 신문기자입니다. 본인은 상식을 주장하다가 감옥

에 왔습니다. 우리나라는 민주공화국이고 자유민주주의 국가입니다. 그런데도 본인은 언론인으로서의 언론자유를 주장하다가 황당하게도 감옥에 갇힌 것입니다. 언론인이 언론자유를 행사하는 것은 누에가 뽕잎을 먹는 것처럼 당연합니다. 잠자코 박수나 치라고 반박한다면 이게 말이 됩니까? 강포한 자의 목소리만 일방 통행으로 몰아갈 뿐, 약한 자의 소리는 신음 소리마저 허용되지 않습니다. 감옥에 갇힌 펜과 마이크는 이 땅의 언론의 현주소입니다. 자유언론이라는 나무는 언론인의 피로써 길러지고, 펜과 마이크는 수호되어야 합니다. 우리는 자유언론이라는 것이 상식이 되기 위해 투쟁하고 있습니다. 우리가 사랑하는 위대한 시인의 목소리를 빌려 본인의 열망을 기억합니다. 타는 목마름으로, 타는 목마름으로, 민주주의 만세!

김종철 : 한꺼번에 언론인 16명이 연행, 조사를 받고 그중 10명이 구속된 것은 해방 이후에 일어난 한국 언론 사상 최대의 사건임을 부인할 수 없습니다. 우리가 자유언론을 계속하는 것은 현 제도언론의 죄악 때문입니다. 자유언론은 폭력으로 쫓는다고 없어지는 것이 아닙니다. 우리들은 부끄러운 지식인이었습니다. 동아일보 입사 당시부터 우리들이 자유언론을 시작한 것은 아닙니다. 우리는 기자라는 특권, 특혜를 누리다가 동아일보로 대표되는 한국언론의 죄악상을 누구보다도 뚜렷하게 목격을 하게 되었습니다. 현재 우리나라의 지식인은 총 파탄 상태라고 생각합니다. 그들은 지식을 체제유

지에 악용하고 있습니다. 역사적 허무주의는 배격되어야 한다는 것을 나는 감옥에서 배웠습니다.

홍종민: 공소사실의 핵심인 무엇이 진실이고 무엇이 사실인지를 제대로 밝히지 않고 재판이 진행되고 있습니다. 우리는 증인 6명을 신청했으나 기각당했습니다. 진실을 찾지 않겠다는 재판부의 의도라고 표현할 수밖에 없습니다. 지금 정부가 "좋아졌네, 좋아졌어" 하고 강요하고 있지만 몰라보게 나빠진 사람도 무수하게 많습니다. 나빠진 것을 좋아졌다고 하는 것도 사실 왜곡입니다. 우리의 행동이 긴급조치 9호에 정한 범죄구성 요건에 해당되느냐? 긴급조치는 이미 죽었을 뿐 아니라, 그것으로 우리를 심판할 수 없습니다. 검찰은 긴급조치를 확대, 유추 해석해서 우리를 기소했습니다. 그나마 공소장은 지엽말단적인 성명서의 일부만 도려내서 그것을 자의적으로 확대 해석하여 궁색한 논리를 펴고 있습니다. 권력은 부패하기 마련이고, 절대적인 권력은 절대적으로 부패한다는 말이 있습니다. 저희들의 글이 유명한 명문도 아니고, 저희들 개인 개인이 훌륭한 투사도 아닙니다. 우리들의 글은 사실을 사실대로 검은 것은 검다 하고 흰 것은 희다 했을 뿐입니다.

박종만: 5·16 쿠데타 이후 18년 동안 이 땅의 언론은 너무나도 많은 탄압을 받아왔습니다. 해를 거듭할수록 언론은 타락해왔고 언론자유는 말살돼왔습니다. 1972년 유신체제, 1974년 연속적인 긴급

조치 발동으로 이 땅의 언론은 완전히 암흑기에 들어가게 됐습니다. 이런 상황에 우리는 자신을 되돌아볼 기회를 가졌습니다. 이 땅에 언론이 있는 겁니까. 우리가 언론인으로 남아야 할 이유가 어디 있다는 말입니까. 이러한 질문들을 수도 없이 던져왔습니다. 그 대답은 비참하고 부끄러운 것이었습니다. 이런 심정에서 발표된 것이 10·24자유언론실천선언이었습니다. 우리는 부패하고 무기력했으며 무사안일에 빠져 있던 언론인들이었습니다. 그런 우리들이 자유언론 실천을 위해 모든 걸 내버리고 투쟁했고 그걸로 직장에서 쫓겨나 4년여 동안 길거리를 방황하면서도 자유언론을 위해서 투쟁하고 있다는 사실, 기적이라고 하지 않을 수 없습니다.

정연주: 나는 지금 왜 내가 성동구치소 2.6평짜리 방에 갇혀 있는지 아무리 생각해도 이해가 가지 않았습니다. 제가 그럼 범했다는 죄라는 게 뭐냐. 나를 여기 집어넣은 건 뭐냐. 사실을 사실대로 보도한 게 죄라는 겁니다. 말할 수 없는 코미디가 이 땅에 서슴없이 자행되고 있습니다. 법정에 서 있는 것은 자연인 정연주가 아니라 동아투위, 한국의 민주주의가 이 법정에 서 있는 겁니다. 우리 사건은 한국 언론이 얼마나 처참한 꼴을 하고 있으며 정치 현실이 얼마나 엉망진창이 되어 있느냐는 사실의 폭로입니다. 저는 개인적으로 제가 종로서에 잡혀간 그날부터 서울구치소, 썰렁한 독방에 갇히던 그 풍경, 그리고 그 이후의 온갖 일들, 재판관, 검찰의 표정 하나하나를 남김없이 기록하여 언젠가 있을 역사의 심판에 증언할 것입니다.

안종필 등 7명은 1979년 8월 8일 오전 10시 선고 공판에서 전원 유죄판결을 받았다. 항소심 재판부는 안종필의 항소를 기각하고 원심(징역 2년, 자격정지 2년)을 그대로 인정했으며 홍종민 장윤환 안성열 박종만 김종철 정연주 등 6명에게 징역과 자격정지 1년에서 1년 6개월을 선고했다.

사흘 뒤에 안 10·26…
"니 지금 뭐라 캤노?"

    항소심 선고 공판 이틀 후, 면회실을 찾은 이광자는 "8·15를 기대하지 마시고 오래 있는 것이 애국하는 길이니 그렇게 아세요"라며 재판에 대한 실망감을 드러냈다. 하지만 꿋꿋이 버티라며 남편에게 용기를 불어넣었다. "나는 당신과 더불어 여러 사람이 이렇게 고생하는 것이 애국이라고 생각해요. 무엇보다 그 누구보다 장하게 생각해요. 또 당신의 부인으로서 부끄럽게 생각하지 않고 오히려 떳떳하게 사는 거예요. 애들 모두 내가 보살피고 있으니 당신은 꿋꿋하게 나가세요."
    항소심 재판이 끝나고 얼마후 감방은 적막강산이 되었다. 광복절 특사로 긴급조치 9호 위반으로 갇힌 대학생들이 대부분 풀려나거나 이감됐다. 감방엔 안종필과 홍종민 김종철 정연주 그리고 고려대 제적생 유구영만 남았다. 유구영은 고려대에서 유신철폐 시위를 주도하다 제적당한 뒤 잡혀 왔다. 대학생들이 모두 떠나버리자 안종필의 심정은 착잡했다. 어린 학생들이었지만 그들을 통해 새롭게 알고 깨달았던 게 얼마나 많았던가. 9개월여의 감옥살이를 버틴 것도 대학생들이 있었기에 가능했다.

갑자기 낯선 환경에 놓이면 사람은 자기 자신을 돌아본다. '나는 어떻게 살아왔는지, 앞으로 어디로 가야 하는지, 감옥살이는 도대체 언제나 끝날지, 동아일보 편집국으로 돌아갈 수 있을지….' 안종필은 이런 물음을 자신에게 던졌다. 온갖 상념이 밀려들었던지 안종필은 면회 온 장인에게 일본어로 된 소설책과 역사책을 넣어달라고 했다. 그렇게 책 읽고 편지를 보내고 대법원에 제출할 상고이유서를 쓰며 한 달을 보냈다.

8월 말 어느 날부터는 이 방에서 저 방으로 왕래할 수 있게 됐다. 보안과장은 아침부터 오후 4시 폐방 때까지 철문을 열어주라고 교도관에게 지시했다. 한방에 모여 바둑을 두거나 장기를 두고 특식을 시켜 나눠 먹고 토론도 하면서 시간을 보냈다. 방에는 라면 상자를 뜯어서 만든 바둑판, 찐빵으로 만든 바둑알들이 있었다. 바둑알을 제조하는 방법은 이랬다. 사식으로 판매하는 찐빵의 밀가루 부분을 떼어내 물에 반죽해 동그랗게 뭉쳐서 말린다. 딴딴해지면 백돌이 되고, 연탄재를 섞으면 흑돌이 됐다. 안종필과 동료들의 바둑 실력은 엇비슷해 대국을 벌이면 흥미진진했다.

9월 어느 날, 안종필은 수감 중인 동료들과 이런저런 이야기를 나누다 새 언론에 대한 구상을 밝혔다.

새 시대가 와서 우리가 언론계에서 다시 일할 수 있게 될 때, 구체적으로 신문은 어떻게 만들고, 경영은 어떻게 해야 할까? 당장은 어렵다고 하더라도 언젠가는 가로쓰기에 한글전용을 해야 하지 않을까? 지금 신문은 너무 식자층 중심으로 제작되고 있는데, 민중을 위한 진정한 신문이 되기 위해서는 누구나 쉽게 읽을 수 있는 한글전용을 해야 한다. 편집도 지금처럼 정치·경제·사회·문화 이런 식으로 나눌 것이 아니라 종합편집을 해야 한다. 그리고 지금 같은 부처 출입제도 없어져야 한다. 너무 관(官) 위주의 취재여서 민중의 뜻이 제대로 반영되지 않고 있다. 새 시대가 오면, 국민들이 골고루 출자해서 그들이 주인이 되는 신문사를 세우는 것이 가장 바람직하다. 그렇게 되면 어느 한 사람이 신문사를 좌지우지하지 못할 테고, 편집권은 독립될 수 있다. 그리고 어느 누구의 신문도 아니고 우리 신문이라는 생각에서 제작에도 적극적으로 협조할 것이다.[64]

김종철 정연주 홍종민은 멍한 표정을 지었다. 김종철은 훗날 "감옥에 갇혀 있는 분이 저렇게 뜬구름 잡는 말씀을 하시다니…라고 생각했던 것 같다"고 했다.[65] 그럴만했다. 세로쓰기에 한글과 한문이 섞인 신문이 전부인 시대에 가로쓰기, 한글전용이라니. 더구나 국민출자는 처음 듣는 얘기였다. 그가 새 시대의 새 신문을 언제부터 구상했는지 확실하지 않다.

안종필이 1977년 5월 위원장으로 취임한 이후 동아투위는 "자유언론은 민주언론, 민족언론임을 선언"했고, 제도 언론에 대한 비판의 강도를 높이면서 참언론을 주창했다. 안종필을 영어의 몸이 되게 한 '민주인권일지' 사건도 따지고 보면 제도 언론이 보도하지 않은 사실들을 있는 그대로 보도한 것이었다. 이런 맥락에서 안종필은 민주언론, 참언론에 대한 고민을 축적했고, 새 시대의 신문상을 구체적으로 한글에 가로쓰기, 국민이 소유한 언론사로 그리지 않았을까 싶다. 동료들도 생뚱맞다고 생각한 이 구상은 여러 언론인들의 노력이 더해지면서 1988년 한겨레신문으로 현실화된다.

안종필의 감옥살이도 1년이 다 되어갔다. 10월 9일 아내에게 쓴 편지는 안종필의 당시 심정을 엿볼 수 있다.

> 당신과 헤어져 생활한 지 어언 1년이 가까워 오는구려. 오는 24일이면 10·24 5주년이니…. 작년 그날부터 당신과 아이들과 생이별을 하였으니 세월이란 무척 **빠른가** 보군요.
> 이곳은 당신과 수많은 동료들이 염려해주는 덕분에 건강하게 잘있소. 김종철 홍종민 정연주 씨 모두 명랑하게 즐거운 하루하루를 보내고 있소.
> 우리들이 신문기자로서의 직업윤리에 충실하다 수난을 받게 된 것도 모두가 하느님의 섭리라고 생각하며 우리뿐 아니라 수많은 다른 고난받고 있는 사람과 한 대열에 동참하게 된 것 기쁘게 생각하고 있소. 이러한 시련이 조국의 민주 발전에 밑거름이 되면 그 이상 바랄 것이 없겠소.
> 내일 지구의 종말이 오더라도 오늘 한그루의 사과나무를 심겠다던

스피노자의 유장함이나 당파싸움으로 유배당한 정 다산이 유배지에서 목민심서라는 명저를 남긴 정열을 새삼 가슴 속에 새기고 있소. 스피노자 역시 종교재판에서 파문을 당하고 자기 조국을 망명한 사실을 생각해보면 유장함도 박해 속에서 우러나오는 것이 아닌가 역설적인 해석도 해봐요. 윤활식 선배, 장윤환 안성열 성유보 이기중 박종만 씨 등과 한자리에서 무릎을 맞대고 지난 날을 얘기할 때까지 건강하게 잘 있기를 하느님께 기도드리고 있소. 우리들은 어차피 같은 길을 가는 동지들이니 무슨 흉허물이 있겠소. 밖에서 우리들을 기다리는 동료들, 정말 눈물겹도록 고마운 그 동지애를 생각하면 건강하게 튼튼한 몸으로 만나는 것이 그들에게 보답하는 길이라고 여기고 운동 많이 하고 있오.

당신과 만나는 날 기다리며 무슨 말을 먼저 할까, 엉뚱한 공상도 해 보고 있소. 민영, 예림 잘 부탁하오. 조금만 참으면 자유스러운 우리들의 오붓한 시간이 올 것을 확신합니다. 하느님께 기도 많이 하시오. 우리들을 걱정하는 수많은 고마우신 분들께 뜨거운 인사 잊지 마시오.

지금의 이 시련은 기자로서의 직업윤리에 충실한 것이기에 후회가 없으며 스피노자와 정약용에 투영해 1년여의 감옥살이가 자신을 변화시켰음을 보여준다. 감옥에 갇힌 동료들 이름을 일일이 거론하고 밖에서 기다리는 동료들의 동지애를 생각하는 안종필의 인간적인 모습도 볼 수 있다. "조금만 참으면 자유스러운 오붓한

1979년 11월 7일 오전, 계엄사합동수사본부는
박정희 대통령 시해사건의 현장검증을 사건 현장인
서울 종로구 궁정동 중앙정보부 식당에서 실시했다.
김재규 전 중앙정보부장이 10월 26일의 현장을 재연하고 있다.

시간이 올 것을 확신한다"며 편지를 끝내고 있는데 어떤 예감이 들었던 것일까.

박정희 대통령 죽음은 10월 27일 새벽 5시 라디오 뉴스를 통해 알려졌다. 박정희의 유고(有故)로 그날 새벽 4시를 기해 전국(제주도 제외)에 비상계엄이 선포됐고, 대통령 권한대행은 최규하 국무총리가 수행하게 됐다는 내용이었다. 유고 내용이 구체적으로 밝혀진 건 이날 오전 7시 25분 정부 대변인 김성진 문공부 장관의 공식 발표였다.

> 박정희 대통령께서는 10월 26일 저녁 6시경 시내 궁정동 소재 중앙정보부 식당에서 김재규 중앙정보부장이 마련한 만찬에 참석하시어 김계원 비서실장, 차지철 경호실장, 김재규 중앙정보부장과 만찬을 드시는 도중에 김 정보부장과 차 경호실장 간에 우발적인 충돌사태가 야기되어 김 정보부장이 발사한 총탄으로 이날 저녁 7시 50분 서거하셨습니다.

외부 소식을 전혀 들을 수 없었기에 성동구치소에 있던 안종필과 동료들은 박 대통령이 피살됐다는 소식을 알 수가 없었다. 그런데 이상한 일이 일어났다. 10월 27일 아침에 교대로 들어온 교도관이 평상복 대신 군복을 입고 있었다. 면회도 금지됐다. 무슨 비상사태라도 생겼느냐고 물어도 교도관은 어물어물하면서 가버렸다.

다음 날 일요일, 아침 식사를 마치고 설거지를 하고 있을 때 지도(형이 확정된 기결수 가운데 행형 성적이 좋은 사람을 뽑아 교도관 보조로 일을 시키는데, 이를 '지도'라고 부름)가 사식을 주문받으러 왔다. 지도가 방 앞에 오더니 깜짝 놀란 표정으로 물었다.

"아니, 왜 아직 안 나가고 여기 계세요?"

정연주는 의아한 눈으로 무슨 소리냐고 물었다.

"그럼 아직도 모르시는 거예요?"

"모르긴 뭘 몰라?"

"박정희가 총 맞아 죽었잖아요…. 김재규 중앙정보부장이 박정

박정희 대통령이 1979년 10월 26일 오후 7시 50분
김재규 중앙정보부장이 쏜 총탄에 맞아 서거했음을 알리는
경향신문 1979년 10월 27일자 1면

희 대통령을 권총으로 쏴서 죽였대요."

그 말을 듣는 순간, 안종필이 경상도 사투리로 대뜸 이렇게 말했다. "이 아이가 돌았나. 니 지금 뭐라 캤노?" 20대 후반의 지도는 작은 목소리로 항변했다. "선생님, 정말이라니까요…."66)

그제야 모든 게 확실해졌다. 교도관들이 군복을 입고 근무하고, 교도소 담 너머 동사무소의 깃대 끝에 있어야 할 태극기가 밑으로 내려가 있었고, 확성기에서 조가 비슷한 음악이 울려 나왔는데, 이 모든 게 박정희 피살과 관련이 있었음을 알아챈 것이다. 안종필이 먼저 말문을 열었다. "박정희가 죽었다면 이제 나라는 민주화되고 우리는 당연히 집에 가야 되는 것 아닌가?" 정연주가 감방 구석에 놓인 짐 보따리를 주섬주섬 챙기며 농담조로 말했다. "성님들, 나 지금 집에 갈랍니다."

안종필과 동료들은 그날 저녁 돼지고기튀김 등 푸짐한 사식을 주문해 배불리 먹었다. 곧 풀려날 거라는 기대감이 몽실몽실 피어올랐다.

이틀 뒤인 10월 30일 아침에 이광자가 면회를 왔다. 면회실에 들어선 이광자는 안종필이 박정희 피살 소식을 알고 있음을 눈치챘다. 이광자는 집안 모두 편안히 잘 하고 있다며 조용히 기다리고 있으라고 말했다. 안종필은 앙드레 말로의 『인간의 조건』을 차입해달라고 했다. 안종필은 책을 읽고 가족에게 편지를 쓰며 출옥을 기다렸다. 동료들과 한방에 머물며 여러 얘기를 나눴는데, 어느 날, 동아투위가 나아가야 할 방향에 대해 이런 말을 했다.

> 어쩌면 앞으로 우리 투위의 나갈 길이 더욱 어려울지 모르겠다. 지금까지는 자유언론을 압살하고, 그것을 근원적으로 봉쇄하는 것이 유신독재 체제였기에 우리 싸움의 목표를 그 하나에 집중할 수 있었다. 그러나 이제 그 유신체제가 일단은 깨어지게 됐으니 앞으로 우리가 어떤 방향으로, 어떻게 싸우고 무엇을 해야 하는가를 신중하게 생각해야 한다. 무엇보다도 우리 투위는 언론인의 집단인 이

상 다시 언론 현직으로 되돌아가서 펜과 마이크를 잡아야 하며 그
러기 위해서는 우리 투위 전원이 명예롭게 동아일보사로 복직해야
한다. 동아일보사에의 복직을 최우선적인 목표로 삼아야 하며 이
를 위해 우리의 지혜를 모아야겠다. 이럴 때일수록 우리 투위원들
이 말과 행동을 조심해야 하며, 특히 감옥에 있는 우리들이 밖에 나
갔을 때에는 언행에 조심해야 한다. 자칫 오해를 받기가 쉬우며 그
런 오해가 큰 일을 저지르게 할 수도 있기 때문이다. 이 나라의 언
론문제를 생각하고, 나아가서 이 나라의 민주주의를 생각한다며
감정적인 차원을 넘어서서 냉철한 이성에 의해 문제를 풀어나가야
하겠다.[67]

박정희가 사라졌으니 세상은 달라질 거고, 동아투위도 싸움의 목표를 새롭게 잡아야 한다는 얘기였다. 안종필은 출옥 후 언론 현직, 특히 동아일보사 복직을 최우선 목표로 갖고 있던 것으로 보인다.

석방은 시간문제라고 생각했는데, 1주일이 지나도 2주일이 지나도 아무런 소식이 없었다. 오히려 이부영과 임채정이 구속됐다는 소식이 들려왔다. 이부영은 11월 13일 윤보선 전 대통령 집에서 동아투위, 조선투위, 해직교수협의회, 자유실천문인협의회, 민주수호청년협의회 등 5개 단체가 발표한 '나라의 민주화를 위하여' 성명서가 빌미가 되어 계엄 포고령 1호 위반으로 구속됐다. 임채정은 11월 24일 '통일주체국민회의 대의원에 의한 대통령 보궐

이부영 위원과 임채정 위원의 구속사실을 전한
〈동아투위소식〉 1979년 12월 17일자

선거 저지를 위한 국민대회' 공동 준비위원장을 맡았다고 해서 잡혀가 혹독한 고문을 받고 구속됐다.

이 소식을 들은 안종필은 달라진 게 없는 세상에 분통을 터뜨렸다. "어처구니가 없다. 도대체 세상이 어떻게 돌아가고 있는 건가?" 쫓겨나고 감시받고 갇히면서도 엄혹한 시절을 견뎌왔는데, 박정희가 죽었으니 새로운 세상이 열릴 거라고 기대했는데, 순진한 생각이었다. 유신체제를 뒷받침한 기득권 세력의 뿌리는 깊게 박혀 있었다. 긴급조치 9호는 해제되지 않았고, 구속된 양심수들은 풀려나지 못했다.

10·26 이후에도 석방 움직임이 없자 안종필은 동료들에게 이렇게 얘기했다.

이 자식들이 우리를 감옥 속에 가두어 놓고 또 장난을 치고 있다. 지금 정권을 맡고 있는 자들도 옛날 수법을 꼭 그대로 써먹고 있다. 왜 남자답게 일을 시원시원하게 처리 못하는지 이해가 안 된다. 우리를 인질로 잡아 놓고 또 무슨 정치적인 흥정이나 곡예를 하는 게 분명하다. 이런 식으로 나가면 또 비극과 희생이 따르게 되고, 악순환이 되풀이될 뿐이다. 도대체 정치를 한다는 작자들이 멋이 없다. 속시원하게 툭 털어놓고 멋지게 정치를 할 수는 없을까.

"우리를 받아들이는 것이 우리들의 명예가 아니라 저들의 명예임을 깨닫지 못 하는가"

시간이 지나면서 다른 구치소에 갇힌 동료들이 하나둘씩 풀려나기 시작했다는 소식이 전해졌다. 윤활식과 이기중이 11월 8일 출감했고, 한방을 쓰던 홍종민이 11월 14일, 정연주가 12월 2일 석방됐다. 성동구치소에는 안종필과 김종철만 남았다. 12월 4일 아침, 보안과장이 철문을 두드리며 말했다. "안 위원장님 석방입니다."

안종필은 1979년 12월 4일 성동구치소 철문을 나섰다. 1년 하고도 한 달이 지났다. 가족들과 동아투위 동료들 여러 명이 나와 있었다. 안종필은 광화문 한 식당에서 열린 환영회식에 참석하고 집으로 향했다. 감옥 안에서 그렇게 보고 싶었던 아들과 딸이 아빠를 기다리고 있었다. 그새 커버린 아들은 반가움과 서먹함이 교차하는 표정이었고, 딸은 아빠를 꽉 끌어안고 얼굴을 비비며 놓아주지 않았다.

13개월 옥살이를 했으니 며칠 쉴 만도 한데 안종필은 출감 다음 날부터 동분서주했다. 이른 아침 삼각지로 향해 동아투위 대변인 이부영의 군법회의 선고공판을 방청했다. 수도경비사령부 계엄보통군법회의는 동아투위 등 5개 단체가 발표한 '나라의 민주화를 위하여' 성명과 관련해 이부영에게 4년을 선고했다. 판결 이유가 참 가관이었다. "성명서 나부랭이를 만들어 사회 혼란을 조성하려는 것은 마치 미꾸라지 몇 마리가 방죽을 다 흐려놓은 것 같다."

안종필은 옥바라지해준 재야 민주인사들을 찾아 고마움을 전하고, 자신의 뒤를 이어 출감한 안성열과 김종철을 마중하고, 종로구 당주동 수진빌딩 동아투위 사무실에서 동료들과 동아투위 앞날을 토론하는 등 바쁘게 지냈다. 안종필은 1979년 12월 29일자 〈동아투위소식〉에 '더욱 당당히 자유언론의 대도(大道)를 위하여'라는 글을 실었다. 안종필은 이 글에서 혹독한 고난이 있었던 지난 1년을 돌아보며 한결같은 마음으로 격려하고 도와준 민주인사들에게 사의를 표하고 자유언론의 대도를 걸어가겠다고 다짐했다.[68]

동아투위 동지 여러분.
지난 한 해는 다사다난이라는 말로서는 다 표현할 수 없을 정도로 수많은 사건과 충격과 어려움이 있었습니다. 10명의 동지가 1년 이상의 옥살이를 계속했으며 11월에는 이부영 임채정 두 동지가 구

성동구치소에 수감되어 있던 김종철(왼쪽에서 네 번째)이 1979년 12월 14일 풀려나는 모습. 그 뒤로 안종필(왼쪽에서 세 번째)이 보인다. 훗날 김종철은 마중나온 안종필 위원장 안색이 창백하고 기운이 없어 보였다고 회고했다.

속되었고 이병주 위원장 대리를 비롯해 많은 동지들이 수 차례 연행되는 사태가 있었습니다. 투위 밖의 정치 현실은 충격과 격변의 연속이었으며 그 상태는 지금도 계속되고 있습니다. 우리는 이러한 때를 맞아 그 어느 때보다도 우리들 자신의 동지적 유대를 더욱 굳게 다지고 냉철한 이성과 지혜와 용기로 이 어려움을 극복하여 우리들의 영원한 소망인 자유언론을 쟁취해야 합니다. (…) 우리는 언론을 천직으로 알고 있는 언론인이며, 그러기에 자유언론이야말로 자유민주주의의 가장 핵심적인 자유와 기능이라고 확신하고 있습니다. 이같은 확신과 언론에 대한 우리의 뜨거운 신앙은 지금도 변함이 없습니다. 이제야말로 우리는 우리들의 뜨거운 신앙을 실천하

"우리를 받아들이는 것이 우리들의 명예가 아니라
저들의 명예임을 깨닫지 못 하는가"

기 위해, 다시 펜과 마이크를 잡기 위해 우리들의 온 힘을 모아야겠습니다. 그 뜨거운 신앙은 우리들이 거리로 내쫓긴 이래 5년 동안 하루도 버릴 수 없었던 것이었으며, 더욱이 지난 1년 동안의 그 엄청난 고난들을 치르면서 더더욱 절실하게, 절박하게 느끼게 된 것입니다. (…) 지난 1년 동안의 온갖 회오리 속에서도 우리 투위가 이처럼 건강하게, 의연하게 서 있을 수 있음은, 우리들을 격려하고 성원하신 수많은 민주인사들의 도움에 결정적으로 힘입었다고 저는 믿고 있습니다. 그 뜨거운 성원과 도움은 우리에 대한 채찍질인 동시에 우리에게 무한한 부채(負債)를 갖게 하였습니다. 우리들은 이 사랑의 부채를, 자유언론의 구체적 실천을 통해 갚을 수밖에 없습니다. (…) 이제 새로운 연대(年代)가 시작되려 합니다. 이 새로운 연대에, 이 땅에 진정한 새 역사가 꽃필 수 있게 하기 위해 우리는 자유언론의 대도(大道)를 더욱 당당하게 걸어 나갑시다.

안종필은 이 글을 병실에서 썼다. '민주인권일지' 사건으로 옥고를 치르고 나온 안종필과 동료들은 덕수궁 근처 원자력병원에서 건강검진을 받았다. 쫓겨나기 전까지 문화부에서 종교계 취재를 전담하며 의료·종교·과학계에 발이 넓었던 서권석이 원자력병원 원장이자 서울의대 교수인 이장규 박사에게 부탁해 이뤄졌다. 이장규 박사는 동아일보 해직언론인들과 인연이 각별했다. 동아일보 기자들이 대량 해고에 항의해 1975년 3월 12~16일 닷새간 밤샘 농성을 벌일 때 소고기 뭇국을 보내는가 하면 동아투위 결성 뒤에도 해직언론인들의 병을 무료로 치료해 주었다.

며칠 뒤 검사 결과를 보려고 안종필과 동료들은 원자력병원을 다시 찾았다. 이장규 박사는 피검사 결과 안종필의 간 수치가 높게 나왔다며 보호자랑 와서 정밀검사를 받아보라고 말했다. 그 자리에 함께 있었던 정연주는 "안 위원장 부인이 오셔야 한다는 말을 듣고 뭐가 잘못됐구나 싶어 가슴이 철렁했다"고 말했다.

그 무렵 안애숙은 큰오빠의 전화를 받았다. 안종필은 원자력병원에서 보호자랑 같이 오라는 데 네 올케는 약국 일로 바쁘니까 같이 가자고 얘기했다. 정밀검사를 마친 이장규 박사는 간과 위가 악화됐다며 입원해 치료를 받으라고 했다. 안종필은 출감 2주 만인 12월 17일 원자력병원 301호실에 입원했다. 이 박사는 안애숙과 장인 이만수를 따로 만나 감옥 생활로 영양 섭취가 제대로 안 돼 간암이 악화됐다며 3개월을 넘기기가 어려울 것 같다고 말했다. 청천벽력이었다.

안종필은 구치소에서 면회 온 가족들에게 단 한 번도 아프다는 얘기를 하지 않았다. 운동을 많이 하고 있고, 건강하게 잘 있으니 걱정하지 말라는 얘기만 반복했다. 아내한테도 장인어른한테도 여동생한테도 남동생한테도. 그래서 가족들은 그러려니 했다. 그런데 간암이라니, 3개월 밖에 못 산다니…. 안애숙은 부산에 있는 형제자매들에게 시외 전화를 돌리며 몸을 부들부들 떨고 있었다.

안종필은 출감 직전 두 달 동안 피로와 소화 불량을 겪었다. 10월 초부터 운동 시간에 안종필의 달리는 속도가 점점 느려졌다. 조금

달리다 숨을 몰아쉬며 "왜 이렇게 갈수록 운동이 힘들어지지"라고 중얼거렸다. 한방에 모여 식사할 때 안종필은 밥을 제대로 못 먹었다. 왜 그렇게 식사를 못 드시냐고 묻자 안종필은 허리 뒤쪽을 만지며 자꾸 저리다고 했다. 어느 일요일 오전 교도소가 편의를 봐줘 안마를 잘한다는 죄수를 네 사람이 모여 앉은 방으로 불렀다. 그가 두 손으로 양쪽 옆구리를 거세게 누르자 안종필은 참을 수 없다는 듯이 비명을 질렀다. 12월 14일 새벽 성동구치소에서 출감한 김종철은 마중하러 나온 안종필 안색이 창백하고 기운이 없어 보였다고 회고했다.[69]

이광자와 장인 이만수, 안애숙은 밤낮으로 안종필을 간호했고, 동아투위는 권근술을 간사로 간병소위원회를 꾸려 간병을 맡았다. 부산에서 형제자매들이 번갈아 올라와 약을 챙겨주고 말벗하며 옛날을 추억했다. 한 부모에서 난 동기간인데도 다들 결혼하고 제 식구 챙기느라 1년에 한두 차례 얼굴 보기도 어려웠다. 병석에 누웠지만, 동생들을 한꺼번에 볼 수 있다는 사실만으로 안종필은 행복했을 것이다.

문병객의 발길이 끝없이 이어졌다. 천관우 송건호 문익환 문동환 공덕귀 이우정 함세웅 이해동 등 많은 민주인사와 옥고를 치른 학생들이 줄지어 병실을 찾았고, 한국기자협회장 안택수를 비롯해 많은 현역 언론인들과 아사히신문 등 외신기자들도 병실을 찾아 안종필의 쾌유를 빌었다. 안종필의 경남고 동문들은 미국에서 새로 개발된 최신 의약품을 공수해 오기도 했다. 이장규 박사를

1980년 2월 원자력병원에 입원했을 때.
안종필은 고통 속에서도 예의 눈주름 웃음을 지었다.

비롯한 의료진의 지극한 진료를 받았으나 병세는 좀처럼 호전되지 않았다.

가족들은 1월 말쯤 안종필에게 간암이라고 알려주었다. 더이상 감출 수도 없었고, 마지막 삶을 정리할 시간을 주는 게 낫다고 판단했다. 간암이라는 말을 듣는 순간 안종필은 이광자의 얼굴을 한 번 쳐다보았다. 그리고 고개를 돌렸다. 생명이 얼마 남지 않았다는 사실을 인지한 표정엔 알 수 없는 쓸쓸함이 스쳤다. 이광자는 눈물을 펑펑 쏟았다.

죽음의 그림자가 점점 드리우고 있었지만 안종필은 투병 의지를 불태웠다. 안종필은 문병 온 동료들을 위로하며 말했다. "동아투위 5년이 기적인 것처럼 반드시 병상에서 일어나 3월 17일 투위 5주년 기념행사에 참석하는 기적을 보이겠다. 반드시 일어나서 동아일보에 복직해서 기자 생활을 한 번 더 하고야 말겠다. 고난밖에 없었던 동아투위에 기적의 기쁜 소식을 반드시 전해주겠다. 내가 죽었을 때 100여명의 동지들이 받을 충격과 정신적인 부담을 생각하면 나는 도저히 그럴 수가 없다."

2월 초 어느 일요일, 정연주는 을지로2가 중앙극장 뒤편에 있던 향린교회에서 예배를 마치고 안종필을 병문안했다. 안종필은 병실에서 찬송가를 부르고 있었다. 감옥에 있을 때 혼자 흥얼흥얼하며 따라부르던 '저 높은 곳을 향하여'였다. 정연주는 예배 때 목사님이 하셨던 성경 말씀을 전하며 위원장을 위해 기도하고 있다고 했다. 안종필은 눈주름 웃음을 지으며 정연주 손을 꼭 잡아주었다. 그리고 말했다. "야, 연주야. 나 1년만 더 살고 싶다⋯."

안종필의 투병 소식을 들은 기자협회보 기자 윤병호는 2월 13일 원자력병원 301호실을 찾았다. 윤병호는 의외로 초연한 안종필의 모습을 보고 죽음의 그림자를 찾아볼 수 없었다고 썼다. 안종필의 인터뷰는 1980년 2월 25일자 기자협회보에 '간암과 투병중인 안종필 씨'라는 제목으로 실렸다.

> 한 동료 언론인이 간암이라는 치명적인 병고로 생사의 갈림길에서 신음하고 있다. 동아자유언론수호투쟁위원회 안종필 위원장이 현대 의학으로써는 어쩔 수 없는 간암 진단을 받고 원자력병원 301호실에서 2개월째 투병생활을 하고 있으나 병세는 더욱 악화, 최근에는 병원에 머무를 필요조차 없어 집에 돌아와 하늘의 뜻만 기다리는 시한생명의 딱한 처지에 놓여 있다는 것이다.
> 병원당국과 안 기자의 간병을 맡고 있는 동료들의 얘기에 의하면 안 기자가 간암 선고를 받은 것은 출옥 직후인 지난해 12월 17일. 당시 3개월을 넘기기가 어려울 것이라는 병원 측의 진단이고 보면 안 기자는 앞으로 1개월을 넘기기가 어려운 상태라는 게 주변의 얘기다.
> 그러나 2월 13일 필자가 안 기자의 입원실에 들렀을 때 의외로 초연한 안 기자의 모습을 보고 조금은 당황하지 않을 수 없었다.
> 안 기자의 어느 구석에서도 죽음을 눈앞에 둔 절망과 두려움의 그림자를 찾아볼 수 없었기 때문이다. 침착하고 의연한 안 기자의 태도는 중병에 시달리고 있는 환자라기보다는 곧 회복되어 퇴원하려는 건강한 사람과 다를 바가 없다는 생각이 들었다.
> 안 기자는 필자를 대하자 투병 얘기보다는 먼저 해직기자 문제와 현 언론계에 대해 침착하게 자신의 심경을 토로했다.

간암과 鬪病중인 安鍾枛씨

致命的 病名알면서도 초연
解職記者 조속한 復職호소

○간암 진단을받고 2개월째 鬪病중인 安鍾枛씨

1980년 2월 25일자 기자협회보

"10·26사태 후 몇몇 신문에서 반성하는 글이 나오는 등 언론계에 변화의 조짐이 보이고 있는 것 같습니다. 그러나 아직 구체적인 행동의 표시가 없어 아쉽습니다. 70년대 우리 언론의 가장 큰 희생자인 동아·조선 해직기자들이 복직되지 않고 어떻게 언론이 반성하거나 회개하고 있다고 하겠습니까? 언론계는 해직기자의 복직문제를 스스로의 의무로 알고 뜨거운 성원과 구체적인 실천을 보여줘야 할 것입니다."

안 기자는 이어 동아 해직기자들의 현재 입장과 태도를 다음과 같이 주장했다. "우리 해직언론인 110여명은 단결된 힘으로 모든 어려움을 극복해왔고 항상 정의와 진리의 편에서 싸워왔기 때문에 사회 각계로부터 격려와 성원을 받아왔습니다. 따라서 우리는 반드시 복직되어야 하며 그것은 하나의 역사적 가르침이라고 확신합니다. 사실 지금에 와서 생각해볼 때 동아일보에 남아 있는 사람이나 저희들이 다같은 희생자라고 봅니다. 이제 동아일보 경영진이나 남아 있는 사람, 그리고 나와 있는 사람들이 다함께 손을 잡고 좋은 신문을 만들어 국민들에 보답해야 할 때입니다."

안 기자는 또 동아 해직기자들의 지난 5년간의 발자취를 회고하면서 어려움도 많았지만 보람과 긍지를 느끼고 있다고 술회했다.

"70년대 한국언론사에서 동아·조선 해직언론인들의 투쟁이 없었다면 무엇으로 메울 수 있었겠는가라는 어느 동료기자의 글을 읽고 제 자신 지난 5년을 성찰해보았습니다. 우리가 겪은 지난 날의 고난은 자유언론과 민주를 위해 수난을 당하고 있는 모든 사람들에 대한 하나의 속죄라고 자부하고 있습니다. 바라건대 언론인들은 언론의 자유가 결코 상대적이 아니라 절대적인 가치라는 극히 상식적인 진리를 받아들여야 할 것입니다."

그는 끝으로 자신의 현재 투병 심경을 "이미 생사를 초월, 모든 것이 안정되고 편안함속에 투병 생활을 하고 있다"고 말하고 "그러나 지난 5년간의 생활처럼 기어이 병상에서 일어나 신문사에 복직하여 신문을 만들겠다"고 강렬한 투병 의지를 보여주었는가하면 가족문제에 대해서는 "아내와 두 자식들의 모든 것을 하느님께 맡기고 기도하고 있다"고 하여 독실한 기독교인으로서의 신앙을 보여주기도 했다….

안종필은 해직기자들의 고난은 유신독재 치하에서 수난을 당한 모든 사람에 대한 속죄라며 좋은 신문을 만드는 것이 보답하는 길이라고 했다. 그는 동아일보에서 쫓겨날 때부터 줄곧 동료들에게 우리는 언론을 천직으로 알고 있는 언론인이라며 펜과 마이크를 다시 잡아야 한다고 강조했다. 민주화의 희망이 찾아오면서 복직의 기대가 부풀고 있었다. 죽음이 눈앞에 왔는데도 안종필은 복직해서 좋은 신문을 만들겠다는 신념을 놓지 않았다.

통곡의 바다

안종필은 기자협회보와의 인터뷰 다음 날인 2월 14일 퇴원했다. 현대 의학으로는 더 이상 치료가 어려웠다. 인터뷰에서 밝힌 그대로 모든 것을 하느님에게 맡기고 기적을 기다릴 수밖에 없었다. 안종필은 퇴원하며 이장규 박사에게 고마움의 표시로 화분을 선사했다. 여러 가지로 편리를 봐주어 고맙다는 뜻을 전하고 "봄이 되면 새싹이 돋고 꽃이 필 텐데, 내 건강도 이 새싹처럼 회생될 테니 그때 함께 그 꽃을 보면서 소주나 한잔 나누자"고 말했다.[70]

안종필은 집에서 요양하며 투병을 계속했다. 치료랄 게 없었다. 기도하는 게 전부였다. 그는 건강이 회복되어 일어나면 교회 종지기를 하겠다는 소망을 드러냈다. 남보다 1시간 먼저 교회에 나가 교회 청소도 하고 내 손으로 종도 치고 싶다고 여동생에게 여러 차례 얘기했다. 생명의 불이 꺼져가고 있음을 예감한 친지들이 잇따라 찾아왔다. 외삼촌이 부산에서 올라왔을 때 안종필은 부산에 데려가달라고 했다. "해운대에 가고 싶어요. 푸른 바다가 보고 싶어요. 외삼촌, 나 부산에 데려가 주세요…." 외삼촌은 눈물을 애써 참으며 조금 좋아지면 꼭 데려가겠다고 했다.

굼벵이 등 암에 좋다는 별별 약을 보내왔던 안채열이 큰아들을 보러왔다. 배에 복수가 차 기운이 없던 큰아들을 자신의 무릎에 베고 눕혔다. 안쓰러워하는 아버지의 표정에 안종필은 울면서 말했다. "아버지, 내가 잘못했습니다. 용서해주세요." 어머니가 돌아가시고 얼마 안 돼 아버지가 재혼하면서 부자지간은 소원해졌다. 먼 길을 달려 구치소 면회실을 찾은 아버지를 냉랭하게 대했던 그였다. 죽음을 앞둔 그는 아버지에 대한 묵은 원망을 내려놓고 화해했다.

2월 27일 저녁, 안종필은 아내와 여동생, 아들을 안방으로 불렀다. 거뭇거뭇해진 얼굴로 힘겹게 말을 이어갔다. 애숙이 큰아들이 국민학교에 들어가니 입학식 때 좋은 옷을 사주라며 아내에게 당부했다. 아들의 손을 잡고선 네가 집안의 장손이니 사촌들과 잘 지내라고 말했다. 여동생에게 오늘 자고 가면 안 되냐고 했다. 아내를 바라보며 내가 빨리 일어나서 도움의 손길을 베풀었던 많은 사람들에게 인사를 해야겠다고도 했다.

우리들이 감옥에 있을 때 얼마나 많은 도움과 격려가 있었는지 모른다. 이분들에게 아직 인사도 못 드렸으니…. 윤보선 선생, 김수환

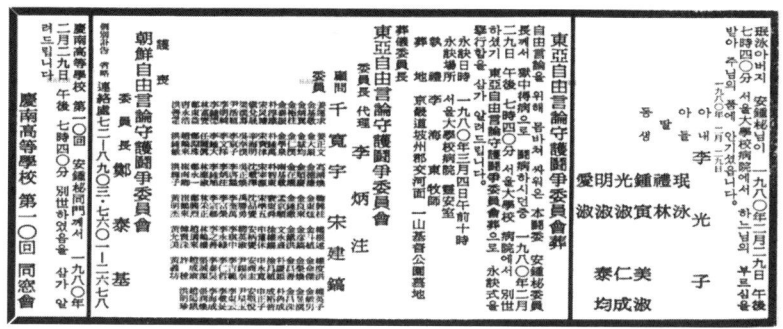

동아자유언론수호투쟁위원회장 신문광고

추기경, 해직교수들, 신부님들, 목사님들, 구속자 가족들, 자유실천 문인들, 민청협의 젊은 친구들…. 모두 찾아뵙고 인사를 드려야 하는데….

2월 28일 새벽 3시쯤 오빠가 자꾸 너를 찾는다는 올케언니의 다급한 전화를 받고 안애숙은 택시를 타고 하월곡동으로 향했다. 안애숙이 도착했을 때 가족들은 안종필을 가운데 눕히고 둥그렇게 앉아 기도하고 있었다. 안애숙은 눈물을 글썽이며 "오빠!"하고 불렀다. 안종필은 "이제 오나, 니 우리 집에서 안 잤나? 어 그래 니 참 너그 집에 갔제…"라고 말하며 의식을 놓았다. 이해동 목사 부부가 달려왔다. 혼수 상태에 빠진 안종필은 그날 오후 서울대병원으로 옮겨졌다.

통곡의 바다

1980년 3월 4일 서울대병원에서 치러진 안종필 장례식에서
이해동 목사가 영결예배를 집전하고 있다.

추도사 읽는 고 천관우 선생(왼쪽), 영결식에 참석한 조문객들

서울대병원 고창순 부원장 등 의료진의 노력에도 안종필은 끝내 의식을 회복하지 못했다. 안종필은 2월 29일 저녁 가족들과 동아투위 동료 50여명이 오열을 삼키며 지켜보는 가운데 생을 마감했다. 향년 43세였다. 서울대병원에서 동아투위장(葬)으로 치러진 안종필의 장례식은 통곡의 바다였다. 재야인사, 정치인, 성직자, 대학교수, 변호사, 언론인, 문인, 학생, 노동운동가, 농민운동가 등 1000여명이 조문했다.

3월 4일 오전 10시 서울대병원 영안실에서 영결식이 거행되었다. 안종필이 1977년부터 다니던 한빛교회의 이해동 목사는 영결사에서 "그의 죽음은 분명 자연사가 아니라 그를 감옥에 처넣은 악의 세력에 의한 타살이옵니다. 그의 죽음이 순교였기에 그의 뜻이 우리 속에 살아 움직일 수 있도록 하느님이여 축복해 주소서!" 하고 기원했다.[71] 송건호는 조사에서 "안형! 이게 꿈이 아닙니까. 형이 세상을 떠나다니 믿어지지 않는군요. 언제나 미소 지으며 말하던 형의 얼굴, '안형~'하고 부르면 웃으며 돌아볼 것 같은 형의 얼굴을 이제 영 대할 길 없게 됐으니 아무래도 꿈만 같습니다. 왜 형만 먼저 떠나갔습니까? 5년간 같이 고생한 숱한 동료들을 남겨두고 왜 형만 혼자 떠나갔습니까?"라고 애도했다.

수백 명의 흐느낌 속에 영결식이 끝나고 장지로 가는 차량들이 서울대병원에서 안국동 로터리 부근까지 긴 행렬을 이루었다. 영구 행렬은 광화문 네거리에 이르러 동아일보사 앞에 멈췄다. 사옥 정문 앞은 신문방송차와 취재용 승용차로 바리케이드가 쳐져 있

안종필은 1980년 3월 4일 일산 기독공원묘지에 안장됐다.
아들과 딸이 아빠의 마지막 길에 헌토하고 있다.

었다. 건물 창밖으로 옛 동료 얼굴 하나 비치지 않았다.

조객들은 차 안에서 일어나 잠시 묵념을 올렸다. 동아일보에 복직해 기자 생활을 더 해보고 싶다는 안종필의 소원은 끝내 이루어지지 못했다. 안종필은 그토록 들어가고 싶었던 동아일보 편집국을 죽어서도 밟지 못했다. 안종필은 원자력병원 병상에서 후배 권근술에게 이런 말을 했다. "요즘 나는 우리를 쫓아낸 김상만 회장이나 이동욱 사장을 위해 기도하고 있다네. 그들 역시 인간인 이상

많은 어려움을 겪고 고민하지 않았겠는가. 다만 우리들을 받아들이는 것이 우리들의 명예가 아니라 동아일보사와 그들 자신의 명예임을 깨닫지 못하는 것이 안타까워." 그런 마음의 안종필을 동아일보는 끝내 받아들이지 않았다.

안종필은 일산 기독공원묘지에 안장됐다. 동아투위는 언론자유운동에 헌신한 안종필을 기리기 위해 1987년 안종필자유언론상을 제정했다. 안종필의 묘는 2016년 10월 경기도 이천 민주화운동기념공원 민주묘역으로 옮겼다. 대한민국 정부는 2022년 안종필에게 국민훈장 모란장을 수여했다.

에필로그

한없이 선한 안종필

1977년 5월 동아투위 위원장직을 맡은 안종필은 동료들을 만나러 다녔다. 실직의 기간이 길어지면서 모두 뿔뿔이 흩어져 각자 살길을 찾고 있을 때였다. 유신헌법 철폐 등을 요구한 성명인 '민주구국헌장'에 서명했다는 이유로 투위 위원 54명이 중앙정보부에 연행돼 조사를 받는 등 동아투위 진로도 그야말로 가시밭길이었다.

안종필이 만난 후배들은 다들 힘에 부치고 지쳐 있었다. 암울한 정치 상황에 동아일보에 복직할 거라는 희망도 시나브로 놓고 있었다. 안종필은 비틀거리는 후배 기자들을 위로하며 힘을 북돋우려 애썼다. 약국을 하는 아내에게 돈을 타내어 후배들과 소주잔을 기울이며 힘들더라도 함께 가자고 다독였다.

동아일보 정치부 기자로 일하다 해직된 이종대는 그 무렵, 안종필을 기억한다. 무교동 찻집이었다. 서로의 처지를 나누다가 안종필이 말했다. "사실 나도 겁이 나⋯." 심지가 강한 안종필도 두려움을 갖고 있었다는 걸 이종대는 알았다. "밥줄 끊은 것도 모자라 여차하면 잡아가려 하지⋯. 겁이 난다고 그만둘 순 없잖아. 싸워 멍들어도 용서해서 이기자." 안종필은 그 특유의 눈주름 웃음을 지었다. 이종대는 그 속에 깃든 뾰족한 슬픔을 보았다고 했다.

그를 아는 사람들은 온화한 성품의 사람이었다고 말한다. 성정이 온순해 싫은 소리를 하지 않았고 목소리도 높지 않았으며, 어색하게 구호를 외치는 모습에서 보듯 투쟁이라는 단어에 어울리지 않은 사람이었다. 후배 기자들은 그를 친형처럼 따랐고 옥중에서도 교도관들은 그를 '위원장님'으로 깍듯이 모셨다.

안종필은 주류 기자가 아니었다. 어렵사리 부산일보에 입사해 기자를 하다가 서울로 올라왔고, 공채 출신이 아닌 경력으로 동아일보에 입사한 '외래파'였고, 기명 기사로 이름을 날리는 취재기자가 아닌 음지에서 신문을 제작하는 편집기자였다. 그럼에도 사실을 기록하는 기자임을 잊지 않았고, 쫓겨났어도 자유언론의 원칙을 타협하지 않았다.

아내 이광자가 편지에서 표현했듯이 안종필은 '선량한 지식인'이었다. 그런 그가 펜을 빼앗기고 쫓겨나 길거리 언론인이 되고, 동료들의 투옥과 죽음에 분노하며 자신을 버리고, 신문과 방송이 일체 보도하지 않은 민주·인권·민생 관련 사건들을 유인물로 모았다가 긴급조치 9호 위반으로 옥고를 치르며 투사로 변해갔다.

옥중에선 자유언론에 대한 철학을 가다듬으며 국민이 주인 되는 새 시대의 언론을 그렸다.

안종필은 자유언론 투사이기 전에 한 집안의 가장이었다. 겉으론 무뚝뚝하고 엄해 보였지만 공부 잘하는 아들을 자랑스러워하고, 딸의 재롱에 죽고 못 사는 아빠였다. 옥중에서 보낸 편지를 보면 아이들이 건강하게 자라 책 많이 읽고 취미 하나쯤 갖고 살기를 바라는 여느 아버지의 마음이 나타난다.

안종필은 아내에게 한없이 죄스러운 남편이었다. 옥중 편지 곳곳에 "당신에게 못할 짓 했다" "미안하고 죄스럽다", "고생시킨 일 보답하겠다"는 표현이 들어 있다. 그럼에도 기자로서 직업윤리에 충실하다가 수난을 당한 데 후회가 없다고 했다. 식구들 건사 못하고 집 밖으로 돌다가 투옥된 남편을 원망하는 마음이 왜 없었을까. 그런데도 아내는 당신의 전부를 존경하고 사랑한다고 했다.

이광자는 1979년 11월 중순 엽서 한 장을 받았다. 발신인은 안종필, 주소는 강남구 가락동 산 5번지 성동구치소였다.

> 사랑하는 민영 엄마께,
>
> 내일 16일은 당신과 禮(예)를 올린 지 15주년이 되는구려. 지난 15년간을 회상하면 즐거운 일보다 당신을 고생시키고 핍박 준 것이 더 많은 것 같아 미안하기 짝이 없구려.
>
> 최근 5년간 실직 상태에서 당신의 시련을 생각하면 정말 눈물겹습니다. 그리고 못난 남편의 옥바라지까지 당신에게 맡기고, 나는 다

시 집에 가면 새로운 인생이 다시 탄생한 것과 같이 행동할 작정입니다.

새로운 아빠, 새로운 남편, 새로운 자식, 새로운 친구로서 이 사회를 맞이하고 또 당신을 맞이할 작정입니다.

저자 후기

안종필 기자를 만난 것은 45년 전의 기자협회보를 통해서였다. 우연히 펼쳐본 1980년 2월 25일자 신문에는 환자복 차림인 안 기자 사진과 함께 '간암과 투병중인 안종필 씨'라는 인터뷰 기사가 실려 있었다. 죽음을 눈앞에 두고도 의연함을 잃지 않는 이 사람이 누구인지 궁금했다. 그는 기사가 실린 지 나흘 만에 타계했다.

안종필이 어떤 인물인지 궁금했다. 〈안종필자유언론상〉에서 '안종필'이라는 이름 석 자를 들었지만, 그에 대해 아는 게 거의 없었다. 동아투위가 발행한 『資料 동아투위자유언론운동13년사』와 『자유언론 40년』, 동아일보노동조합이 펴낸 『동아자유언론실천운동백서』는 안종필 평전을 시작하는 밑바탕이었다.

그 기록을 통해 안종필이 1974년 '10·24 자유언론실천선언' 당시 차장급 기자로는 드물게 자유언론운동에 참여했고, 이듬해 3월 강제축출 당시 한국기자협회 동아일보 분회장이었으며 유신체제 말기의 암담한 시절에 위원장을 맡아 동아투위를 이끌었다는 걸 알게 됐다. 권근술 전 한겨레신문 사장이 생전에 안종필 평전을 쓰려고 했다는 사실을 접하고서 안종필을 기록한다는 무게감의 의미를 되새겼다.

취재는 크게 세 갈래였다. 책과 자료들을 토대로 안종필의 일대기를 그려가고, 그와 인연을 맺은 20여명을 인터뷰하면서 빈틈을 메우고, 정보공개청구를 통해 알려지지 않는 흔적들을 더듬었다. 어른거리던 안종필의 윤곽이 조금씩 드러났다.

부산 보수동 골목쟁이 친구 최병학은 유년시절 남해안 탐험 무용담을 어제 일처럼 생생하게 전해줬고, 안종필의 경남고 1년 선배 김경희는 〈경남중고동창회보〉를 한 아름 가져와 보여주며 당시 이야기를 풀어놓았다. 기억력이 비상하고 말솜씨가 청산유수 같아서 그와 안종필이 대화하는 모습을 옆에서 듣는 것 같은 착각이 들 정도였다.

경남고 10회 동기들이 펴낸 졸업 50주년 기념집에서 안종필의 까까머리 고교 시절 흑백사진을 발견했을 때, 1962년과 1963년 부산일보 지면 PDF를 하나씩 넘기다 1963년 2월 9일자 1면에서 견습기자 최종합격자 명단에 들어 있는 안종필의 이름을 발견했을 때 온몸이 전율하기도 했다.

동아일보 해직 직후 경남고 동기 김용찬과 함께 의약품 자료집 발간에 참여했다는 기록을 보고 국회도서관에서 책을 뒤지다가 수소문 끝에 안종필과 일했다는 신영호와 연락이 닿은 것도 행운이었다. 신영호를 인터뷰하며 1970년대 중반 을지로3가 인쇄골목 허름한 건물 3층 한국메디칼인덱스사에서 약학 관련 책을 교정보던 안종필이 다가왔다. 해직 이후 2~3년간 공백이 조금은 채워졌다.

일련의 행적 추적에 살이 붙으며 취재가 탄력을 받았다. 2024년 4월 국가기록원, 법무부 서울지방교정청, 서울구치소, 동부구치소에 안종필의 수감생활에 대한 정보공개를 청구했다. 접견 기록, 가족, 친지, 동료 등과 주고받은 편지 기록, 수감 당시 반입한 책 목록, 외래 의사 왕진 등 진료기록 등이었다.

자료가 존재하지 않는다는 '부존재' 회신을 해온 타 기관들과 달리 동부구치소는 '비공개'한다고 했다. 비공개라면 자료가 존재한다는 뜻 아닌가. 동부구치소 수용기록과에 문의했더니 가족이 정보공개를 청구하면 자료를 받을 수 있다고 했다.

그렇게 100페이지에 달하는 접견기록과 서신기록 복사본을 확보했다. 교도관은 안종필이 면회자들과 나눈 대화를 일일이 받아 적었고, 가족과 주고받은 편지를 먼저 뜯어보고 그 내용을 상세하게 기록했다. 수감자의 일거수일투족을 감시하는 차원에서 이뤄진 검열이었지만 45년 만에 찾아낸 기록은 역설적으로 그동안 알려지지 않은 안종필의 감옥살이를 엿볼 수 있는 귀중한 자산이 됐다.

옥중 편지 곳곳에 드러난 가족에 대한 절절한 그리움, 동아투위 동료들에 대한 뜨거운 동지애, 일주일에 한 번 3분짜리 면회에서 걱정하지 말라는 얘기만 반복하는 모습에서 그의 따뜻한 내면을 새삼스레 볼 수 있었다. 실직으로 비틀거리는 후배들을 격려하기 위해 소주잔을 나누고, 집에 돌아오면 '무정한 마음'을 부르며 하루의 고단함을 달래던 소박한 사람, 안종필은 옥살이라고 다르지 않았다.

권도홍의 자전『날씨 좋은 날에 불던 바람』, 김종철의『폭력의 자유』, 성유보의『미완의 꿈』, 정연주의『정연주의 기록』은 안종필을 이해하는 데 큰 도움이 됐다. 동아투위 동료들의 증언과 이광자 여사를 비롯해 아들 안민영, 동생 안애숙 등 가족들이 풀어놓은 이야기는 평전의 씨줄과 날줄이었다.

2023년 10월 동아조선투위 위원 몇 분과 경기도 이천 민주화운동기념공원 민주묘역에서 열린 합동추모제에 참석하고 안종필 묘역을 참배했다. 10·24 자유언론실천선언 50주년 기념식에 맞춰 평전을 완성하겠다고 다짐했는데, 그 약속을 지키지 못해 죄송스럽다. 이 책을 내놓는 지금도 안종필의 이야기를 온전히 담아내지 못했다는 아쉬움이 너무나 크다.

안종필 평전에 공감해주고 아낌없는 응원과 격려를 해준 이부영 동아투위 위원장께 깊은 감사를 드린다. 평전 준비에서 집필, 감수에 이르는 전 과정에서 박강호 자유언론실천재단 상임이사의 도움을 많이 받았다. 글쓰기가 터덕대고 방향을 잡지 못할 때마다 김용철 한겨레신문 기자의 조언이 큰 힘이 됐다. 평전 쓴다고 밖으로 도는 남편을 이해하고 보듬어준 아내 조윤정에게 특별한 감사를 전한다.

    동아투위 유인물 〈동아투위소식〉이 없었다면 안종필 평전은 한 걸음도 나아가지 못했을 것이다. 동아일보에서 쫓겨난 이후 안종필과 동료들은 동아투위 활동 상황과 성명서 등을 담은 〈동아투위소식〉을 매달 발간해 길거리에서 배포했다. 시대의 파노라마가 손으로 꾹꾹 눌러 쓴 유인물에 펼쳐져 있었다. 안종필 평전을 쓰는 원동력이자 위안이었고, 그 자체가 감동이었다. 그 기록의 힘을 따라 여기까지 왔다. 안종필 평전이 자유언론에 헌신했던 젊은 기자의 고단한 삶을 뒤늦게나마 위로하길 바란다.

2025년 6월

김 성 후

『동아투위 안종필 평전』 출간에 부쳐

안민영 (안종필 위원장 아들)

2023년 이맘 때 한국기자협회가 발행하는 〈기자협회보〉 김성후 국장으로부터 선친의 평전을 쓰고 싶다는 연락을 받았다. 당연히 선친에 관한 역사적 맥락의 많은 부분은 기자 또는 해직 기자로서의 삶이므로 해직 기자 시절 언론의 자유를 위해 선친이 함께하셨던 동아투위 선생님들께 이에 대한 문의를 드렸다. 좋은 기회이고 좋은 기자 분이 평전 작업을 맡으셨으니 잘 진행되면 좋겠다는 말씀을 전해주셨다.

평전의 내용과 관련하여 우리 유족이 담당해야 할 부분은 주로 두 가지 정도였던 것 같다. 그중 하나는 선친의 공(公)적인 삶에서 알기 어려운 사(私)적이고 인간적인 모습들에 대한 기억을 더듬어 인물의 입체적 재구성에 도움을 주는 것이었다. 또 하나는 선친과 관련된 개인정보를 찾는 것인데, 이것은 가족의 동의가 없으면 열람이 어려운 경우가 많아 해당 자료를 찾아 공개에 이르기까지 조력하는 일이었다.

가족만이 알 수 있는 아버지와 관련된 이야기를 찾아 나가는 데는 어머니의 기억이 절대적이었다. 아버지의 기자 시절부터 해직 이후 동아투위 위원장으로 언론의 자유를 쟁취하기 위해 활동하셨던 모습, 그로 인해 옥고를 치르시고 10·26 사태 이후 석방되셨던 기억, '서울의 봄'을 맞아 새로운 세상에서 기자로서의 사명을 펼치고 싶었지만, 수감 중 얻은 병으로 그 이상을 실현하지 못하고 생을 다하셨던 안타까운 순간까지 담담하게 중요한 국면들을 기억하고 계셨다. 선친이 돌아가시고 어렵고 힘든 시절이 있었지만, 어머니는 상식을 신뢰하며 신앙의 힘으로 몸과 마음을 잘 단련하셨다. 그렇기에 선친의 삶에서 중요했던 순간이지만 세월의 여파 속에서 사라져 버릴 수 있던 모습도 상식과 신앙의 관점에서 재조명하면서 현재에도 그 의미를 되새길 수 있도록 잘 간직하고 계셨던 것 같다. 또한 고모님의 경우, 선친의 어린 시절과 학창 시절, 군 복무 기간 등 결혼 전의 가족사에 대한 기억을 되살리는 데 많은 도움을 주셨다.

공식적인 자료를 통해서 '유신'이라는 그 엄혹한 시대에 관한 기록들이 민주주의 시대를 사는 국민에게 검증된 객관적인 교훈을 제공하겠지만, 어머니의 기억도 비록 주관적일 수 있겠지만 아버지를 인간적으로 이해하는 데 필요한 자료가 아닐까 생각한다. 한 가정의 가장으로서 감당해야 했던 책임감과 정론직필(正論直筆)이라는 기자의 사명을, 한 방향으로 실천하기 어려운 시대에 느낄 수밖에 없었던 인간적인 고뇌는 어쩌면 사랑하는 가족만이 해석할 수 있는 부분이 있을 것이다. 선친과 속 깊은 대화를 나눌 수 있는 어머니의 기억이 그래서 소중하다.

너무 어린 나이에 선친을 잃은 나와 동생은 그 시대가 담고 있었던 무거운 주제들에 대한 소중한 교훈을 선친에게서 들었던 기억은 거의 없다. 항상 배려심이 많았고, 설득을 통해서 자발적으로 무언가를 실천할 수 있도록 도와주셨던 아버지에 대한 기억이 대부분이었다. 다만 그런 기억을 통해서 만약 선친이 살아계셨다면 우리 시대가 직면한 어려운 과제들을 어떻게 해결하려 하셨을까 짐작되는 부분은 있다.

독서를 권장하셨고 종종 책을 읽은 후에 그 주요 주제에 관해 토론을 유도하셨던 선친을 떠올릴 때면 개인적으로 좀 아쉬웠던 청년 시절 기억의 한 자락이 떠오른다. 정작 무거운 주제들에 대해 선친에게 진지하게 묻고 싶었고 배울 수 있었던 기회였지만 이를 활용할 수 없었던 현실이 아쉬움으로 다가온다. 그럼에도 독서의 소중함을 어린 시절에 가르쳐주셔서 많은 간접 경험을 책을 통해 얻을 수 있었던 것이 선친에 대한 고마움으로 남아 있다.

평전 출간을 앞두고 선친이 외쳤던 언론과 출판의 자유에 대한 함성이 다시금 귀에 들리는 듯하다. 그러면서 자연스럽게 1970년대의 언론 상황과 오늘의 언론이 직면한 현실이 오버랩 된다. 유신 시절의 긴급조치와 신군부의 계엄을 이제는 과거의 일이라고 치부하면서 언론과 출판의 자유는 당연히 보장되는 하나의 상수로 간주하면서 살아가고 있었던 것은 아닌지 의문이 들었다. 그런데 2024년 12월 3일, 이 개명한 시대에 역사를 되돌리는 계엄이 시도되었다. 과연 한국의 언론기관과 그들이 향유하는 언론의 자유가 제대로 작동했다면 이것이 가능했을까 묻지 않을 수 없다. 자유의 형식에 실질을 채우는 노력을 다하지 못했기에, 권력을 제대로 감시하지 못한 것이라는 책임을 언론인들에게 묻는다면 지나친 것일까? 현실을 제대로 진단하지 못하면 역사는 그 불행을 반복한다. 평전 발간을 통해 다시는 그러한 불행을 반복하지 않도록, 지금 누리는 그 언론의 자유가 엄혹했던 시절에 거리의 해직 기자들에게는 얼마나 타는 목마름으로 외쳤던 소중한 것이었는지 돌아볼 수 있는 계기가 되기를 소망한다.

주 ──

1) 1975년 당시 동아일보는 지금의 일민미술관에 자리했다. 지상 6층의 본관에 공무국(2층), 편집국(3층), 동아방송(4층)이 있었다. 1992년까지 이곳에서 신문을 발행했다. 출판국은 지금 동아일보 자리에 낡은 목조건물 2층에 있었다.
2) 공무국에서 단식농성 하던 기자들은 강정문 국홍주 김대은 김언호 김용정 박순철 박종만 박지동 성유보 송경선 심재택 양한수 이광석 이기중 이종덕 이종욱(宗郁) 임채정 정동익 정연주 조영호 조학래 홍종민 황의방 23명이었다.
3) 동아일보사노동조합, 『동아자유언론실천운동백서』, 1989, 116쪽.
4) 위의 책 117쪽
5) '10·24 자유언론실천선언' 전날인 1974년 10월 23일 장윤환 김명걸 장성원 홍종민 황의방 등 한국기자협회 동아일보분회 집행부는 조사부 기자 이계익의 집에 모였다. 이계익은 다음 날 선언대회 때 내어 걸 플래카드가 필요하다면서 미리 준비한 두루마리로 된 도배지를 꺼내 보였다. 이계익은 벼루에다 먹을 간 다음 두루마리를 길게 놓고 한자로 직접 써내려갔다. '自由言論實踐宣言-東亞日報記者一同'. 훗날 유명하게 된 '자유언론실천선언' 족자이다. 1975년 3월 17일 강제 축출 당시 이영록이 들고 나온 이 족자는 어디론가 사라졌다. 중앙정보부가 가져간 것으로 알고 있던 이 족자는 2018년 44년 만에 돌아왔다. 고 강정문 동아투위 위원 유족이 유품을 정리하다가 발견해 동아투위에 알렸고, 동아투위는 이 족자를 2018년 10월 17일 대한민국역사박물관에 기증했다.
6) 제임스 시노트 지음/김건옥·이우경 옮김, 『1975년 4월 9일』, 빛두레, 2004, 303~304쪽.
7) 송건호, 『청암 송건호』, 한겨레출판, 2018, 94쪽.

8) 동아일보사노동조합,『동아자유언론실천운동백서』, 1989, 101쪽.
9) 1975년 6월 21일 동아투위 소속 사원 121명은 동아일보사를 상대로 회사 측의 해임 또는 무기정직 처분이 무효임을 주장하는 '해고 및 무기정직처분 무효확인 청구소송'을 서울민사지법에 제기했다. 정동익 기자가 그해 11월 29일 해고처분 무효확인 소송 6차 공판에서 증인으로 출석해 증언했다.
10) 동아일보사의 라디오방송국으로 1963년 4월 25일 첫 전파를 내보냈다. 보도 기능을 담당하는 뉴스부는 방송국이 아닌 동아일보 편집국 소속이었고, 방송국은 라디오드라마, 오락, 교양 등을 담당했다. 1980년 11월 30일 신군부 세력에 의해 KBS에 강제 통폐합됐다.
11) 동아투위,『동아투위 자유언론운동 13년사』, 동아투위, 1987, 88쪽.
12) 한국기자협회가 발행하는 기자협회보는 1975년 3월 8일자로「조선, 이번엔 기자 5명 파면」을 머리기사로 하는 증면호를 냈다. 그해 3월 6일 조선일보 기자들이 1974년 12월 18일 부당해임된 백기범 신홍범 기자의 복직 약속이 지켜지지 않은데 항의농성을 시작하자 조선일보는 3월 7일 기자 5명을 파면했다. 기자협회보는 기자 부당해임 사태의 실상을 알리기 위해 3월 8일자로 증면호를 냈는데, 문공부는 "증면호 발행은 위법"이라는 이유로 3월 10일 기자협회보를 등록 취소했다. 기자협회보가 폐간되자 기자협회는 '회원 여러분께 알려드립니다'라는 소식지를 5월 3일까지 부정기적으로 6호까지 냈다. 폐간된 기자협회보는 1975년 12월 1일 8개월 만에 월간으로 복간했다.
13) 동아일보사,『민족과 더불어 80년』, 동아일보사, 2000, 411쪽.
14) 윤활식 장윤환 외 23명,『1975-유신독재에 도전한 언론인들 이야기』, 인카운터, 2013, 131쪽.
15) 부산중구청,『우리의 삶터 중구 부산을 담다』, 2018, 366쪽.
16) 학생들의 노역이 보태진 경남고등학교 원형 교사는 1955년 봄 건축을 시작해 1956년 11월 개관했다. 1950년대 국내에 건축된 몇 안 되는 원형 교사로 건축학적 가치를 인정받아 2013년 등록문화재에 등재됐다.
17) 경남중·고등학교 제10회 동기회,『경남중고 졸업 50주년 기념집-구덕동산 마음의 고향』, 2008, 145쪽.
18) 한국외국어대학교,『한국외국어대 60년사 1. 시대별 외대사』, 2014, 62쪽.

19) 대학생 및 정교사가 군에 입영해 일정 기간(대학생 1년 6개월, 정교사 1년) 현역병으로 복무하면 귀휴(귀가)조치하고, 귀휴 후 6개월 내 대학 및 현직에 복학(직)하는 경우 예비역으로 편입하는 제도.
20) 부산일보는 1960년 4월 12일자 3면에 이 사진을 특종 보도했다. 부산일보 주필이던 황용주는 부산일보 창립 30주년 기념사에서 당시 상황을 이렇게 설명하고 있다. "마산지사의 허종 기자가 우연히 현장을 지나다 발견하고 찍은 사진이 지프차에 실려 편집국에 도착했다. 우리는 이 역사적인 특종을 독점할 수 있는, 신문쟁이로서 최고의 쾌락을 억누르고 여러 장 복사하여 전국 신문사에 우송하였다."
21) 성유보, 『미완의 꿈-언론인 성유보의 한국현대사』, 한겨레출판, 2015년, 55~56쪽.
22) 동아일보 1960년 4월 27일자 1면, 4월 28일자 1면
23) 민주화운동기념사업회 연구소, 『한국민주화운동사1-제1공화국부터 제3공화국까지』, 돌베개, 2008, 365쪽.
24) 같은 책, 369~370쪽.
25) 외대학보 56호, 1962년 3월 18일자 1면.
26) 부산일보사, 『부산일보 50년사』, 부산일보, 1996, 284~285쪽.
27) 조선일보사, 『조선일보 100년사(中)』, 조선일보, 2020, 151~152쪽.
28) 조강환, 『뜻이 있어 길이 있어 조강환 살아온 날들』, 나남, 2009, 172~173쪽.
29) 권도홍, 『날씨 좋은 날에 불던 바람-권도홍 편집기자 자전』, 나남, 2010, 137~138쪽.
30) 민주화운동기념사업회 연구소, 『한국민주화운동사1-제1공화국부터 제3공화국까지』, 돌베개, 2008, 494~495쪽.
31) 성유보, 『미완의 꿈-언론인 성유보의 한국 현대사』, 한겨레출판, 2015, 97~98쪽.
32) 김진배, 〈관훈저널〉 2008년 봄호, '1968년 그해 영광과 곤욕; JP 특종, 차관필화(借款筆禍) 93~94쪽.
33) 동아일보사, 『민족과 더불어 80년-동아일보 1920~2000』, 2000, 377~399쪽.
34) 국가정보원, 『과거와 대화 미래의 성찰』, 2007, 70~71쪽.

35) 공화당이 날치기 한 3선개헌안은 1969년 10월 17일 국민투표에 부쳐져 '투표율 77.1%, 찬성 65.1%'로 통과됐다. 하지만 서울만 해도 40%가 투표에 참가하지 않았고 참가자 가운데 53%가 반대표를 던졌다.
36) 권도홍, 『날씨 좋은 날에 불던 바람-권도홍 편집기자 자전』, 나남, 2010, 146~147쪽.
37) 한국기자협회, 『한국기자상 50년』, 한국기자협회, 2019, 27쪽.
38) 1971년 4월 15일 오전 9시 20분쯤 심재택 기자는 동아일보사 후문에서 기다리고 있던 기자협회보 김수인 기자에게 선언문 유인물 한 부를 건넸고, 이 유인물을 토대로 기자협회보는 4월 16일자 1면에 동아일보 기자들의 언론자유수호선언 소식을 실었다.
39) 동아일보사노동조합, 『동아자유언론실천운동백서』, 1989, 26쪽.
40) 박순철, 〈기자협회보 인터넷 '1974, 그 후 50년'〉, 2024년 5월 17일.
41) 민주화운동기념사업회 연구소, 『한국민주화운동사 2-유신체제기』, 돌베개, 2009, 132~133쪽.
42) 성유보, 『미완의 꿈-언론인 성유보의 한국 현대사』, 한겨레출판, 2015, 162쪽.
43) 정연주, 『정연주의 기록』, 유리창, 2011, 32쪽.
44) 김지하 시인의 옥중수기가 동아일보에 실린 상황에 대해 이부영은 훗날 이렇게 말했다. 이부영과 장윤환은 1975년 2월 형집행정지로 풀려나 처가인 정릉의 박경리 작가 댁에 머물던 김지하 시인을 찾아갔다. 두 사람은 김 시인과 소주를 마시면서 원고를 직접 쓰도록 요청했다. 동아일보에 옥중수기가 연재되고 김지하는 3월 13일 다시 체포됐다. 이부영은 "아무리 중요한 기사라도 김 시인 입장에서 한 번 더 생각했어야 했다"며 자책했다.
45) 동아투위, 『자유언론 40년』, 다섯수레, 2014, 166쪽.
46) 동아일보사노동조합, 『동아자유언론실천운동백서』, 1989, 75~79쪽.
47) '언론의 자유를 지키자'는 제목이 붙은 이 격려문의 주인공은 김대중이었다. 고명섭이 펴낸 『이희호 평전』(한겨레출판, 2016년)에서 이희호는 김대중이 익명으로 광고를 낸 당시 상황을 이렇게 회고한다. "남편은 1975년 신년호 8면에 '언론의 자유를 지키려는 한 시민'이라는 이름으로 격려광고문을 냈다. 여유가 없었지만 100만원가량을 마련해 친필로 문안을 써서 김옥두 비서에

게 대신 다녀오게 했지요." 김대중은 3월 8일자에는 실명으로 1면 하단을 털어 '동아를 지킵시다'는 격려광고를 냈다.

48) 2008년 10월 진실 화해를 위한 과거사정리위원회의 진상 조사 결과, 동아일보 광고탄압 사건은 중앙정보부가 주도했다. 중정은 1974년 12월 중순부터 이듬해 7월 초순까지 동아일보사와 계약한 광고주들을 남산 중앙정보부로 불러 동아일보와 동아방송, 신동아 등에 광고를 주지 않겠다는 서약서와 보안각서를 쓰게 했고, 소액 광고주에게도 세무사찰과 연행조사를 실시하는 방법으로 광고를 막았다.

49) 동아일보사노동조합이 1989년에 발간한 『동아자유언론실천운동백서』에 따르면 격려 광고는 1975년 1월 2943건, 2월 5069건으로 급증했다가 3월 1917건, 4월 400건 이하로 떨어졌다가 5월 7일자 4면에 실린 20건을 마지막으로 자취를 감췄다. 동아일보노조는 격려 광고 급감 이유로 3월 17일 강제해산에 따른 동아일보에 대한 신뢰감 저하와 긴급조치 7호 등 국내외 정세 급변을 들었다.

50) 회장 연행 사태는 1964년 한국기자협회 창립 이래 처음이었다. 중앙정보부는 당시 김병익 등에게 "국가모독죄를 적용, 구속하겠다"고 협박하며 회장단 전원 사퇴를 종용했고, 회장단은 연행 나흘 만에 사퇴를 조건으로 풀려났고 4월 29일 전원 사퇴했다.

51) 고 김세은 강원대 신문방송학과 교수의 논문 〈해직 그리고 그 이후: 해직 언론인의 삶과 직업을 토해 본 한국 현대언론사의 재구성〉에 따르면 해직 당시 동아투위의 평균 연령은 33세이며 대부분 평기자나 PD, 아나운서였지만 차장과 부장도 13명이나 포함되어 있었다. 출신 지역에서는 경상도와 서울이 각각 30명, 28명으로 가장 높은 비율을 보이고 있으며 전라도 14명, 충청도 16명, 이북 9명, 기타 6명으로 되어 있다. 출신대학은 절반에 가까운 54명이 서울대 출신이며 서울 소재 대학과 고려대가 각각 24명, 22명으로 비슷한 분포를 보이고 있는 반면 지방대학은 9명에 불과한 것으로 나타났다.

52) 청람문화사는 권근술(동아투위), 최준명(조선투위), 최병진(조선투위), 임희순(조선투위)이 1976년 여름 차린 출판사다. 『한국논쟁사』, 『사관이란 무엇인가』, 『반주류의 경제학』 등을 펴낸 청람문화사는 1977년 9월 조선투위 정

태기의 부인 차경아 씨가 번역한 미하일 엔데의 성인동화 『모모』를 펴냈다.
53) 진실 화해를 위한 과거사정리위원회, 「2008년 하반기 조사보고서」, 225쪽
54) 동아투위는 2006년 4월 조양진 등 동아투위 위원 50여명 명의로 진실 화해를 위한 과거사정리위원회에 "1974년부터 1975년에 걸친 동아일보사 광고탄압과 이에 항거하는 과정에서 중앙정보부 등 공권력이 개입한 경위와 유신체제에 저항하면서 언론자유와 민주주의 수호를 위해 투쟁해온 기자, 아나운서, 프로듀서 등 언론인들을 강제 해임시키고 복직과 재취업을 방해해온 부당한 공권력의 개입에 대한 진실을 밝혀달라"고 요청했다.
55) 동아투위 안성열 위원이 2011년 3월 16일 향년 73세로 별세하자 장윤환, 이부영, 박종만은 추모글을 동아투위 홈페이지에 올렸다.
http://www.kopf.kr/news/articleView.html?idxno=189178
56) 성유보, 『미완의 꿈-언론인 성유보의 한국 현대사』, 한겨레출판, 205, 219쪽.
57) 같은 책, 221~222쪽.
58) 동아투위, 『자유언론 40년』, 다섯수레, 2014, 327쪽.
59) 정연주, 『정연주의 기록』, 유리창, 2011, 62쪽.
60) 동아투위, 『자유언론 40년』, 다섯수레, 2014, 331~340쪽.
61) 같은 책, 525~526쪽.
62) 성동구치소는 강남구 가락동 산 5번지에 있었다. 지금 행정구역으로 송파구 가락동 162번지 일대다. 2017년 동부구치소로 이름이 바뀌면서 시설은 문정동으로 이전했고, 옛 성동구치소는 철거됐다.
63) 안종필이 언급한 두 고인은 1977년 신병으로 작고한 조민기 동아방송 프로듀서와 이의직 출판부 부장대우를 가리킨다.
64) 동아투위, 『동아투위 자유언론운동 13년사』, 동아투위, 1987, 461쪽.
65) 동아투위, 『자유언론 40년』, 다섯수레, 2014, 527쪽.
66) 김종철, 『폭력의 자유』, 시사IN, 2013, 255~277쪽.
67) 동아투위는 1980년 3월 17일자 〈동아투위소식〉을 안종필을 추모하는 내용으로 채웠다. 5쪽엔 안종필이 생전에 남긴 말을 법정에서, 옥중에서, 원자력병원 병상에서, 퇴원해서 집에서 요양할 때 등으로 나눠 정리했다.
68) 동아투위, 『동아투위 자유언론운동 13년사』, 동아투위, 1987, 444쪽,

69) 동아투위, 『자유언론 40년』, 다섯수레, 2014, 528쪽
70) 이장규 박사는 안종필 운명 후 빈소에 들러 문상할 때 그 화분을 거론하며 "그 화분의 꽃은 가을에 피는데, 과연 안종필 씨가 그때까지 살아서 그 꽃을 볼 수 있게 될지를 생각하니 몹시 마음이 아팠다"고 회고했다.
71) 이해동 목사는 "고 안종필 위원장의 죽음은 병사가 아니고 타살이고, 자연사가 아니라 순교"라고 정의했던 말 때문에 많은 시달림을 받았다. 이른바 '5·17 김대중 내란음모사건'에 연루돼 남산 중앙정보부 지하 조사실에서 두 달 동안 혹독한 고문을 당할 때 중정 요원들은 "병사가 아니고 타살이면 도대체 누가 죽였느냐"고 다그치며 괴롭혔다.

주요 연보

1937년 · 5월 5일 경남 하동군 북천면 사평리 647번지에서 아버지 안채열과 어머니 우복순의 4남 4녀 중 장남으로 출생
1944년 · 부산사범학교 부속국민학교 입학
1950년 · 부산제일공업고등학교 중등부 입학
1953년 · 4월 부산 동래고등학교 입학
· 9월 경남고등학교 전학
1956년 · 3월 경남고등학교 10회 졸업
· 4월 한국외국어대 영어과 입학
1959년 · 5월 육군 입대
1961년 · 5월 상병 만기 제대
· 9월 한국외국어대 영어과 복학
1962년 · 1월 한국외대 영어과 졸업
1963년 · 2월 9일 부산일보 견습기자 합격. '작년도 1차 합격자' 자격으로 면접 시험을 치러 최종 합격
1965년 · 4월 조선일보 입사
· 11월 16일 이광자와 결혼
1966년 · 10월 20일 아들 안민영 출생
· 11월 동아일보 입사
1968년 · 6월 1일 창간한 경남중고동창회보 편집위원 활동
1969년 · 6월 경남중고동창회보 13호 칼럼난 '용마춘추' 기고
· 9월 14일 새벽 공화당의 삼선개헌안 처리를 다룬 동아일보 호외를 편집하며 '개헌안 공화 단독 변칙처리'를 제목으로 뽑음
· 9월 21일 딸 안예림 출생
1970년 · 9월 6일 어머니 우복순 별세
1973년 · 1월 동아일보 편집부 차장 승진

	· 3월 독자적인 편집권 행사와 신문 지면의 쇄신 등을 요구하는 연판장에 서명
1974년	· 3월 동아일보 기자들이 결성한 '전국출판노조 동아일보사 지부' 가입
	· 10월 24일 자유언론실천선언 참여
1975년	· 3월 12일 한국기자협회 동아일보 분회 임시 분회장 선출
	· 3월 17일 동아일보에서 강제로 쫓겨남. 동아투위 결성
	· 3월 27일 동아일보에서 해임
1977년	· 1월 19일 동아투위 동료 조민기 사망
	· 5월 17일 제2대 동아투위 위원장 취임
	· 7월 7일 청우회 사건으로 전주교도소에 수감된 이부영 면회
	· 10월 7일 동아투위 동료 이의직 사망
1978년	· 2월 27일부터 사흘간 가택연금
	· 6월 22일 춘천지방법원 원주지원 법정에서 열린 '반체제 가요사건' 재판 방청
	· 10월 24일 '10·24 자유언론실천선언' 4돌 기념식에서 '보도되지 않은 민주인권 사건 일지(민주인권사건일지)' 배포
	· 10월 26일 종로경찰서에 연행됐다가 11월 10일 구속. 죄명은 대통령 긴급조치 9호 위반, 신문통신 등의 등록에 관한 법률 위반
	· 11월 16일 서울구치소에 수감
1979년	· 5월 9일 1심 재판에서 징역 2년에 자격정지 2년 선고받음
	· 6월 8일 서울구치소에서 성동구치소로 이감
	· 8월 8일 2심 재판부 항소 기각하고 원심 유지
	· 12월 4일 형 집행정지로 석방
	· 12월 5일 이부영 군법회의 선고공판 방청
	· 12월 14일 동아투위 동료 김종철 출감 마중
	· 12월 17일 원자력병원 입원
1980년	· 2월 14일 원자력병원에서 퇴원해 자택에서 요양
	· 2월 29일 서울대병원에서 영면
	· 3월 4일 일산 기독공원묘지에 안장

인물 찾아보기

㈀

강인섭 31, 32
강정문 25, 123, 150, 342
고명섭 345
고은 242
고준환 149, 150, 187
고창순 321
공덕귀 35, 228, 312
구월환 187
구충회 228
국홍주 342
권근술 9, 33, 34, 47, 120, 123, 138, 154, 312, 334
권도홍 84, 97, 101, 103, 127~130, 184, 188, 336, 344, 345
권영자 5, 39, 41, 44, 51, 53, 54, 183, 184, 208
권오헌 78
김건옥 342
김경환 83, 84, 163
김경희 61, 116~119, 123, 334
김계원 301
김광일 253
김교창 253
김대은 123, 342
김대중 138, 142, 143, 167, 168, 193, 345, 346, 348

김동현 23, 150, 187, 202
김두식 149, 150
김명걸 183, 342
김명주 228
김민남 150
김병관 34
김병익 152, 164, 187, 224, 230, 346
김상만 33, 37, 38, 51, 100, 112, 113, 150, 154, 181, 184, 228, 324
김상현 128
김성곤 113
김성년 247
김성준 205
김성진 144, 300
김세은 346
김수인 345
김수환 320
김신조 106
김양래 150
김언호 198, 342
김영빈 119
김영삼 127, 166, 193
김영일 152
김영호 201
김옥두 345
김용정 138, 342
김용준 225
김용찬 201~203, 334
김용철 336
김용출 247
김욱한 97
김윤옥 228

351

김일성 111
김재규 300~302
김재형 253
김정숙 78
김제형 225
김종득 78
김종석 117, 119
김종철 6, 18, 19, 21, 138, 150, 187,
　　　196, 208, 212, 242, 251, 253,
　　　263~265, 274, 277, 278, 280,
　　　281, 287, 291, 294, 295, 297,
　　　298, 307~309, 336, 347
김주열 69, 70
김주오 86
김준철 97
김지하 28, 169, 242, 243, 262, 345
김진배 107, 108, 344
김진홍 150
김창수 51
김춘봉 225, 253
김학렬 118
김해룡 58
김형기 253
김형욱 105, 113
김희철 118

ⓝ
남훈 77

ⓓ
돈 오버도퍼 172, 173

ⓜ
모택동 188, 189
문영희 150, 242
문익환 247, 262, 312
문정현 249
민병문 97
민병일 187

ⓑ
박강호 336
박경리 345
박권상 140, 141
박기태 77
박두환 253
박봉식 119
박세경 253
박순철 149, 150, 152, 345
박영석 77
박원근 157
박재윤 225
박정희 5, 7, 30, 72, 78, 101,
　　　104~107, 126, 138, 142~144,
　　　147, 148, 152, 153, 172, 175,
　　　179, 187, 197, 216, 243,
　　　300~306
박종만 6, 19, 22, 54, 101, 138, 149,
　　　150, 164, 165, 187, 198, 208,
　　　212, 238, 240, 245, 249~251,
　　　253~255, 257, 263~265, 274,
　　　277, 287, 289, 290, 292, 294,
　　　299, 342, 347
박종상 249

박준규 78, 79
박중길 97
박지동 41, 150, 196, 224, 230, 242,
　　　342
박창래 107, 108
박천식 284
박현채 262
박형규 35, 219
박형준 247
방우영 84
배건섭 117
배길기 118
배동순 51, 184
배봉수 78
백기범 187, 343
백기완 147
백낙청 147
법정스님 193

ⓢ
살바토레 카르딜로 67
서권석 138, 177, 187, 212, 224, 310
서정태 81
성유보 6, 150, 161, 188, 221, 251,
　　　263, 277, 283, 299, 336, 342,
　　　344, 345, 347
손세일 111, 112, 116
손수향 211
송건호 33, 43, 138, 157, 161, 173,
　　　217, 227, 265, 312, 323, 342
송경선 152, 342
송기원 242, 243

송재원 196
송호창 128
신상우 58, 78~80
신양휴 127
신영호 201, 202, 205
신직수 153
신홍범 343
심재택 140, 150, 342, 345
심재호 108

ⓞ
안광숙 82, 92
안미숙 67, 260
안민영 13, 87, 90, 199, 200, 279,
　　　336, 338, 349
안병무 219
안성암 187
안성열 6, 19, 21, 39, 51, 97, 145,
　　　182, 184, 187, 208, 238~242,
　　　245, 249~251, 253, 254,
　　　263~265, 270, 274, 287, 290,
　　　294, 299, 308, 347
안애숙 59, 67, 68, 81, 92, 132, 205,
　　　261, 311, 312, 321, 356
안예림 349
안인성 59
안재홍 119
안채열 57, 64, 92, 93, 320, 349
안철환 116, 120
안충석 35
안태균 68
안택수 312

양병호 230
양한수 39, 149, 150, 342
양희승 247
엘라이자 패리쉬 러브조이 194
오정환 150
오태순 240
용남진 253
우복순 57, 68, 91, 92, 349
우승용 196
위상욱 198
유경현 97
유영숙 198
유옥재 26, 227
유제도 247
유진오 168
유혁인 108, 128, 129
윤병호 314
윤보선 76, 104, 168, 193, 228, 242, 247, 265, 304, 320
윤수경 289, 290
윤이상 106
윤임술 84
윤제술 168
윤활식 6, 184, 263, 283, 299, 307, 343
이계익 39, 51, 198, 342
이광석 342
이규만 21, 51, 251, 255
이규원 119
이기붕 71
이기중 6, 150, 198, 251, 263, 277, 283, 307, 342

이달순 198
이대훈 97
이돈명 253
이돈희 253
이동수 52, 186
이동욱 33, 37, 38, 41, 42, 49, 51, 52, 181, 186, 227, 324
이만수 200, 276, 311, 312,
이범열 253
이병주 208, 309
이병철 84
이부영 5, 10, 150, 173, 187, 188, 210~214, 220, 221, 238, 242, 252, 304, 305, 308, 345, 350
이상경 247
이세중 253
이승만 59, 69, 71
이시헌 97
이영록 27, 188, 198, 342
이우경 342
이우세 84
이우정 227, 228, 240, 312
이윤희 119
이응노 106
이의직 12, 215~222, 347, 350
이인철 184, 196
이일재 225
이장규 310~312, 319, 348
이정배 117, 119
이정윤 108
이종대 31, 32, 52, 138, 145, 150, 152, 196, 330

이종덕 123, 198, 342
이종욱 198
이종욱(宗郁) 242
이주헌 216, 218
이진희 128
이창복 243
이태영 28, 35, 36
이태호 188, 198
이태훈 223
이택돈 36
이해동 312, 321~323, 348
이현락 97, 130
이호철 147
이효상 127
이후락 141
이홍록 253
이희석 247
이희호 28, 35, 265, 345
임부섭 150, 224, 230
임수진 269
임영수 119
임채정 242, 245, 251, 304, 305, 308, 342
임항준 230
임헌영 147

㊂
장강재 163
장동만 97
장성원 159, 342
장윤환 6, 19, 21, 41, 159, 160, 166, 167, 173, 196, 224, 230, 238,
242, 251, 253, 263~265, 277, 287, 294, 299, 342, 343, 345, 347
장정호 116
장준하 168
전규삼 119
전대열 242
전만길 138, 150
전상석 223
정구영 168
정금성 28, 243
정동식 116, 119
정동익 42, 342, 343
정만교 78
정연주 6, 18~20, 22, 173, 196, 220, 226, 242, 243, 245, 251, 253, 263~265, 277, 278, 280, 281, 293~295, 297, 298, 301, 303, 307, 311, 314, 336, 342, 345, 347
정영일 150, 196
정일형 28, 219
정정봉 188
정춘용 253
정호상 159
제임스 시노트 28, 342
조강환 344
조민기 13, 215~222, 283
조병철 84
조순승 111
조승혁 240
조영서 84

조영호 196, 342
조윤정 336
조정강 77, 80
조종명 26, 27, 227
조준희 253
조학래 39, 145, 149, 150, 154, 182, 342
조현규 78
주상우 62, 63,
주재숙 228
주재황 230
지학순 35, 147

ⓒ
차지철 301
천관우 28, 35, 36, 38, 108, 112~115, 147, 168, 169, 193, 217, 219, 220, 265, 312, 322
천상기 97
최병렬 84
최병학 58, 334
최석채 113, 114
최성두 97, 132
최세경 81
최완복 75
최은희 198
최재욱 97, 127
최종백 223
추월영 61

ⓗ
하경철 253
하재완 169
한갑수 97
한우석 157
한정진 251, 253, 264, 274
함석헌 28, 35, 147, 168, 208, 219, 242
함세웅 312
허육 54
허종 70, 344
홍건표 159, 206
홍남순 253
홍문화 205, 206
홍사덕 187
홍성우 21, 253, 289
홍승면 108, 112, 130
홍용우 58
홍종민 6, 18, 22, 150, 152, 158~160, 208, 210, 220, 240, 245, 249~251, 253, 254, 263~265, 268, 274, 277, 278, 280, 287, 292, 294, 295, 297, 298, 307, 342
홍종인 177
홍현욱 253
황용주 70, 344
황의방 196, 340
황인철 225, 253, 268